U1071341

汽车维修质量检验

主　编　谈丽华　祁先来
副主编　邱翠榕　刘志君

ZHEJIANG UNIVERSITY PRESS
浙江大学出版社

图书在版编目（CIP）数据

汽车维修质量检验 / 谈丽华，祁先来主编．—杭州：浙江大学出版社，2016.10
ISBN 978-7-308-16027-8

Ⅰ.①汽… Ⅱ.①谈… ②祁… Ⅲ.①汽车—车辆修理—质量检验 Ⅳ.①U472.32

中国版本图书馆 CIP 数据核字(2016)第 151586 号

汽车维修质量检验

谈丽华　祁先来　主编

责任编辑　何　瑜
责任校对　余梦洁
封面设计　晨　宇
出版发行　浙江大学出版社
(杭州市天目山路 148 号　邮政编码 310007)
(网址：http://www.zjupress.com)
排　　版　杭州金旭广告有限公司
印　　刷　富阳市育才印刷有限公司
开　　本　787mm×1092mm　1/16
印　　张　12.75
字　　数　319 千
版 印 次　2016 年 10 月第 1 版　2016 年 10 月第 1 次印刷
书　　号　ISBN 978-7-308-16027-8
定　　价　29.00 元

高等职业教育汽车类专业“工学结合”系列教材
编写委员会

张得仓　湖北三峡职业技术学院
李　青　武汉交通职业学院
李金艳　黄冈职业技术学院
杨　帆　武汉外语外事职业学院
杨卫国　荆州理工职业学院
肖　贝　黄冈职业技术学院
林凤功　湖北工业职业技术学院
涂志军　武汉商学院
聂　进　黄冈职业技术学院
贾建波　荆州职业技术学院
郭金元　武汉船舶职业技术学院
陶　阳　黄冈职业技术学院
曹登华　湖北交通职业技术学院
梁学军　随州职业技术学院
黄　伟　黄冈职业技术学院
黄爱良　黄冈职业技术学院
程　俊　黄冈职业技术学院
程洪涛　襄阳职业技术学院
覃娅娟　武汉航海职业技术学院
熊其兴　武汉职业技术学院

前言

PREFACE

随着我国现代化建设的深入和全面建成小康社会的逐步实现，我国的汽车产业进入了快速发展阶段，汽车的保有量大幅递增，使我国的汽车维修业迎来了新的发展机遇和挑战。汽车维修，作为汽车售后服务必不可少的重要组成部分、汽车产业链上重要的一环，其质量状况不仅直接关系到汽车消费者的切身利益，而且同交通安全、环境保护、节能等社会问题密切相关。

在我国，汽车维修质量得到了国家与全社会的高度重视。汽车维修质量检测与评定是汽车维修质量服务的一项重要工作，其本身的准确性、科学性、公正性与汽车维修质量的可靠性直接相关，也是我们从事这项工作的最基本准则。

《汽车维修质量检验》以国家现行汽车维修质量的法律法规、标准为主线，详细论述了汽车维修质量的技术要求、检测及其评定方法，并系统介绍了为确保汽车维修质量相关企业和人员应遵照执行的各种从业规范、质量管理等方面的知识。主要内容包括：汽车维修质量管理的法律与法规，汽车维修质量检测与评定的依据，汽车维护及其检测与评定，电控发动机的检测与诊断，底盘、车身的检测与诊断，汽车发动机大修质量的检测与评定，汽车车身大修质量的检测与评定，汽车维修设备使用安全和汽车维修质量问题的处理。

全书内容紧密联系当前汽车维修及其质量检验的实际操作，尽量采用国家最新规范、标准作为汽车质量检验的准绳，时效性、实用性强，对开展汽车维修质量检测与评定工作具有较强的指导作用。本书可作为高等职业技术教育汽车运用、汽车检测与维修专业教材，高等院校汽车运用专业的参考书，也可以作为从事汽车维修、汽车检测、汽车质量检验与质量管理等有关部门及工作人员的技术与工作参考用书。

由于编者水平有限，书中难免有不妥之处，敬请读者批评指正。

目录

CONTENTS

第一章 汽车维修质量管理的法律与法规

汽车维修质量管理的法律、法规是规范汽车维修市场经济秩序，建立统一、开放、竞争、有序的汽车消费市场体系的有力保障。通过了解国家有关法律、法规的基本内容和精神，懂得如何依法进行汽车维修经营，提高维修质量和服务质量，切实为社会提供方便及时、优质可靠、价格合理的汽车维修服务，维护企业和客户的合法权益。

第一节 汽车维修质量管理的相关法律

我国汽车维修企业是在我国境内从事汽车维修经营服务活动的，理应遵守我国的相关法律、法规及规章。因此，汽车维修质量管理部门应该把汽车维修方面的法律、法规及规章作为策划汽车维修服务质量管理体系的一类重要依据。

汽车维修质量是汽车维修行业管理的核心内容、最终目的和各项工作的落脚点。汽车维修质量管理是一项广泛的、经常性的、技术性很强的工作，需要综合运用法律的、经济的和必要的行政手段，加强对汽车维修进行质量监督检查。

一、概述

目前，我国直接与汽车维修有关的法律是《中华人民共和国安全生产法》和《中华人民共和国道路交通安全法》，还有一些涉及汽车维修服务的相关法律，如《中华人民共和国产品质量法》《中华人民共和国消费者权益保护法》《中华人民共和国合同法》《中华人民共和国标准化法》《中华人民共和国计量法》《中华人民共和国职业病防治法》（以上诸法在下文中分别简称为《安全生产法》《道路交通安全法》《产品质量法》《消费者权益保护法》《合同法》《标准化法》《计量法》《职业病防治法》）等。

二、相关的法律及基本内容

1.《安全生产法》

安全生产在社会经济生活中具有重要的地位，一是直接关系广大从业人员的生命和健康；二是直接关系国家、生产经营单位以及个人的财产安全；三是直接关系生产经营能否继续进行，经济能否顺利发展；四是直接关系人民的安居乐业和社会稳定。大量的事实证明，保证安全生产，就是有力地保障人民生命健康和国家、集体、个人财产的安全，就是促进经济正常发展，有利于社会稳定。反之，如果安全生产得不到保证，就会给国家、给社会、给劳动者、给个人造成惨重的损失。正是由于安全生产的这种重要性，因此，必须加强安全生产国家立法，采用国家管理中最强有力的、最有权威的手段来保障安全生产。

《中华人民共和国安全生产法》(以下简称《安全生产法》)由中华人民共和国第九届全国人民代表大会常务委员会第二十八次会议于 2002 年 6 月 29 日通过，以中华人民共和国主席令第 70 号公布，自 2002 年 11 月 1 日起施行。《安全生产法》包括总则、生产经营单位的安全生产保障、从业人员的权利和义务、安全生产的监督管理、生产安全事故的应急救援与调查处理、法律责任、附则，共七章九十七条。

(1)生产经营单位的安全生产保障。

《安全生产法》在第二章对企业的安全生产保障提出了要求。

第十六条规定了企业的安全生产条件。原文为："生产经营单位应当具备本法和有关法律、行政法规和国家标准或者行业标准规定的安全生产条件；不具备安全生产条件的，不得从事生产经营活动。"我国的机动车维修经营由交通运输行政主管部门进行分类许可管理，各类维修企业开业须满足《汽车维修开业条件》(GB/T 16739—2004)所规定的人员、设备等条件，也要满足安全生产的相应要求。

第十七条规定了企业主要负责人的安全生产职责。原文为："生产经营单位的主要负责人对本单位安全生产工作负有下列职责：

①建立、健全本单位安全生产责任制；

②组织制定本单位安全生产规章制度和操作规程；

③保证本单位安全生产投入的有效实施；

④督促、检查本单位的安全生产工作，及时消除生产安全事故隐患；

⑤组织制定并实施本单位的生产安全事故应急救援预案；

⑥及时、如实报告生产安全事故。"

第二十条规定了企业主要负责人和安全生产管理人员的安全生产知识和管理能力要求。原文为："生产经营单位的主要负责人和安全生产管理人员必须具备与本单位所从事的生产经营活动相应的安全生产知识和管理能力。"

第二十一条规定了企业对从业人员进行安全生产教育和培训的要求。原文为："生产经营单位应当对从业人员进行安全生产教育和培训，保证从业人员具备必要的安全生产知识，熟悉有关的安全生产规章制度和安全操作规程，掌握本岗位的安全操作技能。未经安全生产教育和培训合格的从业人员，不得上岗作业。"

第二十二条规定了企业采用新工艺、新技术、新材料或者使用新设备时的安全要求。原文为："生产经营单位采用新工艺、新技术、新材料或者使用新设备，必须了解、掌握其安全技术特性，采取有效的安全防护措施，并对从业人员进行专门的安全生产教育和培训。”

第二十三条规定生产经营单位特种作业人员的从业资格。原文为：“生产经营单位的特种作业人员必须按照国家有关规定经专门的安全作业培训，取得特种作业操作资格证书，方可上岗作业。”

第二十八条规定了企业安全警示标志设置。原文为：“生产经营单位应当在有较大危险因素的生产经营场所和有关设施、设备上，设置明显的安全警示标志。”

第三十二条规定了企业危险物品以及废弃危险物品的管理。原文为：“生产经营单位生产、经营、运输、储存、使用危险物品或者处置废弃危险物品，必须执行有关法律、法规和国家标准或者行业标准，建立专门的安全管理制度，采取可靠的安全措施，接受有关主管部门依法实施的监督管理。”

第三十四条规定了生产经营场所和员工宿舍的安全管理。原文为：“生产经营场所和员工宿舍应当设有符合紧急疏散要求、标志明显、保持畅通的出口。禁止封闭、堵塞生产经营场所或者员工宿舍的出口。”

第三十六条规定企业应督促从业人员对安全生产制度和规程的执行。原文为：“生产经营单位应当教育和督促从业人员严格执行本单位的安全生产规章制度和安全操作规程；并向从业人员如实告知作业场所和工作岗位存在的危险因素、防范措施以及事故应急措施。”

第三十七条规定企业应为从业人员提供劳动防护用品。原文为：“生产经营单位必须为从业人员提供符合国家标准或者行业标准的劳动防护用品，并监督、教育从业人员按照使用规则佩戴、使用。”

第三十八条规定了企业的安全检查及处理。原文为：“生产经营单位的安全生产管理人员应当根据本单位的生产经营特点，对安全生产状况进行经常性检查；对检查中发现的安全问题，应当立即处理；不能处理的，应当及时报告本单位有关负责人。检查及处理情况应当记录在案。”

第四十二条规定了企业主要负责人发生重大生产安全事故时的职责。原文为：“生产经营单位发生重大生产安全事故时，单位的主要负责人应当立即组织抢救，并不得在事故调查处理期间擅离职守。”

第四十三条规定企业应当参加工伤社会保险。原文为：“生产经营单位必须依法参加工伤社会保险，为从业人员缴纳保险费。”

(2)从业人员的权利和义务。

《安全生产法》第三章界定了从业人员的权利和义务。

第四十四条规定了企业和从业人员订立的合同中劳动安全的相应事项。原文为：“生产经营单位与从业人员订立的劳动合同，应当载明有关保障从业人员劳动安全、防止职业危害的事项，以及依法为从业人员办理工伤社会保险的事项。生产经营单位不得以任何形式与从业人员订立协议，免除或者减轻对从业人员因生产安全事故伤亡依法应承担的责任。”

第四十五条规定了从业人员的知情权和建议权。原文为：“生产经营单位的从业人员有权了解其作业场所和工作岗位存在的危险因素、防范措施及事故应急措施，有权对本单位的安全生产工作提出建议。”

第四十六条规定了从业人员的批评监督权和安全保障权。原文为：“从业人员有权对本单位安全生产工作中存在的问题提出批评、检举、控告；有权拒绝违章指挥和强令冒险作业。”“生产经营单位不得因从业人员对本单位安全生产工作提出批评、检举、控告或者拒绝违章指挥、强令冒险作业而降低其工资、福利等待遇或者解除与其订立的劳动合同。”

第四十七条规定了从业人员的紧急撤离权。原文为：“从业人员发现直接危及人身安全的紧急情况时，有权停止作业或者在采取可能的应急措施后撤离作业场所。”“生产经营单位不得因从业人员在前期紧急情况下停止作业或者采取紧急撤离措施而降低其工资、福利等待遇或者解除与其订立的劳动合同。”

第四十八条规定了从业人员的求偿权。原文为：“因生产安全事故受到损害的从业人员，除依法享有工伤社会保险外，依照有关民事法律尚有获得赔偿的权利的，有权向本单位提出赔偿要求。”

第四十九条规定了从业人员遵章守制、服从管理、正确佩戴和使用劳动防护用品的义务。原文为：“从业人员在作业过程中，应当严格遵守本单位的安全生产规章制度和操作规程，服从管理，正确佩戴和使用劳动防护用品。”

第五十条规定了从业人员接受安全生产教育和培训的义务。原文为：“从业人员应当接受安全生产教育和培训，掌握本职工作所需的安全生产知识，提高安全生产技能，增强事故预防和应急处理能力。”

第五十一条规定了从业人员对事故隐患或者不安全因素的报告义务。原文为：“从业人员发现事故隐患或者其他不安全因素，应当立即向现场安全生产管理人员或者本单位负责人报告；接到报告的人员应当及时予以处理。”

(3)法律责任。

《安全生产法》第六章明确了生产经营单位和安监部门的法律责任。

第八十一条规定了企业主要负责人不履行安全生产管理职责的法律责任。原文为：“生产经营单位的主要负责人未履行本法规定的安全生产管理职责的，责令限期改正；逾期未改正的，责令生产经营单位停产停业整顿。生产经营单位的主要负责人有前期违法行为，导致发生生产安全事故，构成犯罪的，依照刑法有关规定追究刑事责任；尚不够刑事处罚的，给予撤职处分或者处二万元以上二十万元以下的罚款。生产经营单位的主要负责人依照前期规定受刑事处罚或者撤职处分的，自刑罚执行完毕或者受处分之日起，五年内不得担任任何生产经营单位的主要负责人。”

第八十二条规定了企业的安全生产管理责任。原文为：“生产经营单位有下列行为之一的，责令限期改正；逾期未改正的，责令停产停业整顿，可以并处二万元以下的罚款：

①未按照规定设立安全生产管理机构或者配备安全生产管理人员的；

②危险物品的生产、经营、储存单位以及矿山、建筑施工单位的主要负责人和安全生产管理人员未按照规定经考核合格的；

③未按照本法第二十一条、第二十二条的规定对从业人员进行安全生产教育和培训，或者未按照本法第三十六条的规定如实告知从业人员有关的安全生产事项的；

④特种作业人员未按照规定经专门的安全作业培训并取得特种作业操作资格证书，上岗作业的。”

第八十三条规定了九项违法行为的法律责任(第六项、七项与汽车维修安全生产相关)，原文为：“生产经营单位有下列行为之一的，责令限期改正；逾期未改正的，责令停止建设或者停产停业整顿，并处五万元以下的罚款；造成严重后果构成犯罪的，依照刑法有关规定追究刑事责任：

①未对安全设备进行经常性维护、保养和定期检测的；

②未为从业人员提供符合国家标准或者行业标准的劳动防护用品的。”

第九十条规定了从业人员的法律责任，原文为：“生产经营单位的从业人员不服从管理，违反安全生产规章制度或者操作规程的，由生产经营单位给予批评教育，依照有关规章制度给予处分；造成重大事故构成犯罪的，依照刑法有关规定追究刑事责任。”

此外，附则给出了主要用语的含义。原文为：“危险物品是指易燃易爆物品、危险化学品、放射性物品等能够危及人身安全和财产安全的物品。重大危险源是指长期地或者临时地生产、搬运、使用或者储存危险物品，且危险物品的数量等于或者超过临界量的单元(包括场所和设施)。”

2.《产品质量法》

该法是为了加强对产品的监督管理，提高产品质量水平，明确产品质量责任，保护消费者的合法权益，维护社会经济秩序而制定的。其基本内容有以下几个方面：

(1)消费者的社会监督权利。

第二十二条规定：“消费者有权就产品质量问题，向产品的生产者、销售者查询；向产品质量监督部门，工商行政管理部门及有关部门申诉，接受申诉的部门应当负责处理。”

第二十三条规定：“保护消费者权益的社会组织可以就消费者反映的产品质量问题建议有关部门负责处理，支持消费者对因产品质量造成的损害向人民法院起诉。”社会组织主要指各级消费者协会及质量管理协会等。

产品质量应当检验合格，不得以不合格产品冒充合格产品。禁止生产、销售不符合保障人体健康和人身、财产安全的标准和要求的工业产品。国家对产品质量实行以抽查为主要方式的监督检查制度，对可能危及人体健康和人身、财产安全的产品，影响国计民生的重要工业产品以及消费者、有关组织反映有质量问题的产品进行抽查。根据监督抽查的需要，可以对产品进行检验。对依法进行的产品质量监督检查，生产者、销售者不得拒绝。依照本法规定进行监督抽查的产品质量不合格的，由实施监督抽查的产品质量监督部门责令其生产者、销售者限期改正。逾期不改正的，责令停业，限期整顿；整顿期满后经复查产品质量仍不合格的，吊销营业执照。

(2)生产者和销售者的产品质量义务。

生产者的产品质量义务包括作为的义务和不作为的义务两个方面。

作为的义务：

①生产者应当使其生产的产品达到以下质量要求，即：不存在危及人身、财产安全的不合理危险，有保障人身健康的人身、财产安全的国家标准、行业标准的，应符合该标准。

②除了对产品存在使用性能的瑕疵做出说明以外，产品质量应当具备基本的使用性能。

③产品的实际质量应符合在产品或包装上注明采用的产品标准，并符合以产品说明、实物样品等方式表明的质量状况。

④除裸装的产品和其他根据产品的特点难以附加标识的产品可以不附加产品标识外，其他任何产品或产品包装上均应当有标识。产品标识应当符合下列要求，即有产品质量检验合格证明及中文标明的产品名称、生产厂名和厂址；根据产品的特点和使用要求，需要标明产品规格、等级、所含主要成分的名称和含量的，要相应予以标明；限期使用的产品，应当

标明生产日期和安全使用期或失效日期；使用不当，容易造成产品本身损害或可能危及人身、财产安全的产品，应有警示标志或中文警示证明。

不作为义务：生产者不得生产国家明令淘汰的产品；生产者不得伪造产地，不得伪造或冒用他人的厂名、厂址；生产者不得伪造或冒用认证标志、名优标志等质量标志；生产者生产产品，不得掺杂、掺假，不得以次充好，不得以不合格产品冒充合格产品。

销售者的产品质量义务：

①认真执行进货检查验收的制度；

②采取措施，保证销售产品的质量；

③销售者销售的产品标识，应当符合产品质量法关于产品或其包装上标识的各项规定；

④销售者不得伪造产地，不得伪造或冒用他人的厂名、厂址；

⑤销售者不得伪造或冒用认证标志、名优标志等质量标志；

⑥销售者销售商品，不得掺杂、掺假，不得以假充真，以次充好，不得以不合格产品冒充合格产品。

(3)损害赔偿。

第四十条规定：售出的产品有下列情形之一的，销售者应当负责修理、更换、退货，给购买产品的消费者造成损失的，销售者应当赔偿损失：

①不具备产品应当具备的使用性能而事先未作说明的；

②不符合在产品或者其包装上注明采用的产品标准的；

③不符合以产品说明、实物样品等方式表明的质量状况的。

第四十四条规定：因产品存在缺陷造成受害人人身伤害的，侵害人应当赔偿医疗费、治疗期间的护理费、因误工减少的收入等费用；造成残疾的，还应当支付残疾者生活自助费、生活补助费、残疾赔偿金以及由其扶养的人所必需的生活费等费用；造成受害人死亡的，并应当支付丧葬费、死亡赔偿金以及由死者生前扶养的人所必需的生活费用等。

因产品存在缺陷造成受害人财产损失的。侵害人应当恢复原状或者折价赔偿。受害人因此遭受其他重大损失的，侵害人应当赔偿损失。

销售者依照前款规定负责修理、更换、退货、赔偿损失后，属于生产者的责任或者属于向销售者提供产品的其他销售者（以下简称供货者）的责任的，销售者有权向生产者、供货者追偿。销售者未按照第一款规定给予修理、更换、退货或者赔偿损失的，由产品质量监督部门或者工商行政管理部门责令改正。生产者之间，销售者之间，生产者与销售者之间订立的买卖合同、承揽合同有不同约定的，合同当事人按照合同约定执行。

为了进一步保障和提高汽车的安全性，依据《中华人民共和国产品质量法》，国家相关部门制定了《关于加强汽车产品质量建设促进产业发展的意见》《产品标识规定》《汽车产品外部标识管理办法》《中国名牌产品管理办法》等相关法规，以规范促进中国汽车产品的经营者推动汽车生产企业增强质量意识和品牌意识。为切实保护汽车消费者的利益，依据《中华人民共和国消费者权益保护法》，为保护汽车消费者的相关权益，制定了《缺陷汽车产品召回管理办法》。

3.《道路交通安全法》

该法是为了维护道路交通秩序，预防和减少交通事故，保护人身安全，保护公民、法人和其他组织的财产安全及其他合法权益，提高通行效率。适用于车辆驾驶人、行人、乘车人以及与道路交通活动有关的单位和个人。任何单位或者个人不得有下列行为：拼装机动车或者擅自改变机动车已登记的结构、构造或者特征；改变机动车型号、发动机号、车架号或者车辆识别代号；伪造、变造或者使用伪造、变造的机动车登记证书、号牌、行驶证、检验合格标志、保险标志；使用其他机动车的登记证书、号牌、行驶证、检验合格标志、保险标志。

4.《消费者权益保护法》

本法是为了保护消费者的合法权益，维护社会经济秩序，促进社会主义市场经济健康发展而制定。经营者为消费者提供其生产、销售的商品或者提供服务，应当遵守本法；经营者与消费者进行交易，应当遵循自愿、平等、公平、诚实信用的原则。国家保护消费者的合法权益不受侵害。

(1)消费者的权利。

第七条规定："消费者在购买、使用商品和接受服务时享有人身、财产安全不受损害的权利。消费者有权要求经营者提供的商品和服务，符合保障人身、财产安全的要求。"

第八条规定："消费者享有知悉其购买、使用的商品或者接受的服务的真实情况的权利。消费者有权根据商品或者服务的不同情况，要求经营者提供商品的价格、产地、生产者、用途、性能、规格、等级、主要成分、生产日期、有效期限、检验合格证明、使用方法说明书、售后服务，或者服务的内容、规格、费用等有关情况。"

第九条规定："消费者享有自主选择商品或者服务的权利。消费者有权自主选择提供商品或者服务的经营者，自主选择商品品种或者服务方式，自主决定购买或者不购买任何一种商品、接受或者不接受任何一项服务。"

第十一条规定："消费者因购买、使用商品或者接受服务受到人身、财产损害的，享有依法获得赔偿的权利。"

(2)经营者的义务。

第十六条规定："经营者向消费者提供商品或者服务，应当依照本法和其他有关法律、法规的规定履行义务。经营者和消费者有约定的，应当按照约定履行义务，但双方的约定不得违背法律、法规的规定。经营者向消费者提供商品或者服务，应当恪守社会公德，诚信经营，保障消费者的合法权益；不得设定不公平、不合理的交易条件，不得强制交易。"

第十七规定："经营者应当听取消费者对其提供的商品或者服务的意见，接受消费者的监督。"

第十八条规定："经营者应当保证其提供的商品或者服务符合保障人身、财产安全的要求。对可能危及人身、财产安全的商品和服务，应当向消费者做出真实的说明和明确的警示，并说明和标明正确使用商品或者接受服务的方法以及防止危害发生的方法。"

第十九条规定："经营者发现其提供的商品或者服务存在缺陷，有危及人身、财产安全危险的，应当立即向有关行政部门报告和告知消费者，并采取停止销售、警示、召回、无害化处理、销毁、停止生产或者服务等措施。采取召回措施的，经营者应当承担消费者因商品被召回支出的必要费用。"

第二十条规定："经营者向消费者提供有关商品或者服务的质量、性能、用途、有效期限等信息，应当真实、全面，不得作虚假或者引人误解的宣传。经营者对消费者就其提供的商品或者服务的质量和使用方法等问题提出的询问，应当做出真实、明确的答复。经营者提供商品或者服务应当明码标价。"

第二十二条规定："经营者提供商品或者服务，应当按照国家有关规定或者商业惯例向消费者出具发票等购货凭证或者服务单据；消费者索要发票等购货凭证或者服务单据的，经营者必须出具。”

第二十三条规定：“经营者应当保证在正常使用商品或者接受服务的情况下其提供的商品或者服务应当具有的质量、性能、用途和有效期限；但消费者在购买该商品或者接受该服务前已经知道其存在瑕疵，且存在该瑕疵不违反法律强制性规定的除外。

经营者以广告、产品说明、实物样品或者其他方式表明商品或者服务的质量状况的，应当保证其提供的商品或者服务的实际质量与表明的质量状况相符。

经营者提供的机动车、计算机、电视机、电冰箱、空调器、洗衣机等耐用商品或者装饰装修等服务，消费者自接受商品或者服务之日起六个月内发现瑕疵，发生争议的，由经营者承担有关瑕疵的举证责任。”

第二十四条规定：“经营者提供的商品或者服务不符合质量要求的，消费者可以依照国家规定、当事人约定退货，或者要求经营者履行更换、修理等义务。没有国家规定和当事人约定的，消费者可以自收到商品之日起七日内退货；七日后符合法定解除合同条件的，消费者可以及时退货，不符合法定解除合同条件的，可以要求经营者履行更换、修理等义务。

依照前款规定进行退货、更换、修理的，经营者应当承担运输等必要费用。”

(3)国家对消费者合法权益的保护。

第三十二条规定：“各级人民政府工商行政管理部门和其他有关行政部门应当依照法律、法规的规定，在各自的职责范围内，采取措施，保护消费者的合法权益。

有关行政部门应当听取消费者和消费者协会等组织对经营者交易行为、商品和服务质量问题的意见，及时调查处理。”

第三十三条规定：“有关行政部门在各自的职责范围内，应当定期或者不定期对经营者提供的商品和服务进行抽查检验，并及时向社会公布抽查检验结果。

有关行政部门发现并认定经营者提供的商品或者服务存在缺陷，有危及人身、财产安全危险的，应当立即责令经营者采取停止销售、警示、召回、无害化处理、销毁、停止生产或者服务等措施。”

(4)争议的解决。

第三十九条规定：“消费者和经营者发生消费者权益争议的，可以通过下列途径解决：

①与经营者协商和解；

②请求消费者协会或者依法成立的其他调解组织调解；

③向有关行政部门投诉；

④根据与经营者达成的仲裁协议提请仲裁机构仲裁；

⑤向人民法院提起诉讼。”

第四十条规定：“消费者在购买、使用商品时，其合法权益受到损害的，可以向销售者要求赔偿。销售者赔偿后，属于生产者的责任或者属于向销售者提供商品的其他销售者的责任的，销售者有权向生产者或者其他销售者追偿。

消费者或者其他受害人因商品缺陷造成人身、财产损害的，可以向销售者要求赔偿，也可以向生产者要求赔偿。属于生产者责任的，销售者赔偿后，有权向生产者追偿。属于销售者责任的，生产者赔偿后，有权向销售者追偿。

消费者在接受服务时，其合法权益受到损害的，可以向服务者要求赔偿。”

(5)法律责任。

第四十八条规定:“经营者提供商品或者服务有下列情形之一的,除本法另有规定外,应当依照其他有关法律、法规的规定,承担民事责任:

①商品或者服务存在缺陷的;

②不具备商品应当具备的使用性能而出售时未作说明的;

③不符合在商品或者其包装上注明采用的商品标准的;

④不符合商品说明、实物样品等方式表明的质量状况的;

⑤生产国家明令淘汰的商品或者销售失效、变质的商品的;

⑥销售的商品数量不足的;

⑦服务的内容和费用违反约定的;

⑧对消费者提出的修理、重做、更换、退货、补足商品数量、退还货款和服务费用或者赔偿损失的要求,故意拖延或者无理拒绝的;

⑨法律、法规规定的其他损害消费者权益的情形。

经营者对消费者未尽到安全保障义务,造成消费者损害的,应当承担侵权责任。”

5.《合同法》

为了保护合同当事人的合法权益,维护社会经济秩序,促进社会主义现代化建设,制定本法。合同的原则:合同当事人的法律地位平等,一方不得将自己的意志强加给另一方。当事人依法享有自愿订立合同的权利,任何单位和个人不得非法干预。当事人应当遵循公平原则确定各方的权利和义务。当事人行使权利、履行义务应当遵循诚实信用原则。当事人订立、履行合同,应当遵守法律、行政法规,尊重社会公德,不得扰乱社会经济秩序,损害社会公共利益。依法成立的合同,对当事人具有法律约束力。当事人应当按照约定履行自己的义务,不得擅自变更或者解除合同。

合同的内容由当事人约定,一般包括以下条款:当事人的名称或者姓名和住所、标的、数量、质量、价款或者报酬、履行期限及地点和方式、违约责任、解决争议的方法。当事人在订立合同过程中有下列情形之一,给对方造成损失的,应当承担损害赔偿责任:假借订立合同,恶意进行磋商;故意隐瞒与订立合同有关的重要事实或者提供虚假情况;有其他违背诚实信用原则的行为。承诺可以撤回。

依法成立的合同,自成立时生效。当事人对合同的效力可以约定附条件。当事人对合同的效力可以约定附期限。有下列情形之一的,合同无效:一方以欺诈、胁迫的手段订立合同,损害国家利益;恶意串通,损害国家、集体或者第三人利益;以合法形式掩盖非法目的;损害社会公共利益;违反法律、行政法规的强制性规定。下列合同,当事人一方有权请求人民法院或者仲裁机构变更或者撤销:因重大误解订立的;在订立合同时显失公平的。

当事人应当按照约定全面履行自己的义务。合同生效后,当事人就质量、价款或者报酬、履行地点等内容没有约定或者约定不明确的,可以协议补充;不能达成补充协议的,按照合同有关条款或者交易习惯确定。

当事人协商一致,可以变更合同。法律、行政法规规定变更合同应当办理批准、登记等手续的,依照其规定。当事人对合同变更的内容约定不明确的,推定为未变更。有下列情形之一的,合同的权利义务终止:债务已经按照约定履行;合同解除;债务相互抵销;债务人依法将标的物提存;债权人免除债务;债权债务同归于一人;法律规定或者当事人约定终止的其他情形。当事人协商一致，可以解除合同。有下列情形之一的，当事人可以解除合同：因不可抗力致使不能实现合同目的；在履行期限届满之前，当事人一方明确表示或者以自己的行为表明不履行主要债务；当事人一方迟延履行主要债务，经催告后在合理期限内仍未履行；当事人一方迟延履行债务或者有其他违约行为致使不能实现合同目的；法律规定的其他情形。

当事人一方不履行合同义务或者履行合同义务不符合约定的，应当承担继续履行、采取补救措施或者赔偿损失等违约责任。当事人一方明确表示或者以自己的行为表明不履行合同义务的，对方可以在履行期限届满之前要求其承担违约责任。当事人一方未支付价款或者报酬的，对方可以要求其支付价款或者报酬。因不可抗力不能履行合同的，根据不可抗力的影响，部分或者全部免除责任，但法律另有规定的除外。当事人迟延履行后发生不可抗力的，不能免除责任。

6.《标准化法》

为了发展社会主义商品经济，促进技术进步，改进产品质量，提高社会经济效益，维护国家和人民的利益，使标准化工作适应社会主义现代化建设和发展对外经济关系的需要，制定本法。

对需要在全国范围内统一的技术要求，应当制定国家标准。对没有国家标准而又需要在全国某个行业范围内统一的技术要求，可以制定行业标准。企业生产的产品没有国家标准和行业标准的，应当制定企业标准，作为组织生产的依据。企业的产品标准须报当地政府标准化行政主管部门和有关行政主管部门备案。已有国家标准或者行业标准的，国家鼓励企业制定严于国家标准或者行业标准的企业标准，在企业内部适用。国家标准、行业标准分为强制性标准和推荐性标准。保障人体健康，人身、财产安全的标准和法律、行政法规规定强制执行的标准是强制性标准，其他标准是推荐性标准。

制定标准应当有利于保障安全和人民的身体健康，保护消费者的利益，保护环境。制定标准应当有利于合理利用国家资源，推广科学技术成果，提高经济效益并符合使用要求，有利于产品的通用互换，做到技术上先进、经济上合理。

生产、销售、进口不符合强制性标准的产品的，由法律、行政法规规定的行政主管部门依法处理，法律、行政法规未作规定的，由工商行政管理部门没收产品和违法所得，并处罚款；造成严重后果构成犯罪的，对直接责任人员依法追究刑事责任。

7.《计量法》

本法的制定是为了加强计量监督管理，保障国家计量单位制的统一和量值的准确可靠，有利于生产、贸易和科学技术的发展，适应社会主义现代化建设的需要，维护国家、人民的利益。建立计量基准器具、计量标准器具，进行计量检定，制造、修理、销售、使用计量器具，必须遵守本法。国家采用国际单位制。国际单位制计量单位和国家选定的其他计量单位，为国家法定计量单位。

计量检定必须按照国家计量检定系统表进行。计量检定工作应当按照经济合理的原则，就地就近进行。制造、修理计量器具的企业、事业单位，必须具备与所制造、修理的计量器具相适应的设施、人员和检定仪器设备。制造、修理计量器具的企业、事业单位必须对制造、修理的计量器具进行检定，保证产品计量性能合格，并对合格产品出具产品合格证。使用计量器具不得破坏其准确度，损害国家和消费者的利益。个体工商户可以制造、修理简易的计量器具。处理因计量器具准确度所引起的纠纷，以国家计量基准器具或者社会公用计量标准器具检定的数据为准。制造、销售未经考核合格的计量器具新产品的，责令停止制造、销售该种新产品，没收违法所得，可以并处罚款。

8.《中华人民共和国职业病防治法》

提到安全生产，很多人首先想到的就是火灾、爆炸等恶性事故，然而安全生产中还有一个重要环节不能忽视，那就是在生产一线的工人的安全健康。目前，无论从职业病患者累积数量、死亡数量和新发现病人的绝对数量方面来讲，都需要引起人们强烈的关注。

为了预防、控制和消除职业病危害，保护劳动者健康及其相关权益，促进经济社会发展，根据宪法，国家制定了《中华人民共和国职业病防治法》(以下简称《职业病防治法》)，并于2001年10月27日第九届全国人民代表大会常务委员会第二十四次会议通过。2011年12月31日第十一届全国人民代表大会常务委员会第二十四次会议通过《关于修改〈中华人民共和国职业病防治法〉的决定》，由中华人民共和国主席令第52号公布，自公布之日起施行。《职业病防治法》分为总则、前期预防、劳动过程中的防护与管理、职业病诊断与职业病病人保障、监督检查、法律责任、附则，共七章九十条。

(1)总则。

《职业病防治法》第一章对立法目的、适用范围、工作方针、劳动者的权利、用人单位的职责等做出了规定。

第二条给出了职业病的定义。原文为："本法所称职业病，是指企业、事业单位和个体经济组织等用人单位的劳动者在职业活动中，因接触粉尘、放射性物质和其他有毒、有害因素而引起的疾病。"

第三条确立了职业病防治方针。原文为："职业病防治工作坚持预防为主、防治结合的方针，建立用人单位负责、行政机关监管、行业自律、职工参与和社会监督的机制，实行分类管理、综合治理。"

第四条规定了劳动者依法享有的权利和用人单位应当采取的保护措施。原文为："劳动者依法享有职业卫生保护的权利。""用人单位应当为劳动者创造符合国家职业卫生标准和卫生要求的工作环境和条件，并采取措施保障劳动者获得职业卫生保护。"

第六条规定了用人单位主要负责人的责任。原文为："用人单位的主要负责人对本单位的职业病防治工作全面负责。"

第七条规定了用人单位依法参加工伤保险。原文为："用人单位必须依法参加工伤保险。"

第八条提出了国家关于职业病防治的技术政策措施。原文为："国家鼓励和支持研制、开发、推广、应用有利于职业病防治和保护劳动者健康的新技术、新工艺、新设备、新材料，加强对职业病的机理和发生规律的基础研究，提高职业病防治科学技术水平；积极采用有效的职业病防治技术、工艺、设备、材料；限制使用或者淘汰职业病危害严重的技术、工艺、设备、材料。"

(2)前期预防。

《职业病防治法》第二章围绕职业病前期预防做出了规定。

第十四条规定了用人单位依法做好职业病防治工作总要求。原文为："用人单位应当依照法律、法规要求，严格遵守国家职业卫生标准，落实职业病预防措施，从源头上控制和消除职业病危害。"

第十五条规定了产生职业病危害的用人单位的设立条件。原文为："产生职业病危害的用人单位的设立除应当符合法律、行政法规规定的设立条件外，其工作场所还应当符合下列职业卫生要求：

①职业病危害因素的强度或者浓度符合国家职业卫生标准；

②有与职业病危害防护相适应的设施；

③生产布局合理，符合有害与无害作业分开的原则；

④有配套的更衣间、洗浴间、孕妇休息间等卫生措施；

⑤设备、工具、用具等设施符合保护劳动者生理、心理健康的要求；

⑥法律、行政法规和国务院卫生行政部门、安全生产监督管理部门关于保护劳动者健康的其他要求。”

从《职业病危害因素分类目录》来看，汽车维修从业人员与职业病危害因素有着不同程度的接触，如电焊烟尘、汽油、苯等，应当做好预防工作。

(3)劳动过程中的防护与管理。

《职业病防治法》第三章针对劳动过程中的职业病防护与管理做出了规定。

第二十三条规定了防护用品要求。原文为：“用人单位为劳动者个人提供的职业病防护用品必须符合防治职业病的要求；不符合要求的，不得使用。”

第二十四条规定了技术、工艺、设备、材料方面的要求。原文为：“用人单位应当优先采用有利于防治职业病和保护劳动者健康的新技术、新工艺、新设备、新材料，逐步替代职业病危害严重的技术、工艺、设备、材料。”

第三十四条规定了劳动合同的有关事项。原文为：“用人单位与劳动者订立劳动合同(含聘用合同，下同)时，应当将工作过程中可能产生的职业病危害及其后果、职业病防护措施和待遇等如实告知劳动者，并在劳动合同中写明，不得隐瞒或者欺骗。

劳动者在已订立劳动合同期间因工作岗位或者工作内容变更，从事与所订立劳动合同中未告知的存在职业病危害的作业时，用人单位应当依照规定，向劳动者履行如实告知的义务，并协商变更原劳动合同相关条款。

用人单位违反前两款规定的，劳动者有权拒绝从事存在职业病危害的作业，用人单位不得因此解除与劳动者所订立的劳动合同。”

第三十六条规定了职业健康检查。原文为：“对从事接触职业病危害的作业的劳动者，用人单位应当按照国务院安全生产监督管理部门、卫生行政部门的规定组织上岗前、在岗期间和离岗时的职业健康检查，并将检查结果书面告知劳动者。职业健康检查费用由用人单位承担。

用人单位不得安排未经上岗前职业健康检查的劳动者从事接触职业病危害的作业；不得安排有职业禁忌的劳动者从事其所禁忌的作业；对在职业健康检查中发现有与所从事的职业相关的健康损害的劳动者，应当调离原工作岗位，并妥善安置；对未进行离岗前职业健康检查的劳动者不得解除或者终止与其订立的劳动合同。”

第二节　汽车维修质量管理的相关法规

一、概述

我国汽车维修方面的规章和法规很多，汽车维修方面的法规有两类：一类是国务院发布的国家行政法规，主要是交通部和公安部发布的一些汽车维修规章，如《汽车维修质量管理办法》《汽车维修合同实施细则》《道路运输车辆维护管理规定》《道路运输行政处罚规定》《汽车维修质量纠纷调解办法》《中华人民共和国道路运输条例》等；另一类是由各省（市、自治区）人大常委会发布的地方行政法规，如《浙江省道路运输管理条例》等。

二、相关的法规及基本内容

1.《汽车维修质量管理办法》

为加强汽车维修行业管理，保证汽车维修质量，根据交通部、原国家经贸委、国家工商行政管理局联合颁布的《汽车维修行业管理暂行办法》，制定本办法。适用于从事汽车修理、维护或专项维修的企业及个体工商户和各级汽车维修行业管理部门。各级汽车维修行业管理部门负责汽车维修质量管理工作。

其主要职责是：

(1)宣传、贯彻国家和交通部有关质量管理的方针、政策和法规；

(2)对汽车维修行业维修质量进行管理、监督、检查；

(3)指导、监督、检查汽车维修业户建立健全内部质量保证体系和质量检验制度，执行汽车维修技术标准和工艺规范；

(4)组织汽车维修行业质量检查评比；

(5)收集、交流汽车维修行业维修质量信息，开展技术咨询和质量诊断工作；

(6)组织汽车维修业户质量管理人员及质量检验人员的培训、考核工作；

(7)受理汽车维修质量问题的申诉，负责进行调解处理。

汽车维修企业必须建立健全与其维修类别相适应的质量管理机构；汽车维修个体业户应有人负责质量管理工作。

其管理机构和人员的主要职责是：

(1)认真执行质量管理法规和本办法；

(2)贯彻执行国家和交通部颁布的有关汽车维修的技术标准、相关标准以及有关地方标准；制定维修工艺和操作规程；

(3)依据国家标准、行业标准、地方标准的要求，制定汽车维修企业技术标准；

(4)建立健全汽车维修业户内部质量保证体系，加强质量检验，掌握质量动态，进行质量分析，推行全面质量管理；

(5)开展质量评优与奖惩工作。

汽车维修业户必须有明确的质量负责人和质量检验员。质量检验员必须经过当地汽车维修行业管理部门培训、考核并取得汽车维修检验员证，方可上岗。汽车维修业户必须做好质量管理的基础工作，建立健全并严格遵守与企业维修类别相适应的技术管理、计量管理和质量检验等规章制度。

车辆进厂、维修及竣工出厂，必须由专人负责质量检验，并认真填写检验单。一、二类维修业户对进行汽车大修、总成大修、二级维护的车辆必须建立《汽车维修技术档案》。汽车维修竣工出厂实行出厂合格证制度(汽车小修和部分专项修理除外)，维修质量不合格的车辆不准出厂。汽车维修业户在车辆维修竣工出厂时，必须按竣工出厂技术条件进行检测，并向托修单位提供由出厂检验员签发的汽车维修竣工出厂合格证。汽车维修业户使用的汽车维修竣工出厂合格证由汽车维修行业管理部门统一印制和发放。汽车维修业户必须执行车辆出厂质量保证期制度。质量保证期内，车辆发生故障或损坏，承修业户和托修单位按规定划分责任。

各级汽车维修行业管理部门应制定并认真执行汽车维修质量检验刻度，对维修车辆实行定期或不定期的质量检测，并将检测结果作为评定维修业户维修质量和年审《技术合格证》的主要依据之一。

2.《汽车维修合同实施细则》

为加强汽车维修行业管理，维护汽车维修经营活动的正常秩序，保障承、托修方当事人的合法权益，交通部、国家工商行政管理局根据《中华人民共和国合同法》的有关规定制定本细则。

在下列汽车维修作业情况下，承、托修双方必须签订合同：汽车大修；主要总成大修；二级维护；维修预算费用在一千元以上的。承、托修双方根据需要可签订单车或成批车辆的维修合同，也可签订一定期限的包修合同。承修方在维修过程中，发现其他故障需增加维修项目及延长维修期时，应征得托修方同意后，方可承修。

合同签订后，双方应严格按合同规定履行各自的义务。

托修方的义务：

(1)按合同规定的时间送修车辆和接收竣工车辆；

(2)提供送修车辆的有关情况(包括送修车辆基础技术资料、技术档案等)；

(3)按合同规定的方式和期限交纳维修费用。

承修方的义务：

(1)按合同规定的时间交付竣工车辆；

(2)按照有关汽车修理技术标准(条件)修车，保证维修质量，向托修方提供竣工出厂合格证；

(3)建立承修车辆维修技术档案，为托修方提供维修车辆的有关资料及使用的注意事项；

(4)按规定收取维修费用，并向托修方提供维修工时、材料明细表。

合同的主要内容：

(1)承、托修方的名称；

(2)签订日期及地点；

(3)合同编号；

(4)送修车辆的车种车型、牌照号、发动机型号(编号)、底盘号；

(5)维修类别及项目；

(6)预计维修费用；

(7)质量保证期；

(8)送修日期、地点、方式；

(9)交车日期、地点、方式；

(10)托修方所提供材料的规格、数量、质量及费用结算原则；

(11)验收标准和方式；

(12)结算方式及期限；

(13)违约责任和金额;

(14)解决合同纠纷的方式;

(15)双方商定的其他条款。

托修方按合同规定对竣工车辆进行验收签字后,方能接收车辆。承修方必须按其义务和规定提供有关资料。托修方未按合同规定时间送修车辆和承修方未按合同规定时间交付竣工车辆,应按合同规定支付对方违约金。在合同期内已竣工的车辆,托修方不按合同期限验收接车,应承付车辆的保管费和自然损伤的修复费。逾期超过半年以上的,承修方有权将车辆提交有关部门依法处理。

承、托修双方在履行合同中发生纠纷时,应及时协商解决;协商不成时,任何一方均可向当地经济合同仲裁部门申请仲裁或直接向当地人民法院起诉。维修车辆在质量保证期内发生质量问题,当事人也可先到所在地交通主管部门提请调解处理。承修方应建立健全合同管理制度,并有专(兼)职人员负责合同管理工作。对已签订的合同要建立登记台账并妥善保管。汽车维修业户应定期向汽车维修行业管理部门书面报送合同履行情况,作为汽车维修行业管理部门对维修业户考核的内容之一。

3.《生产安全事故报告和调查处理条例》

生产安全事故的报告和调查处理,是安全生产工作的重要环节。国务院 1989 年公布施行的《特别重大事故调查程序暂行规定》和 1991 年公布施行的《企业职工伤亡事故报告和调查处理规定》,对规范事故报告和调查处理发挥了重要作用。但是,随着市场经济的发展,安全生产领域出现了一些新情况、新问题。比如,生产经营单位的所有制形式由过去公有制为主发展为多种所有制形式并存,特别是非公有制单位在数量上占据多数,使得生产经营单位的组织形式和管理机制更加多样化,危险化学品、建筑施工、道路交通等行业或者领域在快速发展的同时,安全生产面临着严峻的形势。

为适应安全生产的新形势、新情况,规范事故报告和调查处理工作,落实事故责任追究制度,维护事故受害人的合法权益和社会稳定,预防和减少事故发生,根据《安全生产法》和有关法律,国务院制定了《生产安全事故报告和调查处理条例》,经 2007 年 3 月 28 日国务院第 172 次常务会议通过,国务院总理颁布第 493 号令,自 2007 年 6 月 1 日起施行。《生产安全事故报告和调查处理条例》分为总则、事故报告、事故调查、事故处理、法律责任、附则,共六章四十六条。

《生产安全事故报告和调查处理条例》第一章对适用范围、事故等级划分等做出了规定。

(1)总则。

第二条规定了本条例的适用范围,原文为:“生产经营活动中发生的造成人身伤亡或者直接经济损失的生产安全事故的报告和调查处理,适用本条例。”

第三条明确了生产安全事故的等级划分,原文为:“根据生产安全事故(以下简称事故)造成的人员伤亡或者直接经济损失,事故一般分为以下等级:

①特别重大事故,是指造成 30 人以上死亡,或者 100 人以上重伤(包括急性工业中毒,下同),或者 1 亿元以上直接经济损失的事故;

②重大事故,是指造成 10 人以上 30 人以下死亡,或者 50 人以上 100 人以下重伤,或者 5000 万元以上 1 亿元以下直接经济损失的事故;

③较大事故,是指造成 3 人以上 10 人以下死亡,或者 10 人以上 50 人以下重伤,或者

1000 万元以上 5000 万元以下直接经济损失的事故；

④一般事故，是指造成 3 人以下死亡，或者 10 人以下重伤，或者 1000 万元以下直接经济损失的事故。

国务院安全生产监督管理部门可以会同国务院有关部门，制定事故等级划分的补充性规定。"

本条第一款所称的"以上"包括本数，所称的"以下"不包括本数。

(2)事故报告。

总则第四条对事故报告提出了总要求。原文为："事故报告应当及时、准确、完整，任何单位和个人对事故不得迟报、漏报、谎报或者瞒报。

事故调查处理应当坚持实事求是、尊重科学的原则，及时、准确地查清事故经过、事故原因和事故损失，查明事故性质，认定事故责任，总结事故教训，提出整改措施，并对事故责任者依法追究责任。"

《生产安全事故报告和调查处理条例》第二章中对事故报告责任、事故报告的程序和时限、事故报告的内容等做出了具体规定。

第九条规定了事故报告的程序和时限，原文为："事故发生后，事故现场有关人员应当立即向本单位负责人报告；单位负责人接到报告后，应当于 1 小时内向事故发生地县级以上人民政府安全生产监督管理部门和负有安全生产监督管理职责的有关部门报告。

情况紧急时，事故现场有关人员可以直接向事故发生地县级以上人民政府安全生产监督管理部门和负有安全生产监督管理职责的有关部门报告。"

第十二条规定了事故报告的内容，原文为："报告事故应当包括下列内容：

①事故发生单位概况；

②事故发生的时间、地点以及事故现场情况；

③事故的简要经过；

④事故已经造成或者可能造成的伤亡人数(包括下落不明的人数)和初步估计的直接经济损失；

⑤已经采取的措施；

⑥其他应当报告的情况。"

第十三条规定了事故补报的时限，原文为："事故报告后出现新情况的，应当及时补报。

自事故发生之日起 30 日内，事故造成的伤亡人数发生变化的，应当及时补报。道路交通事故、火灾事故自发生之日起 7 日内，事故造成的伤亡人数发生变化的，应当及时补报。"

第十四条规定了事故发生后的应对措施，原文为："事故发生单位负责人接到事故报告后，应当立即启动事故相应应急预案，或者采取有效措施，组织抢救，防止事故扩大，减少人员伤亡和财产损失。"

第十六条规定了事故现场及证据处理方法，原文为："事故发生后，有关单位和人员应当妥善保护事故现场以及相关证据，任何单位和个人不得破坏事故现场、毁灭相关证据。

因抢救人员、防止事故扩大以及疏通交通等原因，需要移动事故现场物件的，应当做出标志，绘制现场简图并做出书面记录，妥善保存现场重要痕迹、物证。"

(3)事故调查。

《生产安全事故报告和调查处理条例》第三章中第二十六条规定了生产安全事故调查的

原则，调查组组成的原则、行为规范，以及事故报告的时限和事故调查报告的内容，还规定了相关单位和个人配合调查的义务。原文为："事故调查组有权向有关单位和个人了解与事故有关的情况，并要求其提供相关文件、资料，有关单位和个人不得拒绝。

事故发生单位的负责人和有关人员在事故调查期间不得擅离职守，并应当随时接受事故调查组的询问，如实提供有关情况。"

(4)事故处理。

《生产安全事故报告和调查处理条例》第四章中第三十二条、第三十三条还明确了事故调查报告的批复主体和批复的期限，规定了事故责任追究的落实方法，明确了防范和整改措施的落实及其监督检查，确立了事故处理情况的公布制度。

第三十二条　有关机关应当按照人民政府的批复，依照法律、行政法规规定的权限和程序，对事故发生单位和有关人员进行行政处罚，对负有事故责任的国家工作人员进行处分。

事故发生单位应当按照负责事故调查的人民政府的批复，对本单位负有事故责任的人员进行处理。

负有事故责任的人员涉嫌犯罪的，依法追究刑事责任。

第三十二条　事故发生单位应当认真吸取事故教训，落实防范和整改措施，防止事故再次发生。防范和整改措施的落实情况应当接受工会和职工的监督。

(5)法律责任。

《生产安全事故报告和调查处理条例》第五章中，对事故发生单位及其主要负责人和其他有关人员、中介机构及其有关人员，有关地方人民政府、安全生产监督管理部门和负有安全生产监督管理职责的有关部门及其有关人员，在事故报告和调查处理中的违法行为以及未履行安全生产职责导致事故发生等行为，都规定了力度较大的惩处措施，包括行政处罚、处分以及刑事责任等。其中的行政处罚既有财产处罚，又有资格处罚，目的就在于进一步加大处罚力度，有效地预防事故发生。与事故发生单位的负责人和有关人员的处罚条款主要包括：

第三十五条　事故发生单位主要负责人有下列行为之一的，处上一年年收入40%至80%的罚款；属于国家工作人员的，并依法给予处分；构成犯罪的，依法追究刑事责任：

①不立即组织事故抢救的；

②迟报或者漏报事故的；

③在事故调查处理期间擅离职守的。

第三十六条　事故发生单位及其有关人员有下列行为之一的，对事故发生单位处100万元以上500万元以下的罚款；对主要负责人、直接负责的主管人员和其他直接责任人员处上一年年收入60%至100%的罚款；属于国家工作人员的，并依法给予处分；构成违反治安管理行为的，由公安机关依法给予治安管理处罚；构成犯罪的，依法追究刑事责任：

①谎报或者瞒报事故的；

②伪造或者故意破坏事故现场的；

③转移、隐匿资金、财产，或者销毁有关证据、资料的；

④拒绝接受调查或者拒绝提供有关情况和资料的；

⑤在事故调查中作伪证或者指使他人作伪证的；

⑥事故发生后逃匿的。

第三十七条　事故发生单位对事故发生负有责任的，依照下列规定处以罚款：

①发生一般事故的，处 10 万元以上 20 万元以下的罚款；

②发生较大事故的，处 20 万元以上 50 万元以下的罚款；

③发生重大事故的，处 50 万元以上 200 万元以下的罚款；

④发生特别重大事故的，处 200 万元以上 500 万元以下的罚款。

第三十八条　事故发生单位主要负责人未依法履行安全生产管理职责，导致事故发生的，依照下列规定处以罚款；属于国家工作人员的，并依法给予处分；构成犯罪的，依法追究刑事责任：

①发生一般事故的，处上一年年收入 30%的罚款；

②发生较大事故的，处上一年年收入 40%的罚款；

③发生重大事故的，处上一年年收入 60%的罚款；

④发生特别重大事故的，处上一年年收入 80%的罚款。

第四十条　事故发生单位对事故发生负有责任的，由有关部门依法暂扣或者吊销其有关证照；对事故发生单位负有事故责任的有关人员，依法暂停或者撤销其与安全生产有关的执业资格、岗位证书；事故发生单位主要负责人受到刑事处罚或者撤职处分的，自刑罚执行完毕或者受处分之日起，5 年内不得担任任何生产经营单位的主要负责人。

为发生事故的单位提供虚假证明的中介机构，由有关部门依法暂扣或者吊销其有关证照及其相关人员的执业资格；构成犯罪的，依法追究刑事责任。

(6)附则。

附则中第四十六条规定了实施时间，原文为："本条例自 2007 年 6 月 1 日起施行。国务院 1989 年 3 月 29 日公布的《特别重大事故调查程序暂行规定》和 1991 年 2 月 22 日公布的《企业职工伤亡事故报告和调查处理规定》同时废止。"

4.《道路运输车辆维护管理规定》

为加强道路运输车辆管理，保持车辆技术状况良好，确保运行安全，保护环境，降低运行消耗，提高运输质量，根据国家有关规定，制定本规定。车辆维护制度是贯彻安全第一、预防为主的方针，保障汽车运行安全的基本制度。车辆维护是指道路运输车辆运行到国家有关标准规定的行驶里程或间隔时间，必须按期执行的维护作业。适用于在中华人民共和国境内从事道路客、货运输的经营业户(单位或个人)，汽车维修一、二类企业及汽车综合性能检测站。

小结

(1)介绍了汽车维修质量管理的相关法律、法规，重点阐述了《产品质量法》《安全生产法》《合同法》《职业病防治法》以及相关规章和法规的作用和基本内容。

(2)汽车维修方面的法律、法规与规章是策划汽车维修服务质量管理体系的主要依据。学习、掌握相关法律法规是全面落实汽车维修质量的基础。因此，汽车维修从业人员首先需要掌握相关法律法规。

2

第二章

汽车维修质量检测与评定的依据

汽车维修质量是汽车维修竣工固有的特性，但是必须经过检测才能得到发现和确认，这些特性发现后还需按一定的规则与标准进行比较才能对这些固有特性的水平做出评定。检测为评定服务，评定又为质量服务，质量是检测与评定的服务对象。

第一节　汽车维修质量检测与评定的相关概念

汽车维修质量检测与评定中的维修质量、检测、评定是三个有着不同内容又互相关联的概念。

一、法律、法规和标准的一般性概念

汽车维修质量检测与评定的法律、法规及标准是汽车维修质量检测与评定的依据，是从事一切汽车维修质量检测与评定活动的指南与准则。

法律是由国家强制力保证实施的行为规范总和。汽车维修质量检测与评定的法律是汽车维修质量检测与评定的根本大法，是所有汽车维修质量检测与评定法规及标准的根基所在。它以国家强制力作为手段，确保汽车维修质量检测与评定活动行为规范得到实施，是所有汽车维修质量检测与评定的从业人员、企事业单位、行政管理部门及其相关人员所必须遵照执行的。

汽车维修质量检测与评定的法规是汽车维修质量检测与评定活动的细则，它往往是汽车维修质量检测与评定法律在不同行业、地区、时间及不同对象中的延伸与拓展。

标准则是汽车维修质量检测与评定的技术、方法、操作的规范要求，两者虽都带有“规则”性质，但执行的属性不一样，前者为强制性，后者可以为强制性也可以为非强制性，两者的制定和执行要求也不同。

法律由国家人大制定通过执行，法规一般由国家、各地政府及行业管理部门制定并予以颁布执行；标准则除了由国家、行业制定外，还可由企业制定。法律和法规是必须执行的，标

准则有强制采用、推荐采用之分，前者必须执行，后者可约定执行或参照执行，但一经法规认定为必须执行，即转化为强制性采用标准。

汽车维修质量检测与评定的法律、法规及标准构成了汽车维修质量检测与评定活动的依据体系。法律、法规的不健全，会使汽车维修质量检测与评定活动失去轨道，变得无序混乱；而没有标准，将使汽车维修质量检测与评定无法进行具体操作，汽车维修质量检测与评定也成了一句空话。这些都将危及汽车维修质量检测与评定活动的健康进行，或者使汽车维修质量检测与评定活动变得很难进行，其最终结果都是使汽车维修质量得不到可靠的保证。

二、我国汽车维修质量检测与评定的法律法规

我国汽车维修质量检测与评定的法律、法规及标准体系是随着国家法制建设及国家对质量技术监督机制的发展完善而逐步发展建立起来的。车用技术的进步、汽车检测技术的发展，以及汽车使用要求的提高，促进了汽车维修质量检测与评定法律、法规及标准体系的完善；这种完善又促进了汽车维修质量检测与评定工作的进一步创新与提高。目前，汽车维修质量检测与评定的法律、法规及标准不仅是质量考评活动的依据，也成了汽车维修质量提高、汽车检测技术进步与评定方法科学化的重要推动力。

关于汽车维修质量检测与评定的法律法规，可追溯到 1986 年 12 月，由交通部、国家经委、国家工商行政管理局颁布的《汽车维修行业管理暂行办法》，标志着我国的汽车维修行业已被纳入市场经济建设的轨道。该法规明确规定，汽车维修业已作为交通部管理的行业之一。在汽车维修行业蓬勃发展的同时，需要通过加强宏观控制，稳定维修市场，提高维修质量，才能适应道路运输发展的需要。自此以来，交通部相继出台了一系列关于汽车维修的新法规。1990 年，交通部颁布了《汽车运输业车辆技术管理规定》，提出了汽车维修要执行“定期检测、强制维护、视情修理”的新方针。1991 年交通部颁布了《汽车维修质量管理办法》，这一国内首个关于汽车维修质量的管理法规，在相当长的时间里是全国各地运输行政管理部门、汽车维修业、汽车维修行业管理部门开展汽车维修质量工作的依据。2005 年 8 月，交通部颁布实施第 7 号令《机动车维修管理规定》，这是目前我国汽车维修行业的最新最完整最具权威的法规。该法规对汽车维修企业人员、设备、场地设施的要求，对维修作业的技术规范、质量标准的执行、经营规范及包括质量管理在内维修管理制度的要求等都做了全面系统的论述，并首次明确规定：对机动车进行二级维护、总成修理、整车修理的，应当实行维修前诊断检验、维修过程检验和竣工质量检验制度。它是当前汽车维修质量检测与评定工作的最重要的基础性法规。

第二节 《机动车维修管理规定》的主要内容

《机动车维修管理规定》的主要内容包括：

一、对机动车维修的准入制进行了全面规定

(1)从事汽车维修经营业务或者其他机动车维修经营业务的，应当符合下列条件：

①有与其经营业务相适应的维修车辆停车场和生产厂房。租用的场地应当有书面的租赁合同，且租赁期限不得少于1年。停车场和生产厂房面积按照国家标准GB/T 16739.1—2014《汽车维修业开业条件》相关条款的规定执行。

②有与其经营业务相适应的设备、设施。所配备的计量设备应当符合国家有关技术标准要求，并经法定检验机构检定合格。从事汽车维修经营业务的设备、设施的具体要求按照国家标准《汽车维修业开业条件》相关条款的规定执行；从事其他机动车维修经营业务的设备、设施的具体要求，参照国家标准《汽车维修业开业条件》执行，但所配备设施、设备应与其维修车型相适应。

③有必要的技术人员，应符合《汽车维修质量检验人员的要求》里的相关规定。

④有健全的维修管理制度。包括质量管理制度、安全生产管理制度、车辆维修档案管理制度、人员培训制度、设备管理制度及配件管理制度。具体要求按照国家标准《汽车维修业开业条件》相关条款的规定执行。

⑤有必要的环境保护措施。具体要求按照国家标准《汽车维修业开业条件》相关条款的规定执行。

(2)从事危险货物运输车辆维修的汽车维修经营者，除具备汽车维修经营一类维修经营业务的开业条件外，还应当具备下列条件：

①有与其作业内容相适应的专用维修车间和设备、设施，并设置明显的指示性标志；

②有完善的突发事件应急预案，应急预案包括报告程序、应急指挥以及处置措施等内容；

③有相应的安全管理人员；

④有齐全的安全操作规程。

二、对维修经营者的业务行为进行了全面规范

(1)从事机动车维修经营的，应当向所在地的县级道路运输管理机构提出申请，并提交《交通行政许可申请书》、经营场地(包括停车场面积)的相关材料、土地使用权及产权证明复印件、技术人员汇总表及相应职业资格证明、维修检测设备及计量设备检定合格证明复印件及其他相关材料。

道路运输管理机构按照《中华人民共和国道路运输条例》和《交通行政许可实施程序规定》规范的程序实施行政许可。符合法定条件的，道路运输管理机构做出准予行政许可的决定，向申请人出具并颁发《交通行政许可决定书》；不符合法定条件的，道路运输管理机构做出不予许可的决定，向申请人出具《不予交通行政许可决定书》。

未取得机动车维修经营许可擅自从事机动车维修经营者为非法，并将承担法律责任。

(2)获得一类汽车维修经营业务、一类其他机动车维修经营业务许可的，可以从事相应车型的整车修理、总成修理、整车维护、小修、维修救援、专项修理和维修竣工检验工作；获得二类维修经营业务、二类其他机动车维修经营业务许可的，可以从事相应车型的整车修理、总成修理、整车维护、小修、维修救援和专项修理工作；获得三类汽车维修经营业务、三类其他机动车维修经营业务许可的，可以分别从事发动机、车身、电气系统、自动变速器维修及车身清洁维护、涂漆、轮胎动平衡和修补、四轮定位检测调整、供油系统维护和油品更换、喷油泵和喷油器维修、曲轴修磨、气缸镗磨、散热器(水箱)维修、空调维修、车辆装潢(篷布、坐垫

及内装饰)、车辆玻璃安装等专项工作。

(3)维修经营者应当按照经批准的行政许可事项开展维修服务,并将机动车维修经营许可证件和机动车维修标志牌悬挂在经营场所的醒目位置。

机动车维修经营者不得擅自改装机动车,不得承修已报废的机动车,不得利用配件拼装机动车。

托修方要改变机动车车身颜色,更换发动机、车身和车架的,应当按照有关法律、法规的规定办理相关手续,机动车维修经营者在查看相关手续后方可承修。

维修经营者应当加强对从业人员的安全教育和职业道德教育,确保安全生产。从业人员应当执行机动车维修安全生产操作规程,不得违章作业。

机动车维修产生的废弃物,应当按照国家的有关规定进行处理。

机动车维修经营者应当公布机动车维修工时定额和收费标准,合理收取费用,并将其执行的维修工时单价标准报所在地道路运输管理机构备案。

机动车生产厂家在新车型投放市场后一个月内,有义务向社会公布其维修技术资料和工时定额。

三、对机动车维修的质量管理要求、监督管理方法及法律责任做了规定

1.质量管理

(1)机动车维修经营者应当按照国家、行业或者地方的维修标准和规范进行维修。尚无标准或规范的,可参照机动车生产企业提供的维修手册、使用说明书和有关技术资料进行维修。

(2)机动车维修经营者不得使用假冒伪劣配件维修机动车,违者承担法律责任。

(3)对机动车进行二级维护、总成修理、整车修理的,应当实行维修前诊断检验、维修过程检验和竣工质量检验制度。

(4)承担机动车维修竣工质量检验的机动车维修企业或机动车综合性能检测机构应当使用符合有关标准并在检定有效期内的设备,按照有关标准进行检测,如实提供检测结果证明,并对检测结果承担法律责任。

(5)机动车维修竣工质量检验合格的,维修质量检验人员应当签发《机动车维修竣工出厂合格证》。合格证由省级道路运输管理机构统一印制和编号,县级道路运输管理机构按照规定发放和管理。

(6)机动车维修经营者对机动车进行二级维护、总成修理、整车修理的,应当建立机动车维修档案。机动车维修档案主要内容包括:维修合同、维修项目、具体维修人员及质量检验人员、检验单、竣工出厂合格证(副本)及结算清单等。档案保存期为两年。

(7)机动车维修实行竣工出厂质量保证期制度。

2.监督管理

(1)道路运输管理机构应当加强对机动车维修专业技术人员的管理,严格执行专业技术人员考试和管理制度。

(2)道路运输管理机构应当加强对机动车维修经营的质量监督和管理工作,可委托具有

法定资格的机动车维修质量监督检验中心对机动车维修质量进行监督检验。

(3)道路运输管理机构应当受理机动车维修质量投诉,积极按照维修合同约定和相关规定调解维修质量纠纷。

(4)对机动车维修质量的责任认定需要进行技术分析和鉴定,承修方和托修方共同要求道路运输管理机构出面协调的,道路运输管理机构应当组织专家组或委托具有法定检测资格的检测机构做出技术分析和鉴定。鉴定费用由责任方承担。

(5)道路运输管理机构对机动车维修经营者实行质量信誉考核制度。考核内容应当包括经营者基本情况、经营业绩(含奖励情况)、不良记录等。并成为机动车维修诚信档案的重要组成部分。诚信信息,除涉及国家秘密、商业秘密外,应当依法公开,供公众查阅。

第三节　汽车维修质量检测与评定标准

一、汽车维修质量检测与评定标准的类别与主要特征

1.标准类别

汽车维修质量检测与评定的标准,按其内容,可分为如下四种类别:

(1)汽车维修质量要求类;

(2)汽车维修质量检测方法与技术类;

(3)汽车维修质量检测设备、设施、人员要求类;

(4)汽车维修质量评定方法、等级指标类。

由于汽车维修质量检测与评定是一个循序渐进的过程,四类标准分别对应用于汽车维修质量检测与评定活动过程中质量要求的确认、实际质量的获得、实际质量水平的确定等三个阶段。这四类标准的内容虽不同,但却是互相依存,相互关联,在执行时往往需要统一为一体。

其中,汽车维修质量要求类标准是其他三类标准的基础,它是汽车维修质量水平高低的基准。没有高水平的维修质量要求标准,就不可能有高水平的维修质量。一个落后的质量标准,即使维修质量完全达到标准,也只能得到一个落后水平的维修质量,这就削弱了其他三类标准执行的意义。汽车维修质量要求类标准是建立在汽车(及零部件)设计、工艺及制造标准之上的,它所确定的各种要求指标值同样体现了我国汽车技术进步的程度。

汽车维修质量检测方法与技术类标准是为汽车维修质量要求类标准服务的,它的目的是使被考核的汽车维修质量实际水平如何得到准确、快速、可靠的获得。不能得到正确、可靠、如实反映质量实际状况的检测方法与技术将会使汽车维修质量的评定偏离客观公正的原则,评定也失去了意义。

汽车维修质量检测设备、设施、人员要求类标准是汽车维修质量检测质量的保证,是取得正确可靠质量状况数据的不可缺少的手段。相对于其他三类标准,它有一定的独立性。

汽车维修质量评定方法、等级指标类标准,实际上就是汽车维修质量评分的规则,它需要结合前面三类标准的具体内容,运用系统工程评定方法,建立恰当的评定指标体系,确定其数学运算模式和最终评判指标。但评分的规则应得到汽车维修服务方与被服务方的认

可，并必须符合国家相关法律法规的规定要求才能有效。

2. 标准的等级属性

汽车维修质量检测与评定标准的等级属性，根据标准审批、发布部门的不同有四种：

(1)中华人民共和国国家标准(GB、GB/T)(国家技术监督局颁布)；

(2)中华人民共和国行业标准(国家各部委办局、行业管理部门颁布)；

(3)地方标准(各省、市、自治区颁布)；

(4)企业标准(企业自行制定)。

汽车维修质量检测与评定所执行的行业标准主要有：交通部标准(JT)、公安部标准(GA)、汽车行业标准(QC、QCN)、机械行业标准(JB)、城乡建设环境保护部标准(CJ)、国家计量局国家计量检定规程(JJG)等。行业标准是对没有国家标准而又需要在全国某个行业范围内统一的技术要求和规范所做的标准。行业标准在相应的国家标准实施后，即行废止。

地方标准是对既无国家标准，又无行业标准而确需要在省、市、自治区范围内统一的标准。

企业标准由企业自行制定，由企业法人或法人代表授权的主管领导审核、批准、发布。

我国现行的国家标准和行业标准均有强制性与非强制性之分，强制性标准代号为××，推荐性标准代号为××/T，如 GB 表示强制性国标，推荐性标准代号 GB/T。强制性标准必须执行，推荐性标准由企业自愿采用。企业标准的水平可以严于推荐性标准，也可以不严于推荐性标准，但经过备案、具有交货依据和法律责任的企业标准，无论采用的是行业标准还是企业自己制定的标准，无论其原来属强制性的还是属推荐性的，只要企业一经采用，对企业来说都是强制性的标准，必须在它的一切质量评定活动中得到执行。国家鼓励企业采用推荐性标准和国内外先进水平的标准，并指令采标认证部门进行采标认证。推荐性环境标准被强制性环境标准引用，必须强制执行。国家法律、行政法规规定要执行的标准，不管其是强制性的还是推荐性的，一律作为强制性标准，必须执行。

无国标、部标、地方标准的维修汽车及零部件，应参照原车维修手册、使用说明书和有关技术资料进行维修质量的检测与评定。

二、现行汽车维修质量检测与评定的主要相关法律、法规及标准

1. 相关国家法律

《中华人民共和国产品质量法》

《中华人民共和国道路交通安全法》

《中华人民共和国计量法》

《中华人民共和国标准化法》

《中华人民共和国经济合同法》

《中华人民共和国消费者权益保护法》

《中华人民共和国大气污染防治法》

2. 相关国家、行业法规

国务院 2004 年第 406 号令《中华人民共和国道路运输条例》(2016 年 2 月 6 日第二次修订)

交通部 2005 年第 7 号令《机动车维修管理规定》(2016 年 4 月 14 日第二次修订)

交通部 2001 年第 4 号令《道路运输车辆维护管理规定》

交通部 1992 年交运发第 112 号《汽车维修合同实施细则》

交通部 1998 年交公路发 349 号《汽车维修质量纠纷调解办法》

国家环保局、科技部和机械局 1999 年《机动车排放污染防治技术政策》

交通部 1998 年第 3 号令《道路运输行政处罚规定》

交通部 1990 年第 13 号令《汽车运输业车辆技术管理规定》

国家质量技术监督局质技监认函〔2000〕046 号《产品质量检验机构认证/审查认可(验收)评审准则》(试行)

交通部 1991 年第 29 号令《汽车运输业车辆综合性能检测站管理办法》

国家质检总局 2004 年《缺陷汽车检测与实验监督管理办法》

3.相关国家、行业标准

(1)汽车维修质量要求类。

①综合性能(汽车修理、维护)。

GB/T 3798.1—2005 汽车大修竣工出厂技术条件 第 1 部分:载客汽车

GB/T 3798.2—2005 汽车大修竣工出厂技术条件 第 2 部分:载货汽车

GB/T 3799.1—2005 商用汽车发动机大修竣工出厂技术条件 第 1 部分:汽油发动机

GB/T 3799.2—2005 商用汽车发动机大修竣工出厂技术条件 第 2 部分:柴油发动机

JT/T 198—2004 营运车辆技术等级划分和评定要求

GB 5336—2005 大客车车身修理技术条件

QC/T 493—1999 修理车通用技术条件

CJ/T 3003—1993 出租汽车运行技术条件

CJ/T 3004—1993 轿车、微型客车及小型客车修理技术条件

CJ/T 4—1999 城市客运车辆修理通用技术条件

CJ/T 3052—1995 城市客运车辆保养通用技术条件

GB 7258—2012 机动车运行安全技术条件

GB/T 16178—2011 场内机动车辆安全检验技术要求

GB/T 18344—2001 汽车维护、检测、诊断技术规范

CJ/T 3052—1995 城市客运车辆保养通用技术条件

②安全性能(制动、照明、信号、外观标志)。

GB/T 13594—2003 机动车和挂车防抱制动系统性能和试验方法

JT/T 510—2004 汽车防抱制动系统检测技术条件

GB/T 18343—2001 汽车盘式制动器修理技术条件

GB/T 18274—2000 汽车鼓式制动器修理技术条件

GB/T 18275.2—2000 汽车制动传动装置修理技术条件 液压制动

GB/T 18275.1—2000 汽车制动传动装置修理技术条件 气压制动

GB 12676—2014 商用车辆和挂车制动系统技术要求及试验方法

GB 4094—1999 汽车操纵件、指示器及信号装置的标志

GB 18409—2013 汽车驻车灯配光性能

GB 4660—2007 汽车用灯丝灯泡前雾灯

GB 4599—2007 汽车用灯丝灯泡前照灯

GB 18408—2015 汽车及挂车后牌照板照明装置配光性能

GB 18099—2013 机动车及挂车侧标志灯配光性能

GB 5920—2008 汽车及挂车前位灯、后位灯、示廓灯和制动灯配光性能

GB 4785—2007 汽车及挂车外部照明和光信号装置的安装规定

GB 11567.2—2001 汽车和挂车后下部防护要求

GB 11567.1—2001 汽车和挂车侧面防护要求

GB 1589—2004 道路车辆外廓尺寸、轴荷及质量限值

③环保性能(排放、噪声)。

GB 18285—2005 点燃式发动机汽车排气污染物排放限值及测量方法(双怠速法及简易工况法)

GB 18352.3—2005 轻型汽车污染物排放限值及测量方法(中国Ⅲ、Ⅳ阶段)

GB 17691—2005 车用压燃式、气体燃料点燃式发动机与汽车排气污染物排放限值及测量方法(中国Ⅲ、Ⅳ、Ⅴ阶段)

GB 3847—2005 车用压燃式发动机和压燃式发动机汽车排气烟度排放限值及测量方法

GB 14763—2005 装用点燃式发动机重型汽车　燃油蒸发污染物排放限值及测量方法(收集法)

GB 11340—2005 装用点燃式发动机重型汽车曲轴箱污染物排放限值及测量方法

GB/T 7607—2010 柴油机油换油指标

GB/T 8028—2010 汽油机油换油指标

GB 1495—2002 汽车加速行驶车外噪声限值及测量方法

GB 16170—1996 汽车定置噪声限值

GB 15742—2001 机动车用喇叭的性能要求及试验方法

④燃油经济性。

GB 19578—2014 乘用车燃料消耗量限值

GB/T 18566—2011 道路运输车辆燃料消耗量检测评价方法

⑤主要零部件。

GB 17675—1999 汽车转向系　基本要求

QC/T 25—2014 汽车干摩擦式离合器总成技术条件

QC/T 470—1999 汽车自动变速器操纵装置的要求

QC/T 413—2002 汽车电气设备基本技术条件

GB/T 5909—2009 商用车辆车轮性能要求和试验方法

QC/T 717—2015 汽车车轮跳动要求和检测方法

GB/T 9768—2000 轮胎使用与保养规程

JT/T 216—1995 客车空调系统技术条件

CJ/T 134—2001 城市公交空调客车空调系统技术条件

(2)汽车维修质量检测方法与技术类。

JT/T 198—2004 营运车辆技术等级划分和评定要求

GB/T 12534—1990 汽车道路试验方法通则

GB/T 4970—2009 汽车平顺性试验方法

GB/T 12679—1990 汽车耐久性行驶试验方法

JT/T 510—2004 汽车防抱制动系统检测技术条件

JT/T 488—2003 轿车运输挂车性能试验方法

GB/T 12545.1—2008 汽车燃料消耗量试验方法　第 1 部分:乘用车辆燃料消耗量试验方法

GB/T 18297—2001 汽车发动机性能试验方法

GB/T 17692—1999 汽车用发动机净功率测试方法

QC/T 239—2015 商用车辆行车制动器技术要求及台架试验方法

JJG 008—2005 汽车制动踏板力计检定规程(试行)

GB/T 14172—1993 汽车静侧翻稳定性台架试验方法

GB/T 12678—1990 汽车可靠性行驶试验方法

GB/T 12540—2009 汽车最小转弯直径、最小转弯通道圆直径和外摆值测量方法

GB/T 12535—2007 汽车起动性能试验方法

GB/T 12543—2009 汽车加速性能试验方法

GB/T 12536—1990 汽车滑行试验方法

GB/T 12537—1990 汽车牵引性能试验方法

QC/T 476—2007 客车防雨密封性限值及试验方法

GB/T 12674—1999 汽车质量(重量)参数测定方法

GB/T 12673—1990 汽车主要尺寸测量方法

QC/T 27—2014 汽车干摩擦式离合器总成台架试验方法

GB/T 18697—2002 声学　汽车车内噪声测量方法

(3)汽车维修质量检测设备、设施、人员要求类。

①综合。

GB/T 16739.1—2014 汽车维修业开业条件　第 1 部分:汽车整车维修企业

GB/T 16739.2—2014 汽车维修业开业条件　第 2 部分:汽车综合小修及专项维修业户

GB/T 17993—2005 汽车综合性能检测站能力的通用要求

JT/T 478—2002 汽车检测站计算机控制系统技术规范

GB/T 27025—2008 检测和校准实验室能力的通用要求

②检测设备。

JT/T 503—2004 汽车发动机综合检测仪

JT/T 445—2008 汽车底盘测功机

JT/T 386—2004 汽车排气分析仪

GB/T 11798.3—2001 机动车安全检测设备　检定技术条件　第 3 部分:汽油车排气分析仪　检定技术条件

JJG 012—2005 汽车发动机曲轴箱窜气量测量仪检定规程

JJG 009—1996 四活塞联动式油耗仪检定规程(试行)

JT/T 506—2004 不透光烟度计

GB/T 11798.5—2001 机动车安全检测设备　检定技术条件　第 5 部分:滤纸式烟度计检定技术条件

GB/T 11798.9—2001 机动车安全检测设备　检定技术条件　第 9 部分:平板制动试验台检定技术条件

GB/T 11798.2—2001 机动车安全检测设备　检定技术条件　第 2 部分:滚筒反力式制动试验台检定技术条件

JT/T 507—2004 汽车侧滑检验台

GB/T 11789.1—2001 机动车安全检测设备　检定技术条件　第 1 部分:滑板式汽车侧滑试验台检定技术条件

JT/T 448—2001 汽车悬架装置检测台

JT/T 505—2004 四轮定位仪

JT/T 504—2004 前轮定位仪

GB/T 11798.7—2001 机动车安全检测设备　检定技术条件　第 7 部分:轴(轮)重仪检定技术条件

JT/T 508—2015 机动车前照灯检测仪

GB/T 11798.6—2001 机动车安全检测设备　检定技术条件　第 6 部分:对称光前照灯检测仪检定技术条件

GB/T 11798.4—2001 机动车安全检测设备　检定技术条件　第 4 部分:滚筒式车速表试验台检定技术条件

JJG 010—2005 车轮动平衡机检定规程

JJG 745—2002 机动车前照灯检测仪检定规程

GB/T 12548—1990 汽车速度表、里程表检验校正方法

JJG 688—2007 汽车排放气体测试仪检定规程

③人员要求。

JT/T 425—2000 汽车维修业质量检验人员技术水平要求

(4)汽车维修质量评定方法、等级指标类

GB/T 15746—2011 汽车修理质量检查评定方法

GB/T 15746.2—1995 汽车修理质量检查评定标准　发动机大修

GB/T 15746.3—1995 汽车修理质量检查评定标准　车身大修

JT/T 198—2004 营运车辆技术等级划分和评定要求

JT/T 325—2013 营运客车类型划分及等级评定

QC/T 900—1997 汽车整车产品质量检验评定方法

QC/T 901—1998 汽车发动机产品质量检验评定方法

QC/T 584—1999 汽车底盘产品质量检验评定方法

GB/T 18566—2011 道路运输车辆燃料消耗量检测评价方法

GB/T 14951—2007 汽车节油技术评定方法

GB/T 18276—2000 汽车动力性台架试验方法和评价指标

QC/T 534—1999 汽车驱动桥台架试验评价指标

注：汽车维修质量检测与评定的各种标准，其涉及的内容广泛而具体，与汽车维修质量检测与评定的活动贴得更近、更具有指导性，是汽车维修质量检测与评定活动的具体操作依据。由于汽车维修业是一种高新技术含量极高的服务性行业，它的维修标准既与原有汽车产品本身的技术标准有关，又与制造、检测技术、系统工程、计算机等行业及其标准密切相关。在汽车维修质量检测与评定标准中大量采用、直接引用上述领域的各种技术状况标准。由于这些领域的技术发展速度快、创新度高，使得汽车维修质量检测与评定采用的标准内容更新和数量补充速度快，老标准被新的标准取代率高，我们在采用汽车维修标准时一定要把握好这一规律，注意采用最新标准。

3

第三章 汽车维护及其检测与评定

汽车维护是为了提高汽车的使用寿命、降低汽车的故障率、维持车辆完好技术状况或工作能力的预防性作业，防止早期损坏和在运行中发生故障。

第一节 汽车维护概述

一、汽车维护的原则

汽车在行驶中，由于受各种因素的影响，各零部件必然会逐渐产生不同程度的自然松动、磨损和机械损伤，如不及时采取必要的技术措施，汽车的动力性、经济性必然变坏，可靠性也将随之降低，甚至发生意外损坏。汽车维护就是为减少机件磨损、保证汽车具有良好的工作性能、预防故障产生和延长车辆使用寿命而采取的维持性的技术措施。我国交通部（现交通运输部）发布了《汽车运输业车辆技术管理规定》，明确规定了车辆维护要遵循"预防为主，定期检测，强制维护"的原则，在车辆维护作业中，必须根据国家标准 GB/T 18344—2001《汽车维护、检测、诊断技术规范》的要求执行。

二、汽车维护的分级及各级维护工艺的中心内容

汽车维护工艺的内容包括：日常维护、一级维护、二级维护。

日常维护属于预防性维护作业，以清洁、补给和安全检视为中心内容，是各级维护的基础，由驾驶员在每天出车前、行车中和收车后进行。主要内容有：坚持出车前、行车中和收车后对车辆的安全机构及部件连接紧固情况的"三检"，保持"四清"，防止"四漏"和保持车貌的整洁。

一级维护由维修企业负责进行。其首选维护作业范围除日常维护作业外，以清洁、紧固、润滑为中心内容，并检查制动、转向等安全部件的工作状况。

二级维护由维修企业负责进行，是指除完成一级维护作业外，以检查、调整为中心内容，它以检查、调整转向节、转向摇臂和悬架等经过一定时间使用容易磨损或变形的安全部件为主，并拆检轮胎，进行轮胎换位；检查调整发动机工况和排气污染控制装置等。还包括走合期维护和季节性维护。

三、汽车维护周期的确定

(1)日常维护由驾驶员在出车前、行车中和收车后进行。

(2)一、二级维护周期的确定，根据 GB/T 18344—2001 的规定，应以汽车行驶里程为基本依据，参照汽车使用说明书及汽车使用条件由省级交通行政主管部门规定。

(3)对于不便于用行驶里程统计、考核的车辆，可用行驶时间间隔确定车辆一、二级维护周期。

四、汽车走合期维护和季节性维护

1. 走合期维护

走合期维护一般分为走合前期、走合中期和走合后期的维护。

走合前期的维护一般是为了防止汽车出现事故和损伤，保证顺利地完成走合期，主要内容包括：

①洗全车，检查各部位的连接及紧固情况。

②检查散热器水量，并检查冷却系各部位有无漏水现象。

③检查发动机、空气滤清器、变速器及助力器装置用油的数量和质量，视需要加添或更换，并检查各部位有无漏油现象。

④检查变速器各档位能否正确结合。

⑤检查转向机构各部位有无松旷和发卡现象。

⑥检查电气设备、灯光和仪表工作是否正常，并检查蓄电池电解液液面高度。

⑦检查和调整轮胎气压，使之符合标准，如一汽丰田花冠汽车前轮 210kPa、后轮 250kPa。

⑧检查制动效能(制动距离、有无跑偏和发咬现象)，如不符合要求应查明原因，及时排除故障。

走合中期的维护是在汽车行驶 500km 左右时进行的。主要是对汽车各部技术状况开始发生变化的部位进行依次、及时的维护，以恢复其良好的技术状况，保证下阶段走合顺利进行，主要内容有：

①清洁发动机润滑系，更换润滑油和滤芯。

②润滑全车各润滑点。在最初行驶 30～40km 时，应检查变速器、分动器、前后驱动、轮毂和传动轴等处是否发热或有异响。如发热或有异响应查明原因，予以调整或修理。

③检查制动效能和各连接处、制动管路的密封程度，必要时加以调整和紧固。

④检查和调整离合器踏板自由行程。

⑤按规定力矩和顺序拧紧汽缸盖及进、排气歧管螺栓、螺母和轮胎螺母。

走合后期即走合结束时应对汽车进行一次二级维护，检查、紧固全车各连接部分，进行必要的调整和润滑，使汽车达到良好的技术状况后，投入正常运行。其作业内容主要有：

①清洗润滑油道和集滤器，更换机油滤清器的细滤芯，更换润滑油。

②测量气缸压力，清除燃烧室积炭，视需要研磨气门。

③按规定先中间后四周，分 2～3 次紧固气缸盖螺栓；铝质缸盖在发动机冷态时旋紧，铸铁缸盖在发动机走热后，检查气缸盖螺栓、螺母的紧度，以防螺栓热膨胀后，造成气缸盖密封不良，损坏气缸盖衬垫。

④清洗变速器、驱动桥、转向器并更换润滑油。

⑤紧固前后钢板弹簧 U 形螺母（满载时进行），检查钢板弹簧悬架连接的螺栓、螺母有无松动。

⑥检查和调整制动器。

⑦检查和调整离合器踏板自由行程。

⑧检查、调整、紧固前桥转向机构。

⑨按规定力矩检查紧固底盘各部连接螺栓、螺母。

⑩检查并紧固车身、车厢各部连接，调整车厢栓钩。

在走合期后 1000～3000km 运行中，仍应中速行驶不超载和拖带挂车行驶。

2. 季节性维护

季节性维护可结合定期维护进行，其项目如下：

(1)夏季维护。

①用酸碱清洗发动机水套、清除冷却系水垢（严防酸碱接触铝制散热器的散热片）。

②清洗发动机润滑系和底盘各总成，并换用夏季润滑油。

③调整火花塞间隙。

④清洗变速器壳、后桥差速器壳、前后轮毂，换用夏季润滑油。

(2)冬季维护。

①发动机及底盘各总成采用冬季润滑油。

②清洗汽油箱、汽油滤清器、供油系全部管路，以防有水结冰。

③相应地调整火花塞间隙。

④采取防寒防冻措施，使用保温罩。

第二节　汽车维护作业项目和技术要求

一、日常维护

日常维护按出车前、行车中、收车后三个阶段进行，具体是：

1. 出车前

应检查车辆各种紧固情况是否良好，装备是否齐全，油料是否充足，具体项目为：

①清洁汽车外表，并检查保修项目是否修复良好，检查发动机缸体放水开关、散热器放水开关以及储气筒放水开关是否良好。

②检查燃油容量是否充足；检查润滑油容量，机油标尺刻度线在 1/2～1 为合适，且润滑油应无变质、变稀和渗水等现象；用手指捻磨一下润滑油，应无杂质或金属屑末；检查蓄电池

电解液液面高度，应高出极板10～15mm；检查冷却液容量，冷却液液面高度应在补偿水位线“低”和“高”之间，如使用防冻液时液面高度应低于蒸汽引出管5～7mm；检查轮胎气压是否符合标准，气压过高或过低时，应及时调整或补气。

对于液压操纵的离合器、制动器的汽车，还应检查制动液容量；对于装有动力转向装置的汽车，还应检查液压油容量，视需添加。

③检查汽车主要外露部位的螺栓、螺母等是否齐全有效、坚固可靠，视需紧固；检查车头罩锁是否锁止可靠。

④检查转向横、直拉杆、转向臂等连接件是否紧固可靠；检查转向万向节及万向节叉的连接紧固情况，视需要紧固调整。检查转向盘自由转动量，不得超过规定范围，视需调整。

⑤检查离合器、制动装置的操纵系统。工作应灵活可靠，操纵轻便，制动效能符合规定。

⑥检查加速踏板操纵机构的连接情况，应操纵轻便，灵活可靠，汽油发动机还应检查节气门的工作情况；柴油发动机还应检查断油机构的连接及工作情况。

⑦检查照明灯光、指示信号、喇叭音量以及刮水器等装置是否正常工作、齐全有效；检查后视镜是否完好；检查门锁、门窗玻璃及其升降机构是否齐全有效，操纵灵活。

⑧检查车辆装载及乘员乘坐是否符合规定，若拖带挂车时，必须检查牵引装置和连接部件是否牢固可靠，挂车的安全防护装置必须齐全有效；检查备胎是否完好有效，固定牢固；随车工具是否齐全。

⑨按照规定方法，启动发动机，检查发动机各部运转，察听发动机是否有异响；汽车各部位均不得有漏油、漏水、漏电、漏气等故障；当储气筒内气压高于441kPa时，气压警报灯应熄灭，各个仪表均应指示正常。

⑩检查驾驶证、行驶证以及与驾驶车辆有关的必须携带的各种行车证件是否齐全。

2.行车中

行车中的维护作业又可分为途中行驶和途中停车两种情况。

(1)在途中行驶时。

①发动机启动后，冷却液温度正常，气压制动车辆待储气筒压力和润滑油压力正常时，车辆方能行驶。

②行驶中应随时察听发动机、底盘有无异响；注意有无异味。

③离合器、变速器、转向系和制动系操纵轻便、有效，工作正常。

④随时注意观察各指示仪表指示车辆的工作状况是否正常，如有异常应立即停车检查，排除后或采取相应的急救措施后方准恢复行驶。

⑤行车中应随时注意观察各照明灯光、指示信号工作是否正常，如有异常，应立即停车检查并采取相应的急救措施后方准恢复行驶。

⑥注意喇叭音响是否正常。

⑦经常注意货物装载情况和乘客的动态。

(2)在途中停车时。

①检视轮胎外表、气压，及时清除胎面花纹中的杂物和轮胎间的夹石。

②检视有无漏水、漏油痕迹，察听有无漏气声。

③检查制动器有无拖滞发热现象。

④检视转向机构等各连接部件是否牢固可靠。

⑤检视拖挂装置是否安全可靠、安全防护装置是否齐全有效。

⑥检视货物装载是否牢固，如有松动应及时加固。

3. 收车后

①清洁汽车外部，打扫驾驶室和车厢内部。

②检视有无漏水、漏油印痕，察听有无漏气声，及时补充燃油、润滑油、冷却液等(有的车还需补充制动液、液压油等)。

③冬季未加防冻液的汽车，应及时放掉发动机冷却系内的冷却液，以防冻结。放水开关有两个，一个在发动机气缸体的下部，手柄在进气管中部上方；另一个在散热器出水管下方。放水时，应打开散热器加水口盖，将散热器和气缸体内的冷却水放尽。放尽后，应再启动发动机，怠速运转 2～3min，以防气缸体内残留的冷却水冻结，损伤气缸体。

④冬季室外气温低于－30℃时，露天停放的车辆应将蓄电池拆下，放在室内存放，以免电池电解液冻结。

⑤检视各连接装置，外露部位的螺栓、螺母有无松动。

⑥检查钢板弹簧总成有无断片、移位现象；减振器有无漏油现象，是否牢固。

⑦检查轮胎气压，视需补气，并做好清除杂物工作。

⑧放净湿储气筒内的存水、油污等，定期放净主储气筒内的存水、油污。放净后，应立即关好放水开关。

⑨发现故障需及时排除或报修，保证第二天出车。

⑩对于装用金属叠片式机油滤清器的车辆，应将叠片式滤清器手柄顺时针方向转动 3～5 圈，并定期清洗滤清器沉淀杯；对于装用转子离心式机油滤清器的车辆，当发动机熄火后应能听到转子的持续旋转声(2～3min)。若听不到旋转声或持续时间过短，则应及时检查，找出故障原因。

通过进行日常维护，使汽车达到：车容整洁；螺栓、螺母不松不缺；油、气、水和电不渗不漏；轮胎气压正常；制动系统、转向系统灵活可靠、操纵轻便和润滑良好；发动无异响和异味；灯光、喇叭、刮水器、信号和仪表等工作正常。

二、一级维护

1. 一级维护的特点

①一级维护周期短、频率高，有问题容易早发现，能保证车辆平时的工作性能和有效防止失修。

②一级维护驾驶员参与比较多，能及时发现和排除故障和隐患。

③正常进行的一级维护能避免车辆处于“亚健康”状态而无察觉，缩短车辆因维修占用时间，从而提高运营效益。

2. 一级维护的作业内容及技术要求

一级维护一般在行驶里程 2000～3000km，也就是正常运行一到两个星期，可在车辆轮休时进行。

一级维护除日常维护作业外，是以清洁、润滑、紧固为中心内容的作业，并要检查有关制动、操纵等安全部件，是由汽车维修企业专业人员负责执行的车辆维护作业。国家标准

GB/T 18344—2001《汽车维护、检测、诊断技术规范》规定了汽车进行一级维护的主要作业内容，如表 3-1 所示。

表 3-1 一级维护作业内容与技术要求

序号	项目	作业内容	技术要求
1	点火系	检查、调整	正常工作
2	发动机空气滤清器、空压机空气滤清器、曲轴箱通风系空气滤清器、机油滤清器、燃油滤清器	清洁或更换	备滤芯应清洁无破损，上下衬垫无残缺，密封良好，滤清器应清洁，安装牢固
3	曲轴箱油面、冷却液液面、制动液液面、燃油箱液面高度	检查	符合规定
4	曲轴箱通风装置、三元催化转化装置	外观检查	齐全、无损坏
5	散热器、油底壳、发动机前后支垫、水泵、空压机、进排气歧管、输油泵、喷油泵连接螺栓	检查、校紧	各连接部位螺栓、螺母应紧固，锁销、垫圈及胶垫应完好有效
6	空压机、发电机、空调压缩机皮带	检查皮带磨损、老化程度，调整皮带松紧度	符合规定
7	转向器	检查转向器液面及密封状况，润滑万向节十字轴、横向直拉杆、球头销、转向节等部位	符合规定
8	离合器	检查和调整离合器	操纵机构应灵敏可靠，踏板自由行程应符合规定
9	变速器、差速器	检查变速器、差速器液面及密封状况，润滑传动轴万向节十字轴、中间轴承，校紧各部连接螺栓，清洁各通气塞	符合规定
10	制动系	检查并紧固各制动管路，检查和调整制动踏板自由行程	制动管路接头应不漏气，支架螺栓应紧固可靠。制动联动机构应灵敏可靠，储气筒无积水、制动踏板自由行程符合规定
11	车架、车身及各附件	检查、紧固	各部螺栓及拖钩、挂钩应紧固可靠，无裂损，无窜动，齐全有效

续表

序号	项目	作业内容	技术要求
12	轮胎	检查轮辋及压条挡圈；检查轮胎气压（包括备胎），并视情况补气；检查轮毂轴承间隙	轮辋及压条挡圈应无裂损、变形；轮胎气压应符合规定，气门嘴帽齐全；轮毂轴承间隙无明显松旷
13	悬架机构	检查	无损坏、连接可靠
14	蓄电池	检查	蓄电是否充足，电桩夹头清洁、可靠
15	灯光、仪表、信号装置	检查	齐全有效，安装牢固
16	全车润滑点	润滑	各润滑嘴安装正确、齐全有效
17	全车	检查	不漏油、不漏水、不漏气、不漏电、不漏尘，各种防尘罩齐全有效

注：技术要求栏中的“符合规定”指符合实际使用中的有关技术规定。

三、二级维护

汽车二级维护时首先要进行检测，汽车进厂后，根据汽车技术档案的记录资料（包括车辆运行记录、维修记录、检测记录、总成修理记录等）和驾驶员反映的车辆使用技术状况（包括汽车动力性，异响，转向，制动及燃、润料消耗等）确定所需检查项目，依据检测结果及车辆实际技术状况进行故障诊断，从而确定附加作业项目。附加作业项目确定后与基本作业项目一并进行二级维护作业。

二级维护作业过程中要进行过程检验，过程检验项目的技术要求应满足 GB/T 18344—2001《汽车维护、检测、诊断技术规范》。二级维护作业完成后，应经维修企业进行竣工检验，竣工检验合格的车辆，必须由具备相应检测资质的汽车综合性能检测站或经道路运政管理机构认可的汽车维修企业按照 GB/T 18344—2001 的要求进行检测，检测合格后，由维修企业填写《汽车维护竣工出厂合格证》方可出厂。

二级维护前技术评定和附加作业项目确定的依据：

①向驾驶员询问汽车使用（发动机动力性，各部异响，转向、制动性能，燃、润料消耗等）。

②查阅车辆技术档案：车辆运行记录、维修记录、检测记录、总成修理记录以及维护周期内规律性小修情况。

③根据对汽车和检查结果，综合上述情况进行综合评定。

④附加作业项目确定依据：按国家标准进行。

以一汽丰田花冠为例，二级维护的基本作业项目及技术要求见表 3-2。

表 3-2 花冠轿车二级维护基本作业项目和技术要求

部位	序号	维护项目	操作要点	技术要求(一汽丰田花冠)
发动机	1	机油粗滤器	拆检清洗粗滤器，更换滤芯	密封圈应完好、有效，更换滤芯
	2	机油细滤器	拆检细滤器	1)清除转子罩内壁脏物 2)清洗转子 3)喷孔畅通 4)密封圈应无损坏变形 5)装复时装配标记要对齐 6)发动机熄火后，在 2～3s 内应能听到转子正常运转的响声
	3	油底壳	拆检清洗油底壳、集滤器；检查曲轴轴承松紧度，校紧曲轴轴承和连杆轴承螺栓、螺母；加注润滑油	校紧曲轴主轴承和连杆轴承螺栓，扭紧力分别符合厂家规定
				清洗油底壳和集滤器沉积物 1)紧固机油管路螺栓 2)油底壳衬垫完好有效 3)曲轴箱油面高度符合要求
	4	汽油滤清器	检查、清洗	1)清洗滤清器，清除脏物 2)检查滤芯，必要时更换
	5	汽油泵及管路	检查汽油泵及管路	1)汽油泵工作正常 2)管路畅通，无凹陷，裂损，接头不漏油
	6	火花塞	检查、清洗	1)清除积炭，校正电极间隙为 1.1mm 2)工作良好，无漏电现象
	7	分电器	清洁、检查、调整	1)清洁分电器壳、分电器盖、分火头 2)分电器触点 3)触点间隙 0.35～0.45mm 4)各线路接头牢固可靠，无漏电 5)各连接轴无松旷和轴向窜动
	8	气门间隙	检查、调整	气门间隙 进气为 0.15～0.25mm 排气为 0.25～0.35mm
	9	进、排气歧管	检查、紧固	1)校紧进、排气歧管螺栓、螺母 2)进、排气歧管无裂纹，衬垫完好，无漏气

续表

部位	序号	维护项目	操作要点	技术要求(一汽丰田花冠)
发动机	10	空气滤清器	清洁发动机空气滤清器和曲轴箱通风空气滤清器,取出滤芯进行清洗或吹净	1)各滤芯清洁无破损,上、下衬垫密封良好 2)外壳清洁,卡固牢靠
	11	曲轴箱通风单向阀及管路	检查、清洁	1)阀体及弹簧清洁,通风孔应畅通 2)管路连接无松动,不漏气(连接胶管不失效) 3)无堵塞,无卡滞
	12	水泵风扇传动带	1)校紧各部螺栓、螺母 2)检查传动带,调整传动带松紧度	1)紧固水泵连接部位螺栓、螺母,密封垫应完好有效 2)传动带完好有效,松紧度应符合下列要求:在中间位置施加 98 N 力时,其挠度应为 7.0～10mm (新)、11.0～13.0mm (旧)
	13	气缸盖螺栓	按规定次序和力矩校紧	缸盖螺栓齐全完好,扭紧力矩为 49 N·m
	14	发动机支架	检查发动机支架的连接及损坏情况	支架无断裂,发动机支承零件齐全完好,螺栓、螺母紧固
	15	散热器及百叶窗	检查、紧固、调整	1)散热器软管无变形、破损及漏水现象,紧固可靠 2)散热器不漏水 3)散热器螺栓紧固,锁止可靠,胶垫齐全完好 4)百叶窗各部连接牢固,开闭灵活
	16	汽油箱及油管	检查、紧固	1)油箱胶垫完好,紧固可靠,无磨损,不漏油 2)油管紧固可靠,无碰擦,接头不漏油
	17	排气管及消声器	检查、紧固	1)排气管连接螺栓紧固,衬垫完好,不漏气 2)排气管固定可靠,支架完好 3)消声器固定可靠,性能良好
	18	燃烧效果	检测、调整	各缸均工作,转速 500r/min 尾气中含氧量 9%～15% (体积分数)(暂定值) 转速 1500r/min 尾气中含氧量为 4.7%～6.3% (体积分数)

续表

部位	序号	维护项目	操作要点	技术要求(一汽丰田花冠)
离合器	19	离合器	1)拆下飞轮底壳 2)检查离合器片 3)检查分离轴承 4)检查分离杠杆,并调整其与分离轴承的间隙 5)调整离合器踏板自由行程 6)润滑变速器第一轴前轴承和分离轴承 7)装复飞轮底壳	1)离合器完好无损 2)分离轴承完好无损 3)分离杠杆端头不损坏,与分离轴承的间隙为1~5mm,各分离杠杆高低差应在同一平面内 4)踏板自由行程为5~15mm 5)各操纵机件连接可靠,锁止紧固 6)回位弹簧齐全有效 7)润滑变速第一轴前轴承和分离轴承 8)飞轮壳无破损,螺栓、垫圈齐全紧固
前桥	20	转向节衬套与主销	1)未拆轮胎前先撬动车轮检查转向节衬套与主销的配合松旷程度 2)校紧主锁横销螺栓	1)转向节衬套不松旷(撬动车轮,在轮胎下侧面中心测量摆动量不超过5mm,其相当于转向节衬套与主销配合间隙不超过0.20mm 2)转向节与前轴配合端间隙不超过0.50mm 3)横销螺栓锁止可靠,螺母紧固
	21	前轮制动器调整臂	检查前轮制动器调整臂的作用	1)锁止套运动灵活,防尘罩齐全完好 2)开口销齐全有效
	22	前轮毂及内部机件	1)拆卸前轮毂总成、制动蹄、支承销;清洗转向节、轴承、支承销;清洁制动底板等零件	各零件及转向节、制动盘应清洁无油污
			2)检查制动盘、制动凸轮轴;校紧装置螺栓	制动底板不变形,无裂纹,装置螺栓紧固(扭紧力矩为103 N·m)
			3)检查转向节及螺母,检查保险片及油封,检查转向节臂,校紧装置螺栓	1)转向节无裂纹,螺纹完好,与螺母配合应无径向松旷;调整螺母端面不起槽,加工后的厚度不小于7mm,稳定完好;锁紧螺母六角完好,无毛刺;保险片作用良好;油封完好,不漏油 2)转向节轴颈与轴承的配合间隙不超过0.10mm。转向节臂装置的螺栓、螺母紧固,扭紧力矩为120~ 140 N·m
			4)内、外轴承	1)滚柱保持架无断裂,滚柱不脱落,无裂损和烧蚀 2)轴承内圈无裂纹,烧蚀

续表

部位	序号	维护项目	操作要点	技术要求(一汽丰田花冠)
前桥	22	前轮毂及内部机件	5)检查制动蹄及支承锁	1)制动蹄无裂纹及明显变形,摩擦片不破裂,铆接可靠,铆钉头距片表面不小于0.80mm,片厚度不小于9mm 2)支承销与制动蹄承孔衬套配合间隙不超过0.40mm 3)支承销无过量磨损,螺纹、扁方(四方)完好
			6)检查制动蹄回位弹簧	回位弹簧应无明显变形,弹簧弹力正常
			7)检查前轮毂、制动鼓及轴承外座圈,校紧轮胎螺栓内螺母	1)轮毂无裂损 2)轴承外座圈不走外圆,无裂纹,无麻点,无烧蚀 3)制动鼓无裂纹,不起槽;外边缘不得高出工作表面,制动鼓检视孔完整 4)轮胎螺栓齐全完好,规格一致,螺母紧固
			8)装复前轮毂,调整前轮轴承松紧度及制动间隙	1)装复支承销,制动蹄支承销孔均应涂润滑脂;开口销或卡簧齐全可靠 2)润滑轴承 3)转向节轴颈表面涂机油后,方能装上轴承 4)制动片、制动鼓表面清洁,无油污
转向机构	23	转向器、转向传动机构	1) 检查转向器的工作状况和密封性及油面高度,校紧装置螺栓	1)转向盘自由转动量不得超过30mm 2)垂臂处在垂直位置时,应无能感觉到的轴向间隙;蜗杆上、下轴承应无明显的松旷 3)转动转向盘应轻便灵活,无卡滞 4)转向器器衬零件、油封无漏油 5)各装置螺栓紧固 6)转向器油面应不低于检视口下沿15mm 7)垂臂及转向节臂无弯曲及裂损
			2)检查转向传动机构,校紧装置螺栓及横销螺栓	1)转向盘大螺母紧固,支承轴承完好无松旷,柱管装置稳固,支承无断裂,装置螺栓紧固 2)转向转动轴万向节不松旷,滑动叉扭转间隙不大于0.30mm,接合长度不少于60mm,各横销螺栓紧固,弹簧零件齐全 3)防尘套完好

续表

部位	序号	维护项目	操作要点	技术要求(一汽丰田花冠)
转向机构	24	横、直拉杆	1)解体横、直拉杆,清洗各零件 2)检查各零件	1)各零件清洗无泥污、油污 2)横拉杆杆体无裂纹、无弯曲,两端的螺纹完好;直拉杆磨损不超过 2mm,两端螺纹良好,与螺塞配合不松旷 3)球头销、球座体及钢腕无裂纹,不起槽,球头销颈部磨损不超过 1mm,球头磨损失圆不大于 0.50mm,螺纹完好;弹簧不折断,作用良好
			3)装复横、直拉杆	1)球头扳动灵活不卡死,不松旷 2)防尘毡、保险片、开口销齐全有效
	25	前束及转向角	检查调整前束及转向角	1)前束值应符合要求 2)横拉杆两个接头应在同一平面,横销螺栓紧固,锁止可靠
	26	转向器齿轮油	检查转向器齿轮油平面	1)拆卸加油螺塞时,应将油口泥污除净 2)油平面至加油口下边缘
变速器	27	变速器	1)检查传动轴万向节、中间轴承有无松旷 2)检查紧固变速器第二轴凸缘螺母 3)拆检清洗变速器通气塞	1)以油面螺塞的下缘为准,不足时添加 2)通气塞清洁无损坏 3)校紧变速器各部紧固螺栓
传动轴	28	传动轴	1)检查传动轴万向节、中间轴承有无松旷 2)检查传动轴凸缘、连接螺栓、螺母和中间支承 U 形支架是否紧固	1)万向节、中间轴承、花键轴无松旷(无明显径向、轴向间隙) 2)花键套防尘罩完好 3)支架无断裂,螺栓紧固,紧固传动轴凸缘连接螺栓、螺母,扭紧力矩符合规定

续表

部位	序号	维护项目	操作要点	技术要求(一汽丰田花冠)
主减速器	29	主减速器	1)拆下桥壳后盖,清除壳体沉积物,检视减速器齿轮,校紧减速器壳连接螺栓、螺母,减速器轴承盖紧固螺母 2)检查调整主动、被动锥齿轮啮合间隙 3)检查校紧主动锥齿轮凸缘螺母 4)拆洗通气孔 5)加注润滑油	1)各齿轮工作表面轻微剥落或点蚀面积不大于总面积的25%,齿轮损伤不超过齿高的1/3和齿长的1/5,数量不多于3齿 2)上紧减速器壳连接螺栓、螺母 3)上紧减速器轴承盖紧固螺母 4)主、被动锥齿轮啮合间隙0.15～0.40mm 5)上紧主动锥齿轮凸缘螺栓 6)加注润滑油 7)推动传动轴,凸缘应无摆动 8)通气孔清洁畅通,工作正常,装置紧固
主减速器	30	后轮制动器调整臂	检查后轮制动器调整臂的作用	1)制动器调整臂不跳牙,作用正常 2)各部开口销齐全有效 3)锁止套运动灵活 4)防尘罩齐全完好
后桥	31	后轮毂及内部机件	1)拆下半轴、轮毂总成、制动蹄、支承销;清洗各零件及制动底板、半轴套管	1)轮毂通气孔通畅 2)零件及制动盘、后桥套管清洁,无油污
			2)检查制动底板,制动凸轮轴,校紧连接螺栓	1)制动底板不变形,连接螺栓紧固 2)凸轮轴转动灵活无卡滞,轴向间隙不超过0.70mm,径向间隙不超过0.60mm 3)凸轮轴支座固定螺栓保险钢丝齐全可靠
			3)检查后桥半轴套管,螺母及油封	1)套管无裂纹及明显松动,丝扣完好,与螺母配合无径向松旷 2)调整螺母端面,加工后的厚度不小于7mm,六角螺母完好无毛刺;锁止垫圈完好 3)油封完好无损坏,无漏油 4)套管颈与轴承配合间隙不超过0.12mm
			4)检查内、外轴承	1)轴承保持架无断裂,滚柱不脱落,无裂损和烧蚀 2)轴承内座圈无裂纹、烧蚀

续表

部位	序号	维护项目	操作要点	技术要求(一汽丰田花冠)
后桥	31	后轮毂及内部机件	5)检查制动蹄及支承销	1)制动蹄无裂纹及明显变形,摩擦片不断裂,铆接可靠,铆钉头离弧面距离不小于0.80mm,摩擦片厚度不小于9mm 2)支承销与制动蹄承孔衬套配合间隙不超过0.40mm 3)支承销无过量磨损,螺纹、扁方(四方)完好
			6)检查制动蹄回位弹簧	1)回位弹簧无明显变形 2)自由长度符合规定 3)拉力良好
			7)检查后轮毂、制动鼓及轴承外座圈;检查、拧紧半轴螺母;检查轮胎螺栓;校紧内螺母	1)轮毂无裂损 2)轴承外座圈不松动,无裂纹,无麻点,无烧蚀 3)制动鼓无裂纹;圆度误差不大于0.125mm,左右内径差不大于2mm,外边缘不得高出工作表面,制动鼓检视孔完整 4)半轴螺栓齐全,无折断,无滑牙,螺柱必须拧紧,不允许螺柱螺母一道装复半轴 5)轮胎螺栓齐全完好,规格一致;螺母紧固,锁止可靠
			8)检查半轴	半轴无明显弯曲,不磨套管,无裂纹,花键无过量磨损或扭曲变形
			9)装复后轮毂,调整制动间隙	1)装复支承销、制动蹄片时,支承均应涂润滑脂;开口销或卡簧齐全可靠 2)润滑轴承 3)套管轴颈表面应涂机油后方能装上轴承 4)制动蹄片、制动鼓面用砂布打磨干净,无油污 5)制动蹄片与制动鼓的间隙合适,转动无碰擦情况或声响,检视孔挡板齐全紧固 6)轮毂转动灵活,用拉力计测量(拉轮胎螺栓)拉力不大于20N时可转动,且不感觉到轴向间隙 7)锁紧螺母不允许用錾子錾 8)半轴衬垫不多于2张,锥形垫圈、弹簧垫齐全,螺母紧固,丝杆长出螺母不多于5牙、不少于1牙

续表

部位	序号	维护项目	操作要点	技术要求(一汽丰田花冠)
制动系	32	制动阀和制动管路	1)检查制动阀和各管路接头是否漏气和紧固	1)制动阀无漏气,作用正常,排气迅速(不超过3s) 2)各管路无损伤,接头不漏气,连接紧固 3)橡胶管路不老化,不龟裂
			2)拆检制动气室及检查制动踏板行程	1)制动气室皮膜不漏气 2)制动气室壳体不破裂 3)制动气室推杆孔无明显磨损,推杆无变形 4)制动踏板行程应为1～6mm
			3)检查挂车阀、分离开关、连接头和管路	1)挂车阀无漏气,工作正常 2)分离开关密封性能好,无漏气 3)连接头无漏气,作用可靠,装置正确、牢固 4)管路装置牢固无漏气,气路畅通
	33	储气筒装置	检查储气筒装置是否稳固	1)储气筒安装稳固,放水阀作用正常 2)溢流阀作用良好无漏气,单向阀清洁无卡死,作用正常
车身	34	车头	检查紧固翼子板、发动机罩、散热器罩、挡泥板等	1)各部螺栓紧固可靠 2)各部无破裂、凹陷、缺漆 3)发动机罩开启灵活,锁止可靠 4)车头安全钩完好,扭杆翻转助力机构良好,翻转灵活,不与前照灯护罩碰撞 5)车头支撑杆完好,支撑有效
	35	驾驶室	检查驾驶室的紧固情况,检查和调整车门、玻璃升降器、门锁及止冲器	1)驾驶室连接紧固可靠,无破裂、凹陷、缺漆 2)车门开闭转动灵活,无下沉,铰接螺栓紧固 3)门玻璃升降自如,不自行下降和上下跳动 4)门锁和止冲器性能可靠 5)驾驶室和车头间隙均匀,紧固可靠,无破裂、凹陷、缺漆 6)车门三角窗开闭及定位良好
	36	气动刮水器	检查、调整、紧固	1)刮水器连杆球头销连接良好 2)刮臂与刮轴连接紧固,刮片良好 3)刮摆片摆角符合要求 4)各部连接可靠

续表

部位	序号	维护项目	操作要点	技术要求(一汽丰田花冠)
车厢	37	车厢	1)检查车厢状况 2)校紧各部螺栓	1)车厢挡板、底板无明显变形,无断裂、脱焊,外部无明显凹陷,不缺漆 2)挂钩和铰链连接牢固,无断裂 3)穿销齐全完好 4)连接车厢的U形螺栓及其他外露螺栓紧固
	38	车架	1)检查车架铆钉 2)检查保险杠,校紧螺栓 3)检查校紧前后拖车钩 4)检查校紧车架上各支架螺栓	1)车架铆钉无松动 2)保险杠无变形,连接螺栓紧固 3)拖钩磨损不大于5mm,拖钩缓冲弹簧良好,拖钩与衬套配合间隙不大于3mm 4)车架上各支架固定可靠,无断裂
车架、悬架	39	悬架	1)检查钢板弹簧吊耳 2)检查钢板弹簧 3)检查紧固钢板弹簧卡子 4)检查紧固U形螺栓 5)检查紧固减震器固定螺栓及支架	1)钢板弹簧吊耳不松动、无裂纹 2)钢板弹簧无断片,片间错位不超过2.5mm 3)钢板弹簧卡子固定可靠 4)U形螺栓按规定力矩拧紧 5)减震器固定可靠,支架无裂纹,紧固可靠有效
轮胎	40	车轮	1)分解挡圈及轮辋并清洁、检查 2)分解清洁、检查轮胎 3)轮胎装合,按规定充气	1)轮辋挡圈上的污锈应清干净,做防锈处理 2)轮辋及挡圈无变形、裂纹、脱焊,螺孔处磨损不应超过1.5mm 3)外胎胎面、胎肩、胎侧、胎里无气鼓、裂伤、脱空、破洞、扎钉、跳线及胶质老化等,趾口应无磨损 4)内胎无漏气、老化,气门嘴完好 5)垫带完好 6)装合轮胎时滑石粉要适量 7)规定气压充气
	41	备胎	检查、补气	1)备胎外部清洁、干净 2)备胎架完好、不磨损 3)气压应符合规定
	42	换位		整车轮胎同规格、同层级、同花纹且行驶里程相同时,按循环换位法或交叉换位法进行换位。装用不同成色轮胎和不能满足上述条件的,按下列原则合理换位: 1)按内小外大的原则搭配换位 2)前轮不允许装翻新胎和补修胎 3)子午胎和斜交胎不许同轴混装

续表

部位	序号	维护项目	操作要点	技术要求(一汽丰田花冠)
电器、仪表	43	发电机	1)清除滑环表面油污 2)清洗检查轴承 3)填充润滑脂 4)检查晶体管	1)滑环表面光滑,无油污 2)电刷磨损不超过基本尺寸的1/2,与滑环接触面不小于75% 3)晶体管电阻值正常 4)6只晶体管阻值相近,相差应不大于10% 5)轴承无明显松旷 6)弹簧压力正常 7)常温下进行台架试验应符合下列要求:空载时在转速不大于1150r/mim的条件下,电压为14V;满载时在转速不大于2500r/min的条件下,电压为14V,输出电流为36A
	44	发电机调节器	检查、调整	1)触电无氧化、烧蚀,上、下触点应对齐,其接触面积不少于80%,触点支架及线圈接头无松旷及断路 2)敞开触点间隙为0.25～0.30mm 3)调节电压为13.9～14.3V 4)调节器工作正常
	45	起动机	1)清洁整流子 2)清洗轴承 3)填充润滑脂	1)起动机运转灵活,起动有力,不打滑、无异响 2)电刷良好 3)轴承无明显松旷 4)起动机电流、电压符合要求 5)各部螺栓紧固可靠
	46	蓄电池	1)清洁蓄电池表面及极桩 2)接线头涂润滑脂 3)检查电解液相对密度 4)电解液不足时应加注蒸馏水	1)蓄电池清洁 2)通气孔畅通 3)蓄电池安装牢靠,支架无断裂 4)电解液相对密度:夏季为1.25～1.27;冬季为1.27～1.30 5)液面高出极板15～20mm

续表

部位	序号	维护项目	操作要点	技术要求(一汽丰田花冠)
电器、仪表	47	灯光、仪表、信号、暖风装置及喇叭、全车线路系		1)照明和信号装置应符合 GB 4785—1998《汽车及挂车外部照明和信号装置的安装规定》的要求 2)前照灯光束调整应符合 GB 7754—1987《机动车前照灯使用和光束调整技术规定》的要求 3)各仪表工作正常 4)灯光继电器及开关工作性能良好 5)暖风机固定可靠,电动机工作良好 6)喇叭声响悦耳,其声级应符合规定 7)全车线路清洁,接线柱头不松动,卡固牢靠,不漏电
润滑	48	润滑各轴承和轴类件	用润滑脂加注器加注	滑脂嘴齐全有效,润滑良好

以一汽丰田花冠为例,汽车二级维护竣工检验和技术要求见表 3-3。

表 3-3　汽车二级维护竣工检验和技术要求

部位	序号	检查项目	技术要求(一汽丰田花冠)	备注
整车	1	1)清洁	汽车外部、各总成外部、三滤应清洁	检视
		2)面漆	车身面漆、腻子无脱落现象,补漆颜色应与原色基本一致	检视
		3)对称	车体应周正,左右对称点离地高度差:驾驶室、保险杠、翼子板不大于 20～40mm	汽车置平检查
		4)轴距	距左右差不大于 10mm	检查
		5)紧固	各总成外部螺栓、螺母按规定力矩拧紧,锁销齐全可靠	检查
		6)润滑	发动机、变速器、转向器、减速器润滑符合规定,各通气孔畅通。各部润滑点润滑脂加注符合要求,滑脂嘴齐全有效,安装位置正确	检查
		7)密封及电路	全车无油、水、气泄漏,密封良好,电路装置可靠,不漏电	检视
		8)灯光、信号、仪表、刮水器、后视镜等	稳固、齐全、有效 符合有关规定	检查

续表

部位	序号	检查项目	技术要求(一汽丰田花冠)	备注
发动机	2	1)发动机工作状况	发动机能正常启动,低、中、高速运转均匀、稳定,冷却液温度正常(不超过 90℃),加速性能好,无断火、回火、放炮等现象;发动机运转稳定后应无异响,但允许有轻微均匀的正时齿轮、气门脚响声	路试与检测
		2)发动机功率	空载功率不小于额定值的 80%	检测
		3)发动机装备	齐全有效	检测
离合器	3	1)踏板自由行程	5～15mm	检查
		2)横直拉杆装置	球头销不松旷,各部螺栓、螺母紧固,锁止可靠	检查
转向系	4	1)转向盘最大自由转动量	符合规定	检查
		2)横直拉杆装置	球头销不松旷,各部螺栓、螺母紧固,锁止可靠	检查
		3)转向系机构	操作轻便,转动灵活,无摆振、跑偏异常现象,车轮转到极限位置时,不得与其他部件有碰擦现象	路试
		4)前束及最大转向角度	符合规定: 前束 A+B:0°±0.2° C−D:0±2mm 车轮转向角度 41°±2°	检测
		5)侧滑	前轮的侧滑量应符合 GB 7258—2012《机动车运行安全技术条件》中 3.10 的规定。使用单板侧滑仪测量,其值不超过 7m/km(暂定值)。使用单板侧滑仪检测时,倒滑板上平面与地面应在同一平面;左前轮以 3～5km/h 的速度匀速直线通过单板侧滑仪	检测
传动系	5	变速器、传动轴、主减速器	变速器操纵灵活,不跳挡,不乱挡。变速器传动轴、主减速器各部无异响,传动轴装配正确	路试

续表

部位	序号	检查项目	技术要求(一汽丰田花冠)	备注
行驶系	6	1)轮胎	轮胎胎冠磨损后,其花纹深度不小于3.2mm,并不得暴露出轮胎帘布层;同轴轮胎应为相同的规格和花纹;转向轮不得使用翻新轮胎;轮胎气压符合规定;后轮辋孔与制动鼓观察孔对齐	检查
		2)钢板弹簧	钢板弹簧无断裂、无位移、无缺片、U形螺栓紧固,前后钢板支架无裂纹及变形	检查
		3)减振器	稳固有效	路试
		4)车架	车架不变形;纵横梁无裂纹;铆钉无松动,拖车钩、备胎架齐全,无裂损变形,连接牢固	检查
		5)前后轴	无变形及裂纹	检查
制动性能和滑行性能	7	1)制动性能	应符合GB 7258—2012中4.14、4.15规定	路试和检测
		2)制动踏板自由行程	1～6mm	检查
		3)驻车制动性能	应符合GB 7258—2012中4.18的规定 制动拉杆拉至3～5牙即产生制动作用,且锁止可靠,装置紧固	路试和检测
		4)滑行性能	在平坦干燥的混凝土路面上以30km/h的速度开始滑行到停止,其滑行距离大于250m,或用拉力计拉动汽车,开始拉动汽车的力应不超过汽车整车质量的1.5%	路试和检测
车身、车厢	8	车身	驾驶室装置紧固,门铰链灵活无松旷,限动装置齐全有效,驾驶室门关闭牢靠,无松旷,风窗玻璃完好,窗框严密;门把、门锁、玻璃升降器齐全有效。发动机罩锁扣有效,暖风装置工作正常	检视
		车厢	车厢不歪斜,整体不变形,底板无破洞翘曲,边板、后门平整,无严重变形,铰链完好,关闭严密,前后锁扣作用可靠	检视
其他	9	尾气排放测量	在海拔1000m以下,在用车怠速工况排放值:CO含量≤5%,HC体积分数为$(2000\times10^{-4})\%$,含氧量(暂定值)9%～15%(500r/min)	检测
		车外噪声级测量	应符合GB 1495—2002的规定	检测

注:汽车二级维护质量保证里程为1500km,或者从出厂之日起时间间隔为10天。

第四章 电控发动机的检测与诊断

电控发动机是一种电子计算机控制燃油喷射的发动机，其突出的优点是能准确控制混合气的质量，确保燃料在气缸内燃烧完全，使发动机排放、燃耗下降，同时还提高了发动机的充气效率，增加发动机的功率和转矩。2001年国家发布《关于限期停止生产销售化油器类轿车及5座客车的通知》，标志着我国汽油发动机已进入电喷电控的普及阶段。

电控发动机有电控汽油发动机和电控柴油喷射发动机两种类型，作为发动机，它们的基本性能要求及其一般的维修诊断与检验的内容在前面的发动机相关章节中已做过系统的论述，本章主要围绕其特有的电控系统，对电控发动机的检测与诊断做进一步介绍，重点是电控汽油发动机。

第一节 电控汽油发动机电控系统检测与诊断的程序

汽油发动机电控系统由传感器、电控单元ECU和执行元器组成。其中传感器、执行元器等的电控元器件品种数量繁多，分布在发动机的进气、燃油、点火、排气、冷却和润滑等各个系统相应装置中。电控汽油发动机的性能、故障及维修质量等与发动机的进气系统、燃油系统、点火系统、排气系统、冷却和润滑系统的原有零部件及装置状况密切相关，因此对电控汽油发动机的诊断与检验必然涉及对原有零部件及装置的诊断与检验。

一、电控系统的主要构成

1. 传感器

包括点火喷油信号、转速信号、节气门信号、车速信号、压力信号(流量信号AFS)、水温信号、气温信号、氧信号、爆震信号等传感器。

2. 执行元器

包括汽油泵继电器、喷油器、点火器、真空电磁阀、冷启动喷油及热限时开关、怠速空气调节器、废气再循环电磁阀、空调继电器、风扇继电器、仪表显示器等。

3. 电控单元 ECU

具有存储、接收、计算、修正、发令、报警、记忆、自诊断、保护等各项功能。

4. 主要检测的部件

进气系统有空气流量计、进气压力传感器、节气门位置传感器、进气温度传感器等;冷却系统有冷却液温度传感器、节温器、散热器、散热器盖、水泵等;燃油系统有喷池器、油泵、汽油滤清器、油压调节器等;点火系统有爆燃传感器、点火线圈、火花塞、点火模块等;排气系统有氧传感器、三元催化转化器、废气再循环阀(EGR)等。

二、电控汽油发动机故障检测诊断程序与内容

1. 问诊

了解故障症状,故障产生的时间、现象、条件,是否检修过,车型及生产厂家、生产年代等。

2. 目测初查

检查真空管、各导线、元件等有无明显损坏与松动,有无泄漏,检查电源电压是否正常。

3. 机械部分无故障确认

采用第六章第二节《汽车发动机大修质量评定内容和方法》进行检验和判定。

4. 燃油系统、点火系统的检测诊断

点火系统主要采用示波器对次级电压波形进行分析,确定点火系统的工作是否正常。燃油系统主要检查燃油系统压力是否正常,燃油质量是否符合标准及空气供给情况。测量燃油系统压力时,首先释放系统中的燃油压力,以便于在燃油管道中和观察部位安装压力表,分别测试燃油系统静态压力(燃油泵工作,发动机不运转)、保持压力、发动机怠速时压力和节气门接近全开压力。不同车型的燃油压力各不相同,将测试结果与该车型标准比较,就能知道燃油压力是否正常。

5. 了解电控系统

查阅说明书等,熟悉该系统特性,选择解码器。

6. 电控系统检测诊断

读取故障码及数据流,确定故障范围,必要时增加路试,并对涉嫌故障的电路与元器件进一步检查测试,确定故障具体原因及部位,并对其可修复性进行判定。

7. 修理并进行维修质量合格性确认

检验并确认,不合格返工直至检验合格。

第二节　燃油供给系统的检查

电控汽油系统中,燃油供给系统是最容易产生故障的,特别是电动汽油泵、喷油器以及燃油压力调节器。这些部件常因燃油中所含杂质和水分的影响而损坏,导致不供油或油压过低,喷油器堵塞等故障,经常需要维修。

一、喷油器的检查

由于各车型的检验过程和采用方法不尽相同，以丰田皇冠轿车 2JZ－GE 发动机为例介绍喷油器的检验方法。

1. 就车检查

(1)检查喷油器的工作情况。

在发动机运转过程中，用触杆式听诊器或手指接触喷油器时，可听到或感觉到与发动机转速成正比的喷油频率。若声音不正常，则应检查喷油器及电控单元输出的喷油信号。

(2)检查喷油器的电阻。

拔下喷油器的导线插接器，用万用表欧姆档测量喷油器电阻值。20℃时该电阻值应当是 13.4～14.2Ω，若不符合要求，则应更换喷油器。

2. 车下检查

进行车下检查时，应先拆下蓄电池的负极搭铁线，拔下喷油器上的电线插头，拆下主输油管和喷油器，从主输油管上拆下进油管，装上专用的软管连接头和检查用软管，连接头和软管间用 30N · m 扭矩拧紧；然后把喷油器压力调节器、油软管间用连接头和连接夹连接好。在喷油器喷口处套上塑料管，使塑料管伸入量筒中，然后进行下列检查：

(1)检查喷油量。

用连接线把检查连接器中的＋B 与 FP 端子连接起来，重新装上蓄电池搭铁线以使电动机汽油泵工作。然后，用如图 4.1 所示的方法给喷油器供电，每次接通 15s，用量筒测一次喷油量，每个喷油器测 2～3 次。15s 标准喷油量为 70～80cm^3，各喷油器间喷油量允许差值为 9cm^3，若喷油量不符合标准，应更换喷油器。

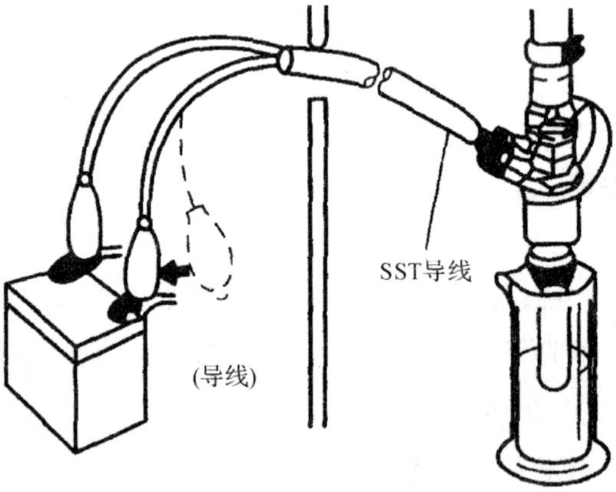

图 4.1 检查喷油器

(2)检查漏油。

在进行了上述检查后，要察看喷油器喷口处有无漏油，每分钟漏油不允许超过一滴，否则，应更换喷油器。

3. 燃油切断转速的检查

检查时，应先将转速表按正确的方法接好，其接线方法(对丰田车型而言)是：用蓄电池作为转速表和正时灯的电源，转速表的触杆应插入检查连接器的IG-端子上。检查燃油切断转速的步骤为：

(1)运转发动机，使其冷却水温达到正常值。

(2)使发动机转速达到2500r/min以上，这时可听到喷油器工作的声音，也可用手指来感觉，然后放开油门，在放开油门的短时间内喷油声应停止，接着又恢复，恢复供油转速为1400r/min。这就是说，发动机在减速及强制怠速时喷油器不喷油，以便节油和减少排气污染。在进行检查时应关闭空调及其他附属电器，汽车应在空挡。

二、电动汽油泵的检查

现以丰田皇冠3.0轿车2JZ-GE型发动机为例进行分析，图4.2所示为其油泵控制电路。

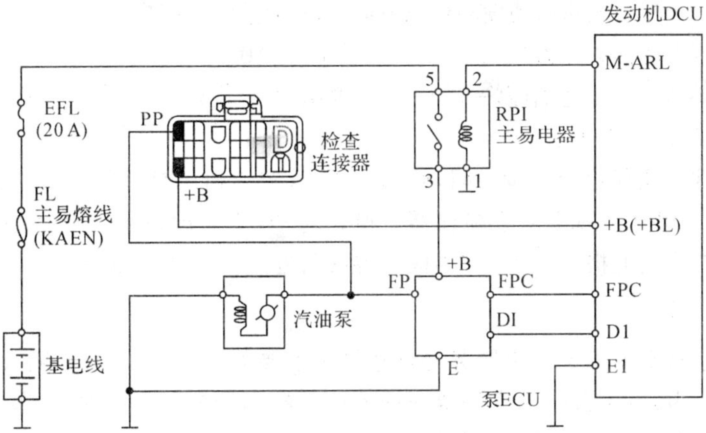

图4.2 丰田2JZ-GE型发动机油泵控制电路

1.检查供油系统时的注意事项

在对供油系统进行检验时，不可避免地要拆装油管、喷油器等零部件，拆卸油管前，应先释放油压。拔下电动汽油泵导线插头，再启动发动机，直到发动机自动停机，然后松开油管接头，或将一油盆放在油管接头下面，并用毛巾导引进去，将油管内的燃油放尽。燃油系统维修后应检查有无漏油处，其方法为：

(1)在发动机停机的情况下，将点火开关旋至ON位置。

(2)用诊断导线将检查连接器的端子FP和+B连接起来。

(3)当夹住回油软管时，高压油管内的燃油压力会达到约392kPa，在这一状态下，检查和观察燃油系统各部位是否有漏油现象(注意：只能夹住软管，不可弯曲软管，否则会使软管裂开)。

2.检查电动汽油泵的工作情况

检查电动汽油泵工作情况的方法如下：

(1)用连接线将检查连接器上的+B和FP端子连接起来。

(2)将点火开关置于ON位置，但不要启动发动机。

(3)检查燃油滤清器的进油软管处，正常时用手指能感觉到油压，也应能听到燃油回流的声音。若有油压，即可断开点火开关，从检查连接器上取下连接线；若没有油压，应检查以下元件：EFI的主继电器易熔线、EFI保险丝(20A)、EFI的主继电器、汽油泵电控单元、发动机电控单元以及各线束连接器。

3. 检查燃油压力

燃油压力的检查内容包括静态油压、动态油压和保持油压三项。检查时，蓄电池不低于12V。

(1)静态油压的检查方法。

从蓄电池上拆下搭铁线，把油压表接到总输油管上，再用连接线把检查连接器的+B和FP端子连接起来，装上蓄电池搭铁线，然后接通点火开关。此时油压表的读数即为静态油压，其标准值应为265～304kPa。如果油压过高，则应更换燃油压力调节器；如果油压过低，则应检查燃油管、连接器(有无渗漏)、汽油泵、燃油滤清器以及燃油压力调节器等。

(2)动态油压的检查方法。

装上油压表，启动发动机后使发动机怠速运转，从燃油压力调节器上拆下真空管并用塞子塞住管口，此时油压表的读数应为265～304kPa。接上燃油压力调节器处的真空管后，油压表的读数应为196～236kPa。若上述油压检查均不符合要求，则应检查真空管和燃油压力调节器。

(3)保持油压的检查方法。

启动发动机并让其运转一段时间，然后熄火，检查其油压是否能保持5min。若不能，则应检查汽油泵、燃油压力调节器和喷油器。检查完毕，应先拆下蓄电池搭铁线，再拆下油压表。待重新装上蓄电池搭铁线后，应再检查各接头处燃油有无渗漏现象。

4. 检查汽油泵

应将汽油泵从车上拆下。拆卸务必注意周围不要抽烟，附近不应有明火。

拆卸的过程为：拆下蓄电池搭铁线→拆下行李箱内挡板→拆开油泵导线接头→从油泵支架上拆下进油管和回油管(注意：打开油箱加油口盖，以免汽油流出。松开接头螺栓时，要把合适容器和毛巾放在汽油泵支架下面)→从油箱上拆下油泵支架→抽出油泵支架总成并从支架上取下衬垫→汽油泵拆卸完毕。

检查汽油泵应按以下步骤进行：

(1)检查汽油泵线圈电阻。

用万用表欧姆档测量端子1和端子2之间的电阻值，应为0.2～3.0Ω。若阻值不当，应更换汽油泵。常见车型汽油泵线圈的电阻值见表4-1。

表4-1 常见汽油泵线圈的电阻值

发动机型号	汽油泵线圈电阻值/Ω
日产阳光轿车GA16DE型发动机	0.2～0.5
丰田皇冠轿车2JZ-GE型发动机	0.2～3.0

(2)检查汽油泵的工作情况。

将蓄电池接在端子1和端子2之间(正、负极切勿接错)，油泵离蓄电池远一些。每次接通的时间不要超过10s(时间过长会烧坏汽油泵线圈)。如果泵不转动，则应更换汽油泵。

5. 检查汽油泵电控单元

先拆下蓄电池负极桩夹，拔下电控单元插头，然后再装上蓄电池负极桩夹，测量汽油泵电控单元线束插头上各端子的电压，电压值应符合表 4-2 所列数值。若不符合，则应更换汽油泵电控单元。

表 4-2　汽油泵电控单元各端子电压测量条件及标准值

检查项目	连接端子	条件	标准值/V
通否	E-接地	—	通
通否	D1-接地	—	通
电压	EP-接地	突然加速	12～14
		怠速	8～10
电压	＋B-接地	点火开关置于 ON 位置	8～16
电压	FPC-接地	突然加速到 800r/min 或更高	4～6
		怠速	2.5

三、燃油压力调节器的检查

1. 就车检查

(1)燃油压力调节器的工作情况检查。

检查时用油压表测量发动机怠速运转时的汽油压力，然后拆下调节器上的真空软管，如图 4.3 所示，这时汽油压力应升高 50kPa 左右，否则应予以更换。

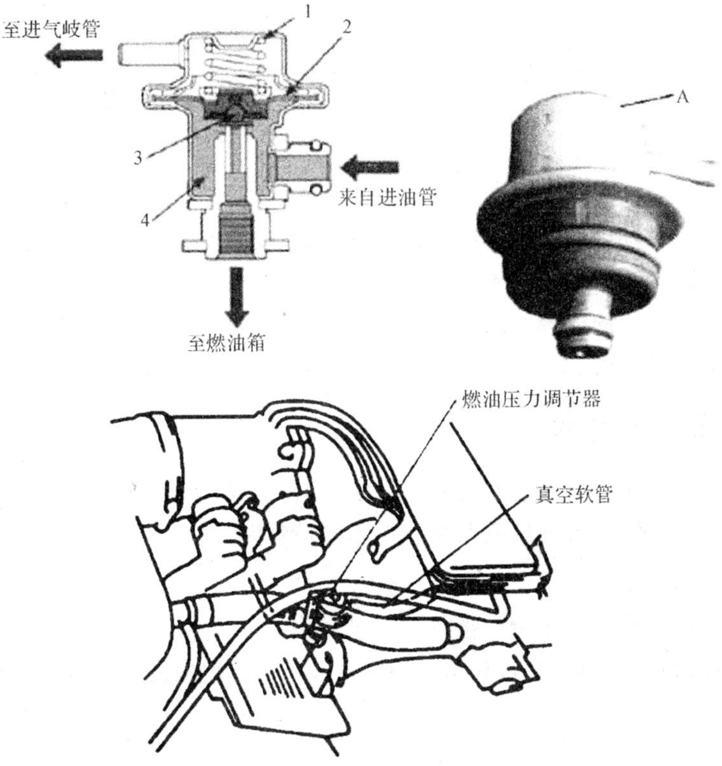

1—弹簧　2—膜片　3—回油阀　4—燃油室　A—燃油压力调节器

图 4.3　燃油压力调节器结构及其在车上的位置

(2)燃油压力调节器保持压力的检查。

将油压表接入燃油管路,用一根导线将两个检测接孔短接。打开点火开关,让电动汽油泵运转10s,然后关闭点火开关,取下导线。接着将燃油压力调节器的回油管夹紧,5min后观察油压,该油压即为燃油压力调节器保持压力。如果该油压上升,则表明调节器有泄漏,应予以更换。

2.燃油压力调节器的拆卸检查

拆下燃油压力调节器的进油管和真空软管,两者之间应不相通;否则表明有泄漏,应予以更换。

第三节　空气供给系统的检查

空气供给系统,如图4.4所示。

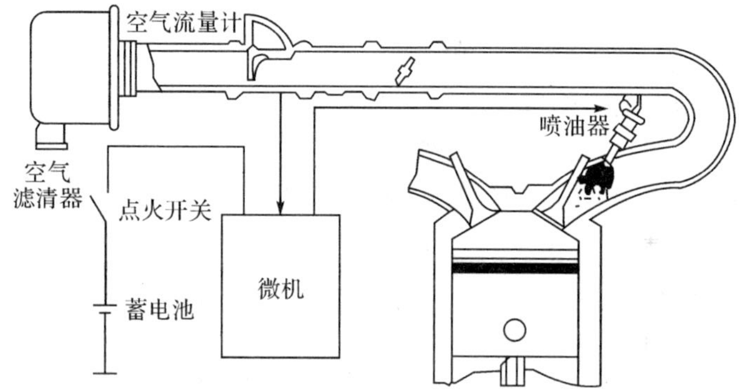

图4.4　空气供给系统

空气供给系统各部件的可靠性都比较好,使用中很少产生故障,但在维修中因拆装不当而人为地造成故障的现象却比较常见。

电控燃油喷射系统的电控单元是根据进气系统的空气流量来控制喷油量的。因此,进气系统是否漏气对发动机工作性能的好坏影响较大,检查时必须注意。

一、空气流量计的检查

空气流量计安装在空气滤清器与节气门体之间,直接检测进气量。空气流量计有叶片式、热式和旋涡式三种,由于测量原理与结构不同,测量方法也不同。

1.叶片式空气流量计

叶片式空气流量计有5线与7线两种,5线叶片式空气流量计内没有油泵开关,7线叶片式空气流量计内装有油泵开关,其结构如图4.5所示,各接线端子作用见表4-3(丰田)。

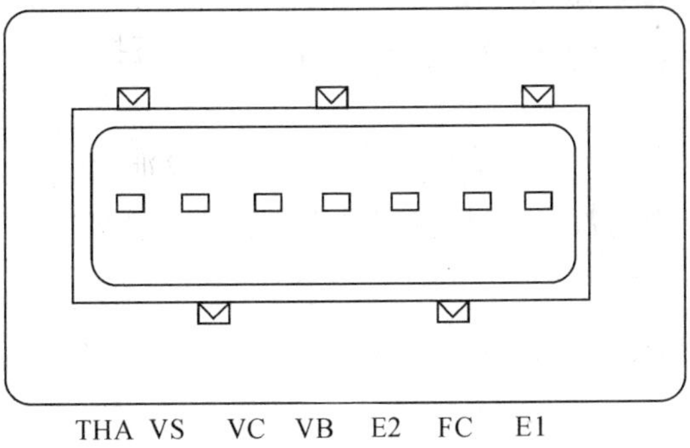

图 4.5　叶片式空气流量计连线插头

表 4-3　丰田车叶片式空气流量计各端子说明

端子名称	THA	VS	VC	VB	E2	FC	E1
作用	进气温度	信号	基准电压	电源电压	接地	油泵开关	接地

叶片式空气流量计根据信号变化情况有两种类型:一种随进气量增大而信号电压升高;另一种随进气量增大而信号电压下降。

下面以丰田车叶片式空气流量计为例介绍检测方法。

拔下空气流量计插头,用万用表电阻档测量各端子间的电阻值,应符合表 4-4 的电阻值。

表 4-4　丰田车叶片式空气流量计各端子间的电阻值

端子	电阻值/Ω	条件	温度	端子	电阻值/Ω	温度/℃
FC-E1	∞	测量叶片全关闭		THA-E2	10～20	－20
	0	测量叶片非全关闭			4～7	0
VS-E2	200～600	测量叶片全关闭			2～3	20
	20～1200	测量叶片从全关到全开			0.9～1.3	40
VC-E2	200～400	—			0.4～1.7	60

用万用表直流电压档测量各端子之间的电压值,应符合表 4-5。

表 4-5　叶片式空气流量计标准信号电压值

端子	电压值/V	条件	
FC-E1	12	测量叶片全关闭	
	0	测量叶片非全关闭	
VS-E2	3.7～4.3	点火开关"ON"	测量叶片全关闭
	0.2～0.5		测量叶片全开
	2.3～2.8	怠速	
	0.3～1.0	3000r/min	
VC-E2	4～6	点火开关"ON"	

如用示波器检测，则在菜单中选择通用传感器或燃油/空气，再选择其中的叶片式空气流量计，红表棒接 VS 端子，黑表棒接 E2 端子，随着节气门开度的增加，信号电压从2.3～2.8V 下降到 0.3～1.0V。

叶片式空气流量计安装在丰田佳美、凌志、日产蓝鸟和部分宝马车上，这些车的发动机 ECU 不提供或仅提供很少的数据流，所以不能用诊断仪检测数据。

2. 热式空气流量计

热式空气流量计有热线式和热膜式两种。

(1)热线式空气流量计。

热线式空气流量计根据白金热线右在壳体内安装的部位不同，可分为主流测量式和旁通测量式两种。图 4.6 是日产 VG30 E 的热线式空气流量计电路。

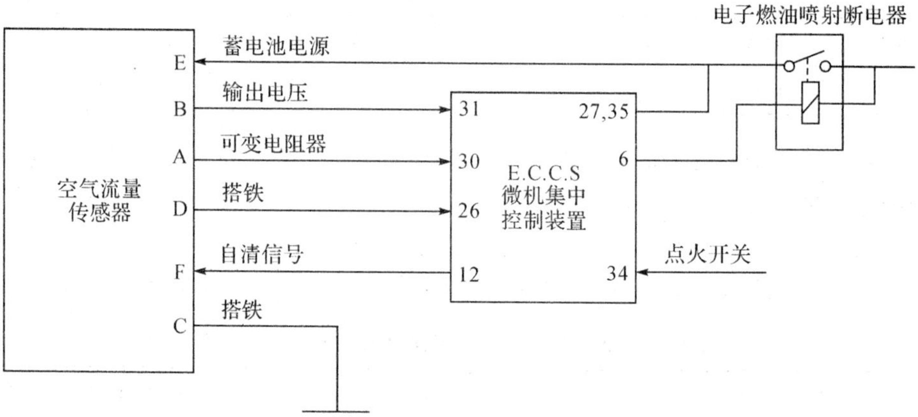

图 4.6 日产 VG30 E 的热线式空气流量计电路

①检查空气流量传感器输出信号。

拔下此空气流量传感器的导线插接器，拆下空气流量传感器；将蓄电池的电压施加于空气流量传感器的端子 D 和 E 之间(电源极性应正确)，然后用万用表电压挡测量端子 B 和 D 之间的电压。其标准电压值为 1.6±0.5V。

在进行上述检查之后，给空气流量传感器的进气口吹风，同时测量 B 和 D 之间的电压。在吹风时，电压应上升 2～4V。如电压值不符，则需更换空气流量传感器。

②检查自清洁功能。

装好热线式空气流量传感器及其导线插接器，拆下此空气流量传感器防尘网，启动发动机并加速到 2500r/min 以上。当发动机停转后 5s，从空气流量传感器进气口处，可以看到热线自动加热烧红(约 1000℃)约 1s。如无此现象发生，则需检查自清信号或更换空气流量传感器。

(2)热膜式空气流量计。

热膜式空气流量计制造成本低，使用寿命长，所以桑塔纳时代超人车、SGM 别克、奔驰 S320 车等都使用这种类型的空气流量计。热膜式空气流量计电路图如图 4.7 所示。

由于热膜式空气流量计的信号是频率型的，所以用万用表检测信号应选择频率档(Hz)，SGM 别克车怠速时为 2000Hz，若信号低于 1200Hz，将设置故障为 PO102。时代超

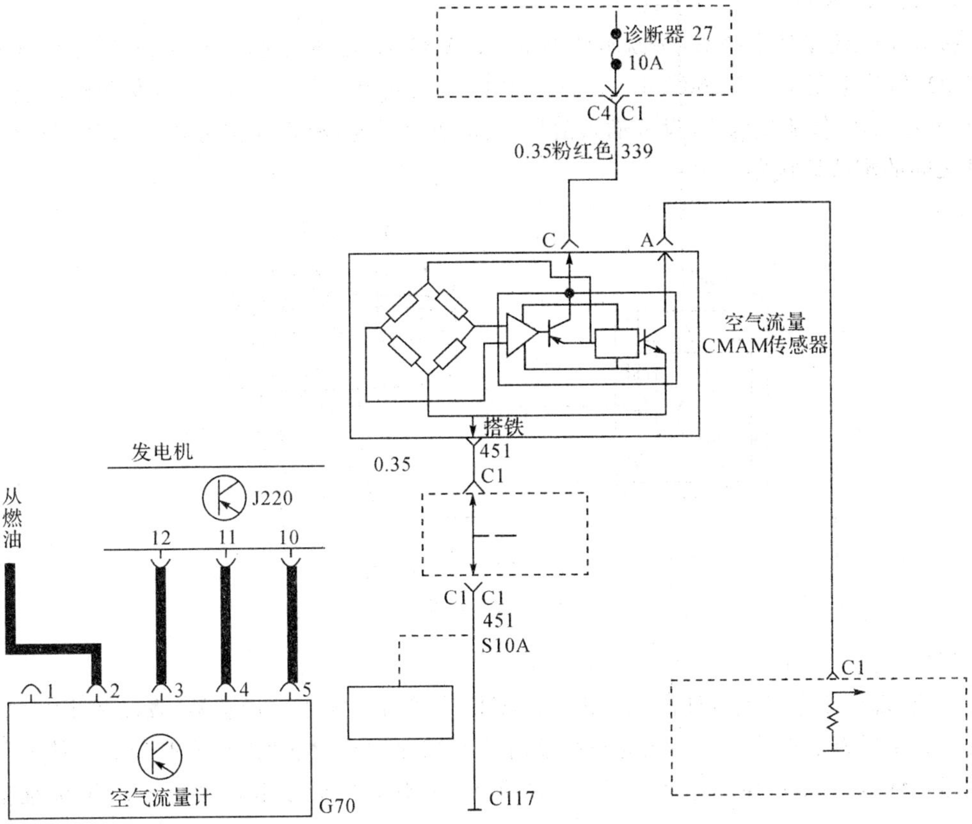

图 4.7　热膜式空气流量计电路图

人车上的热膜式空气流量计的信号应使用诊断仪检测，怠速时为 2～4g/s。

3. 旋涡式空气流量计

旋涡式空气流量计用于丰田凌志 LS400、三菱、现代等车。丰田凌志车的旋涡式空气流量计电路图如图 4.8 所示。

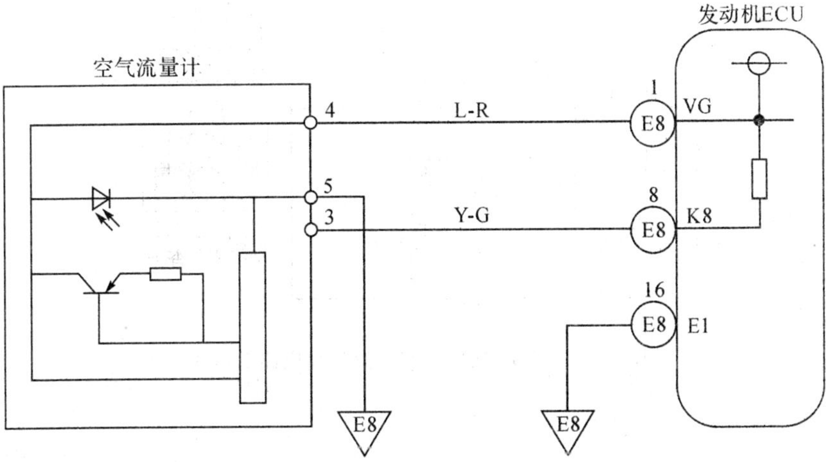

图 4.8　丰田凌志车旋涡式空气流量计电路图

(1)凌志 LS400 车。

拔开空气流量计上插头,用欧姆档测量 THA 和 E2 之间的电阻,如图 4.9 所示,20℃时 2~3kΩ,信号电压 1~3V,60℃时 0.4~0.7kΩ,信号电压 0.5~1.0V。当发动机转速高于 300r/min 时,空气流量计 5s 没有输入信号,发动机就失速,故障部位可能是 ECU 与空气流量计之间的配线插接器。

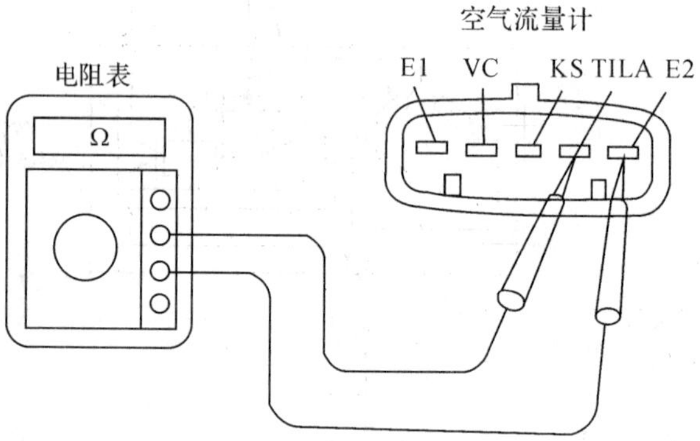

图 4.9　空气流量计端子与测量

(2)三菱、现代车。

三菱、现代车空气流量计内包含进气温度传感器与大气压力传感器,发动机 ECU 根据大气压力传感器的信号修正不同海拔高度时的空燃比和点火正时,从而改善高海拔时的发动机运行性能。插接器共有 6 个端子,如图 4.10 所示。用万用表测量各端子标准数值见表 4-6。

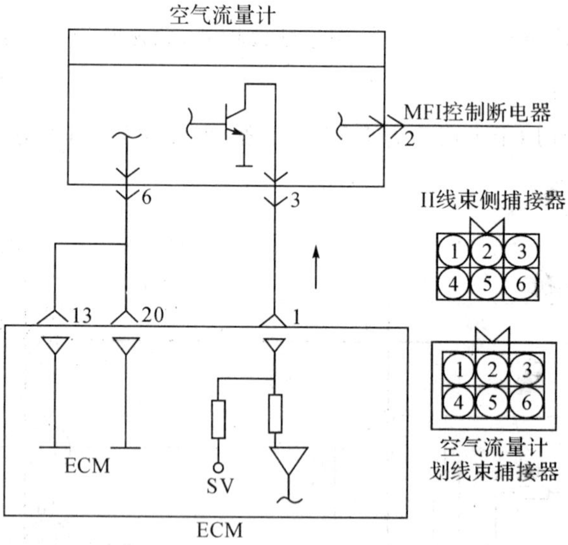

图 4.10　三菱、现代车空气流量计电路及端子

表 4-6　三菱、现代车空气流量计检测

连接端子	检测内容	标准数值			
		电阻	电压/V	频率/Hz	条件
2号—搭铁	空气流量计工作电源		电源电压		
3号—搭铁	空气流量计基准工作电压		4.8～5.2		断开插接器，接通点火开关，从线束处测量
3号—搭铁	空气流量计信号			27～33	发动机转速 750r/min
				60～80	发动机转速 2000r/min
4号—搭铁	进气温度传感器信号		4.5～4.9		断开插接器，接通点火开关，从线束处测量
		6kΩ	3.4～3.6	发动机运行	0℃
		2.7kΩ	2.5～2.7		20℃
		0.4kΩ	0.6～0.8		80℃
1号—搭铁	大气压力传感器基准工作电压		4.8～5.2		断开插接器，接通点火开关，从线束处测量
5号—搭铁	大气压力传感器信号电压		3.5～4.2		平原，发动机运行
6号—搭铁	接地线	0Ω			

二、进气歧管绝对压力传感器的检查

1.进气歧管绝对压力传感器电源电压检查

检查时拆下进气歧管绝对压力传感器的线束插头，然后打开点火开关，但不要启动发动机。接着用电压表测量线束插头上电源端子和接地端子之间的电压，其值应符合规定；否则应更换或修理其电控线路线束。

2.进气歧管绝对压力传感器输出电压的检查

检查时拆下传感器与进气歧管相连接的真空软管，使传感器直接与大气相通，然后打开点火开关，但不要启动发动机，用电压表在电控单元线束插头处测量传感器的输出电压。接着向传感器内施加真空，并测量在不同真空度下其输出电压。该电压值应随真空度的增大而降低，其变化情况应符合规定，否则应更换传感器。

三、节气门位置传感器的检查

节气门位置传感器安装在节气门体旁，由节气门轴操作。

当怠速不稳、加速不良、电控自动变速器不能换挡时都应检查节气门位置传感器的信号。有的发动机节气门位置传感器的两个安装是椭圆形的，安装位置可调整，当节气门位置传感器拆下后重新安装，或更换节气门位置传感器扣，需检测节气门位置传感器的信号，以确定安装位置是否正确。

节气门位置传感器按信号输出类型可分为线性量输出和开关量输出两种形式。两种类型的节气门位置传感器内部结构不同，信号类型和检测方法也不同。

1. 开关量节气门位置传感器

不同车系的电路有差异，早期日本车上使用的开关量输出型节气门位置传感器电路如图 4.11、图 4.12 所示。检测开关量节气门位置传感器一般采用万用表测量电阻、电压，也可用示波器测信号波形。

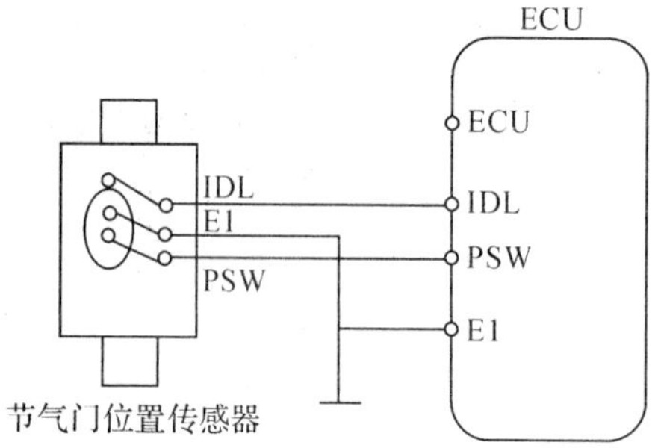

图 4.11　开关量节气门位置传感器电路图

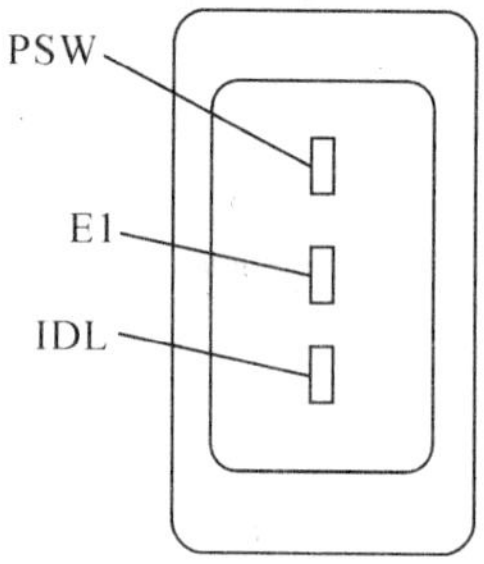

图 4.12　检查开关量节气门位置传感器

(1)电阻值检测。

拔出节气门位置传感器插头，用万用表电阻挡测量怠速触点与全开触点的电阻，如图 4.12所示。阻值应符合表 4-7 标准值，否则应按照表 4-8 中的提示进行修理。

表 4-7　开关量节气门位置传感器标准电阻值(丰田车)

端子	检测条件	标准阻值/Ω
IDL-E1	节气门全闭	0
	部分负荷	∞
	全负荷(节气门开度 50°以上)	∞
PSW-E1P	节气门全闭	∞
	部分负荷	∞
	全负荷(节气门开度 50°以上)	0

表 4-8　开关量节气门位置传感器错误电阻值与故障原因

端子	检测条件	阻值	故障原因
IDL-E1P	节气门全闭	有阻值	怠速触点接触不良
		∞	怠速触点故障或安装位置不当
PSW-E1	节气门全开	有阻值	全开触点接触不良
		∞	全开触点故障或安装位置不当

(2)电压值检测。

将万用表的表棒接在节气门位置传感器插头后面的导线处，接通点火开关，用万用表直流电压档测量怠速触点的电压值，电压值应符合表 4-9 的标准值，如果电压值不对，说明该节气门位置传感故障或安装位置不对，故障原因见表 4-10。

表 4-9　开关量节气门位置传感器标准电压值(丰田车)

端子	检测条件电压/V		
	节气门全闭	部分负荷	全负荷
IDL-E1	0	12	12
PSW-E1	12	12	0

表 4-10　开关量节气门位置传感器错误电压与故障原因

端子	检测条件	电压	故障原因
IDL-E1	节气门全闭	大于 0	怠速触点接触不良
		等于 12V	怠速触点在怠速时不能闭合，怠速触点故障或安装位置不当
PSW-E1	节气门全开	大于 0	全开触点接触不良
		等于 12V	全开触点在节气门全开时不能闭合，全开触点故障或安装位置不当

2. 线性量节气门位置传感器

线性量节气门位置传感器内部结构是一个滑片电阻，所以可用万用表电阻档和直流电压档检测节气门位置传感器的电阻及电压信号。如果发动机加速不良或节气门开度在某一区域内动力性突然变差，用万用表检测这类间歇性的动态故障比较困难，用示波器检测则比较容易。

线性量节气门位置传感线有 3 线和 4 线两种。丰田车一般采用 4 线，其他车系一般采用 3 线。

(1)3 线的线性量节气门位置传感器检测。

3 线的线性量节气门位置传感器电路如图 4.13 所示。

拔去节气门位置传感器的插头，接通点火开关，测量 A 端子电压，发动机控制单元从 33 脚输出的开路电压是 5V。缓慢打开节气门，测量节气门位置传感器 B、C 脚的电阻值，应该连续变化，不能有突变。接上插头，接通点火开关，测量 B、C 信号电压，当节气门关闭时信号电压为 0.5V，当节气门全开(WOT)时电压为 4.5V，随着节气门缓慢打开，信号电压应从 0.5V 逐渐升高至 4.5V，信号电压应该连续变化，不能有突变。不同车系的节气门位置传感器信号电压范围不完全相同。

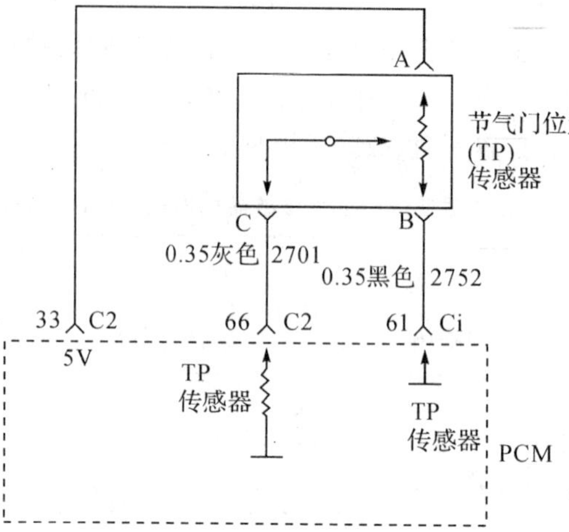

图 4.13　3 线线性量节气门位置传感器电路(SGM 别克)

(2)4 线的线性量节气门位置传感器检测。

4 线的线性量节气门位置传感器电路如图 4.14 所示。

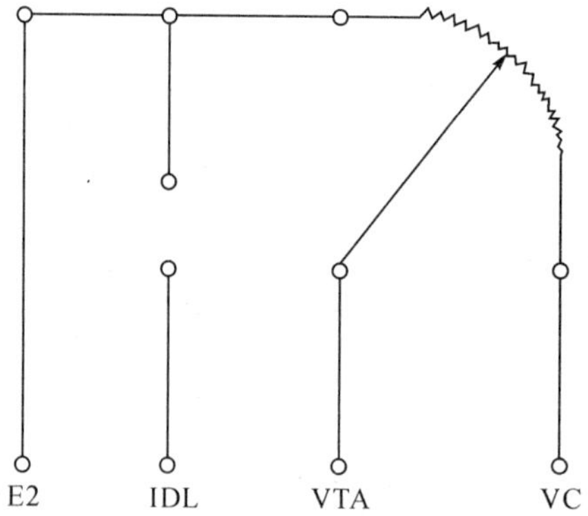

图 4.14　4 线线性量节气门位置传感器电路(丰田)

用厚薄规控制止动杆与调整螺钉间的间隙,测量节气门体旁的节气门位置传感器电阻值,应符合表 4-11 的标准值,接通点火开关,检查节气门位置传感器的信号电压,应符合表 4-12的标准值。

表 4-11　4 线线性量节气门位置传感器(丰田)的标准电阻

止动杆与调整螺钉间的间隙/mm	端子	标准电阻值/kΩ
0	VTA-E2	0.3～6.3
0.60	IDL-E2	不大于 2.33
1.05	IDL-E2	∞
节气门全开	VTA-E2	3.5～10.3
—	VC-E2	4.25～8.25

表 4-12　4 线线性量节气门位置传感器(丰田)的标准信号电压

端子	条件	标准电压/V	说明
IDL-E2	节气门全闭	0	怠速触点信号
	节气门开	9～14	
VC-E2	—	4.0～5.5	工作电压
VTA-E2	节气门全闭	0.3～0.8	信号电压

四、怠速空气阀的检查

1. 怠速空气阀的就车检查

检查时，对装有怠速控制阀的进气系统，应拆下该阀的线束插头，然后启动发动机，让其怠速运转。在冷车时，捏住怠速空气阀的进气软管，不让其通气。这时发动机的怠速转速应有明显下降，否则表明空气阀堵塞。在发动机预热后，同样的方法将软管捏住。这时怠速转速下降量不应超过 100r/min，否则表明空气阀关闭不严。如其他部分无故障，则应更换空气阀。

2. 怠速空气阀的检验

怠速空气阀在气温低于 10℃时，应处于半开状态；当气温为 20℃时，应处于约 1/3 开度状态。

对于电加热的怠速空气阀，如双金属片式怠速空气阀，发动机冷起动时，双金属片使阀门处于最大开启位置。此时，旁通空气道的通过截面最大，附加空气量也最多，怠速转速较高。随着发动机的运行，电流通过双金属片上的电热丝，使电热丝发热。这时，双金属片受热变形，转动阀门，将旁通空气道慢慢关小，直到完全关闭；旁通空气量因而逐渐减少到零，冷车怠速转速即降到最低(正常怠速)。以上检查，如有异常，则应更换怠速空气阀。

对于蜡式怠速空气阀，检查时将其浸入热水中，并加热至 80℃左右。这时空气阀应完全关闭，否则应予以更换。

五、怠速电控阀的检查

1. 怠速电控阀的就车检查

检查时启动发动机，让其怠速运转。对于步进电动机式怠速电控阀，在发动机熄火后的短时间内应发出“嗡嗡”响声。对于脉冲电磁阀式怠速电控阀，在发动机怠速运转时，拆下其线束插头，这时怠速转速应有变化。当用电压表在其线束插头上测量时，应有脉冲电信号。以上检查，如有异常，则表明怠速电控阀或电控部分有故障，应予以检查排除，或更换电控阀。

2. 怠速电控阀的检验

步进电动机式怠速电控阀，通常有 2～4 组电磁线圈，其电阻为 10～30Ω。检验时在其插座上分别用万用表测量各电磁线圈的电阻，其值均应符合规定，而且不得有短路或断路，否则应更换电控阀。

对于步进电动机式怠速电控阀，应检查其工作是否正常。当蓄电池电源按一定的顺序接至各线圈时，阀心应随之向相反方向移动，否则应更换电控阀。

对于脉冲电磁阀式怠速电控阀，只有一组电磁线圈，其电阻为 10～15Ω。用万用表在其插座上测量线圈电阻，检查有无短路或断路。如有异常，则应更换电控阀。

第四节　排气净化系统的检查

为了降低汽车排气污染和防止来自燃油箱的汽油蒸气排入大气中，大部分汽车都设有燃油蒸气控制系统和废气再循环系统。

燃油蒸气控制系统的作用是将汽油箱内的汽油蒸气收集到活性炭罐中，然后适时导入进气歧管，使之在汽缸中燃烧，这样既避免了燃油蒸气排出后对大气的污染，又节约了能源。燃油蒸气控制系统的主要装置有活性炭罐、双金属真空通道阀(BVSV)等，如图 4.15 所示。活性炭罐主要用来吸收燃油箱内的燃油蒸气，双金属真空通道阀用来控制燃油蒸气与进气歧管之间的流通通道，根据冷却水温度适时打开或关闭流通通道。有的车上也用燃油蒸气控制阀代替双金属真空通道阀。燃油蒸气控制阀由电控单元根据冷却水温度、发动机转速等传感器信号进行控制。

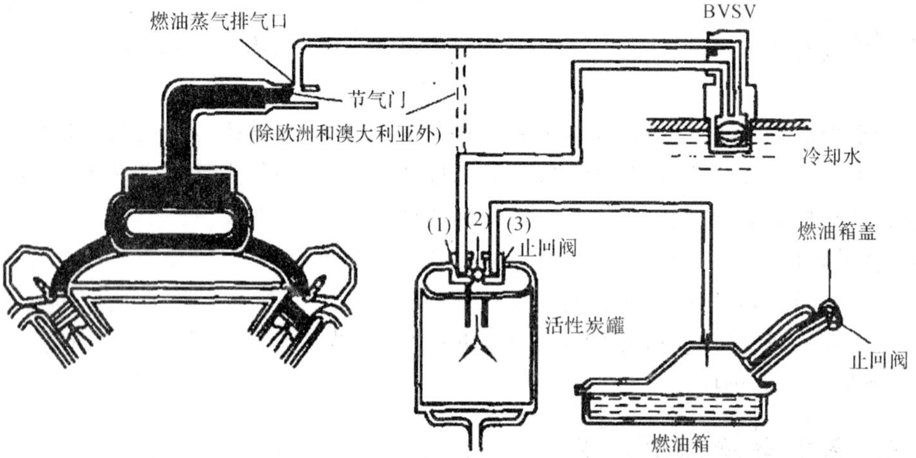

图 4.15　燃油蒸气控制系统

废气再循环是指将排气管中的一部分废气引入到进气管的新鲜空气中，被再次吸入缸内进行循环。废气再循环的目的是为了降低排气中 NOx 的排放量，因为 NOx 是在高温条件下产生的，而废气再次被吸入气缸中会吸收燃烧产生的热量，使最高温度降低。废气再循环也会使发动机的功率降低，使发动机在怠速、低速等工况下运转不稳定。为此需要由电控单元根据发动机的工况实时控制废气再循环系统的工作。

图 4.16 所示为丰田汽车的废气再循环系统，它主要由废气再循环(EGR)阀、废气再循环电磁真空阀(EGRVSV)、废气再循环真空调节器(EGR 真空调节器)以及电控单元等组成。

一、燃油蒸气控制系统的检查

(1)检查油管及连接处有无松动现象。

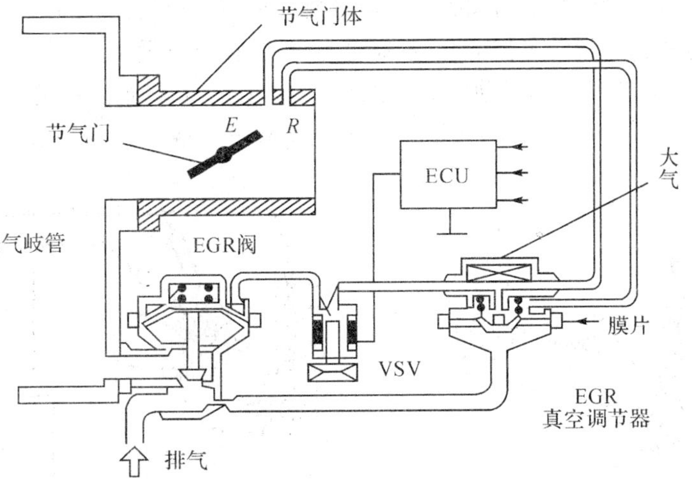

图 4.16　废气再循环系统

(2)检查油箱盖垫圈及阀门有无损坏现象。

(3)检查活性炭罐外表有无损坏(开裂)现象。

(4)检查双金属真空通道阀，拔下双金属真空通道阀上的两根管子，检查两接口之间的导通情况。在冷却水温度低于 35℃时，两接口之间应不通气；在冷却水温度高于 54℃时，两接口之间应通气。否则，说明双金属真空通道阀损坏，应予以更换。

(5)检查燃油蒸气控制阀。燃油蒸气控制阀的检查可参照燃油压力调节系统中电磁真空阀的检查方法进行。

二、废气再循环系统的检查

1. 检查废气再循环系统的工作情况

(1)在冷态下启动发动机并使之怠速运转，可用手摸 EGR 阀，应感觉不到其动作(即不开启)。此时，若踩下油门踏板，使发动机在中等负荷下(节气门开度为 60%～70%时)旋转，EGR 阀也应无动作(不开启)。

(2)启动发动机并使其冷却水温度达到正常值，然后踏下油门踏板，使发动机在中等负荷下运转，这时应能感觉到 EGR 阀膜片的动作，即阀门打开，废气开始再循环。若上述检查结果不符合要求，则应检查废气再循环系统的真空管路有无破裂、泄漏之处。

2. 检查 EGR 阀

使发动机怠速运转，拔下 EGR 阀上的真空管，用手动真空泵对 EGR 阀施加 19.95kPa(因车型而异)的真空度。此时，若发动机的转速明显降低甚至可能熄火，这说明 EGR 阀工作正常。反之，若发动机转速无变化，说明 EGR 阀损坏，应更换。

3. 检查 EGR 电磁真空阀

具体检查步骤如下：

(1)检查电磁真空阀线圈有无短路或断路现象：断开点火开关，拔下电磁真空阀的插接器，用万用表欧姆档测量电磁真空阀插孔上两端子间的电阻。20℃时两端子间的电阻值应是 38.5～44.5Ω，同时两端子与阀壳也不应导通。否则，应更换电磁真空阀。

(2)检查电磁真空阀的工作情况：不通电时，空气应能从通道 E 进入，从滤清器中排出，如图 4.17(a)所示；当给两端子加 12V 电压后，空气应能从通道 E 进入，从 F 口排出，如图 4.17(b)所示。若不满足上述要求，则电磁真空阀不合格，应予以更换。

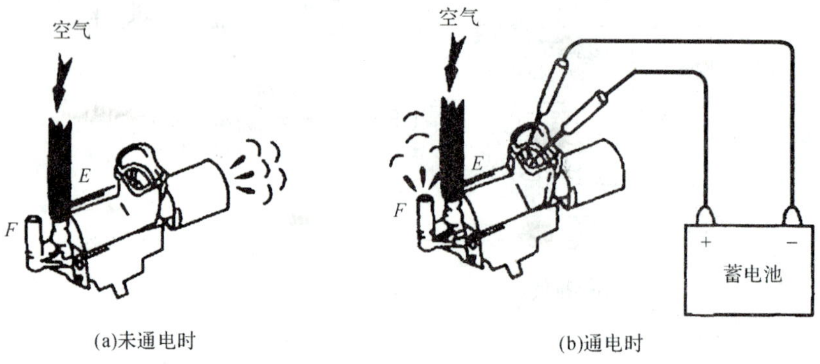

图 4.17　检查电磁真空阀

4.检查 EGR 真空调节器

(1)拔下 EGR 真空调节器与 EGR 电磁真空阀之间的真空软管，用手指按住真空接口。

(2)启动发动机并使冷却水温度达到正常值，然后踏下油门踏板，使发动机在中等负荷下运转，此时手指应感觉到真空吸力。

(3)拆下真空调节器，用手堵住连接 EGR 电磁真空阀的真空接口，把真空泵接至连接进气管的真空接口并施加真空，同时向连接排气管的接口施加气压，此时也应能感觉到真空吸力。放掉排气管接口的压力，真空吸力也应随之消失。若以上检查结果不符合要求，则应更换真空调节器。

三、氧传感器的检查

氧浓度传感器(又称氧传感器)是发动机电子控制系统中一个重要的传感器，其作用就是把排气中氧的浓度转换为电压信号，电控单元根据氧浓度传感器的信号判断混合气的浓度，进而修正喷油量，最终将缸内混合气的浓度控制在理想空燃比 14.7 附近。

氧传感器根据内部敏感材料的不同分为氧化锆式和氧化钛式两种。氧化锆式氧传感器内部的敏感元件是二氧化锆固体电解质，氧化钛式氧传感器的材料是二氧化钛(TiO_2)。

当氧传感器信号不正常时，可对氧传感器及其工作电路进行如下检验：

1.检查氧传感器的加热元件

拆下氧传感器线束插头，用万用表欧姆档测量氧传感器内部电热元件的电阻值，其阻值应符合有关标准。如丰田汽车氧传感器加热元件的标准电阻值为 4～40Ω，桑塔纳汽车的为 1～5Ω，具体数值可查阅各车型维修手册。若阻值不符，则应更换氧传感器。

2.检查氧传感器加热元件工作电路

将点火开关置于 ON 位置，用电压表检验传感器加热元件的工作电压，其标准值为蓄电池电压(12V)。若无电压，则应检查加热元件的电源电路。

3.检查氧传感器的工作情况

下面以丰田 1UZ-FE 型发动机为例，介绍检查氧传感器工作情况的方法。

(1)用专用导线连接检查连接器的 TE1 和 E1 端子。

(2)电压表正表笔与检查连接器的 VF1(左侧驾驶)或 VF2(右侧驾驶)端子连接，负表笔与 El 端子连接。

(3)启动发动机，先使其达到正常工作温度，再让发动机在 2500r/min 的转速下持续运转 120s 以消除氧传感器表面的积炭，然后记录电压表指针在 0～7V 范围内摆动的次数。正常情况下，在 8s 内摆动的次数不得低于 10 次，否则，应更换氧传感器。

4.氧传感器的其他检验方法

在检查氧传感器之前，应首先区分氧传感器的类型是氧化锆式还是氧化钛式。当排气中氧的浓度发生变化时，氧化锆式氧传感器是电压发生变化，而氧化钛式氧传感器是电阻发生变化；在检查氧传感器时，应拆下氧传感器的线束插接器，使氧传感器不再与电控单元连接，这时电控汽油系统处于开环控制状态。

对于氧化锆式传感器，可将电压表的正表笔接氧传感器的信号输出端子，负表笔接搭铁。在发动机运转过程中，测量氧传感器的输出电压。当突然踩下油门踏板时，混合气变浓，电压表指针读数应上升；当突然松开油门踏板时，混合气变稀，电压表指针读数应下降。如果氧传感器输出信号电压无上述变化，则说明氧传感器已损坏，应更换。

第五节　点火系统的检查

一、爆震传感器的检查

爆震传感器安装在缸体上，它的作用是检测发动机有无爆震产生。它把发动机爆震时产生的信号传递给发动机 ECU，以延迟点火提前角度，消除爆震。

爆震传感器的个数在不同发动机上各不相同，有的发动机上装一个，有的发动机上装两个。时代超人车上装两个，1、2 缸之间装一个，3、4 缸之间装一个。当 1、2 缸的爆震传感器将爆震信号传递给发动机 ECU 后，发动机 ECU 再根据凸轮轴信号，就能正确地判断出 1 缸爆震还是 2 缸爆震。

丰田皇冠 3.0 轿车 2JZ-GE 型发动机爆震传感器与 ECU 的连接电路如图 4.18 所示。

1.爆震传感器电阻检测

关闭点火开关，拔下传感器插接器插头，用万用表测量传感器的接线端子与外壳间的电阻，若为无穷大，则正常；若约为零(或导通)，则必须更换爆震传感器。

2.输出信号的检测

拔下爆震传感器导线插接器插头，在发动机怠速时用万用表检查爆震传感器的接线端子与搭铁间的电压，应有脉冲电压输出。否则，应更换爆震传感器。

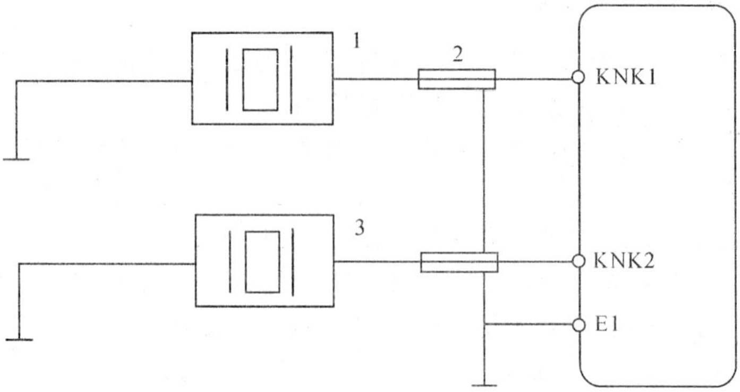

1—1 号爆震传感器　2—2 号爆震传感器　3—3 号爆震传感器

图 4.18　爆震传感器与 ECU 的连接电路

二、曲轴位置传感器和凸轮轴位置传感器的检查

桑塔纳时代超人的曲轴位置传感器如图 4.19(a)所示，发动机 ECU 根据热膜式空气流量计信号确定发动机的基本喷油持续时间和基本点火提前角。曲轴位置传感器检测到曲轴位置参考点以决定点火时刻，同时检测发动机转速并将此转速信号传给发动机 ECU。

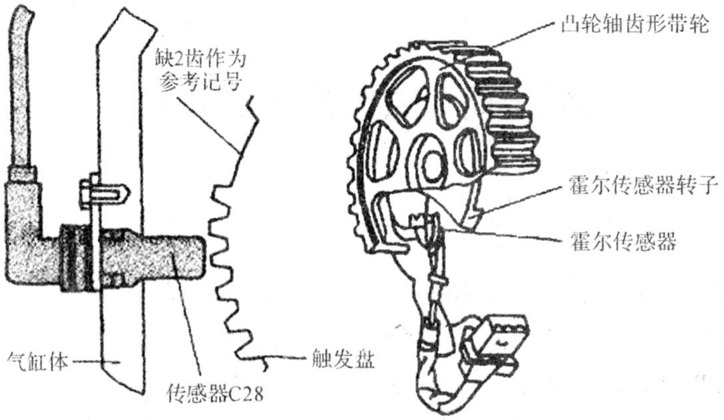

(a)曲轴位置传感器　(b)凸轮轴位置传感器

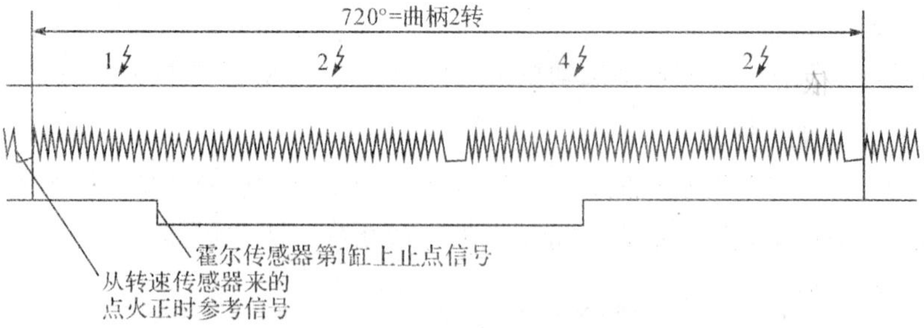

(c)曲轴位置传感器与凸轮轴传感器

图 4.19　时代超人车的曲轴位置传感器与凸轮轴位置传感器

磁感应式曲轴位置传感器的触发盘有60个齿形，其中2个齿形被切掉，故实际为58个齿形，由于是磁感应式传感器，所以在传感上不断感应产生变化的交流电压，如图4.19(c)所示。此电压变化快慢与触发齿形的变化频率相同，所以通过频率可测出发动机转速。频率变化可用来测出变化的曲轴位置。

时代超人凸轮轴位置传感器如图4.19(b)所示，是用来检测发动机第1缸上止点位置。该传感器为霍尔效应式传感器。带有一个触发缺口的触发转子固定在凸轮轴上，凸轮轴旋转一周，在凸轮轴位置传感器上得到一个脉冲信号，即第1缸上止点位置的信号，ECU得到一个第1缸上止点。

1.磁感应传感器的检查

磁感应传感器的永久磁铁的磁力线经转子、线圈、托架构成闭环回路，转子旋转时，由于转子凸起与托架间的磁环不断变化，通过线圈的磁通也不断变化，线圈中便产生交流感应电压。桑塔纳时代超人车的曲轴位置传感器、SGM别克车的曲轴位置传感器(7X)均采用磁感应传感器。

检测磁感应传感器是否良好，应检查线圈阻值与交流信号电压。线圈阻值见表4-13。

表4-13　磁感应线圈阻值

车系		曲轴位置传感器/Ω	凸轮轴位置传感器/Ω
日本丰田	皇冠3.0	155～240(冷机)	155～190
	凌志	835～1400(冷机)	835～1400(冷机)
	LS400	1060～1645(热机)	1060～1645(热机)
SGM别克		500～1500	
时代超人		480～1000	

磁感应线圈良好，信号电压不一定良好，所以还应检测交流信号电压，交流信号电压随信号转子转速的增加而增大。用万用表检测磁感应传感器信号，万用表档位应置于交流电压20V档，脱开磁感应传感器的连接器，用万用表两支表笔接触传感器的两个端子，启动时观察有无交流电压信号。丰田车(4缸)分电器内的曲轴位置传感器(N)信号电压在怠速时约0.77V，2000r/min时约1.3V，凸轮轴位置传感器(G)信号电压在怠速时约0.45V，2000r/min时约1V。当分电器从发动机上拆下，用手快速转动分电器轴，也能测试信号电压，Ne信号电压约0.08V，G信号电压约0.04V。

2.霍尔传感器的检查

霍尔传感器是依据霍尔效应的原理制成的，当一个霍尔元件置于磁场中，同时一个电流流过该霍尔元件，电流方向垂直于磁场方向时，该霍尔元件与电流方向及磁场方向垂直的横向侧边上就会产生一个微量电压，这个电压称为霍尔电压。桑塔纳时代超人车的凸轮轴位置传感器，SGM别克车的曲轴位置传感器(24X)、凸轮轴位置传感器均采用霍尔传感器。

霍尔传感器信号是频率调制信号，其波形是方波，所以可用直流电压档检测平均电压，以判别霍尔传感器有无信号输出。

克莱斯勒2.5L发动机上的曲轴位置传感器(24X)、凸轮轴位置(CMP)电路如图4.20所示。

霍尔效应式曲轴位置传感器装在变速器壳前端内，通过齿圈向发动机ECU提供发动

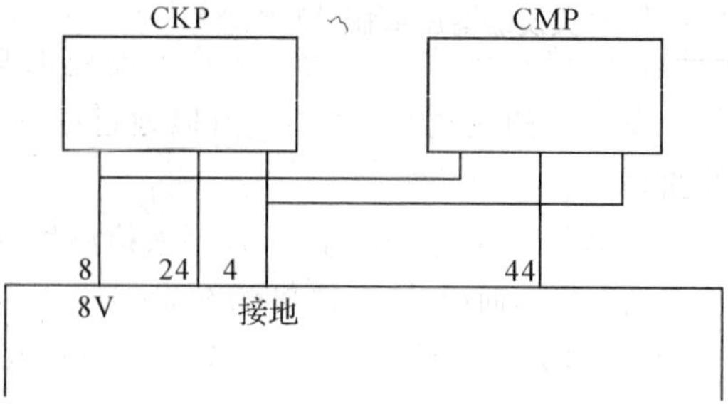

图 4.20　克莱斯勒 2.5L 发动机曲轴与凸轮轴位置传感器电路

机转速和曲轴位置信号，发动机 ECU 据此信号确定最佳喷油和点火时刻。点火基准传感器（凸轮轴位置传感器）装在分电器中，也是霍尔式的，它用来向 ECU 提供气缸位置，以便发动机 ECU 确定适当的点火顺序。

桑塔纳时代超人车的霍尔式凸轮轴位置传感器如果没有信号，发动机仍将继续运行，且能再次启动。因为在双火花点火系统中，发动机每转 1 圈，各缸产生 1 次火花，不是像通常情况下每转 2 圈，各缸产生 1 次火花。没有凸轮轴传感器信号，只是产生 1 圈的偏差，对喷射来说影响不大，原来在进气门打开时喷油，则改为在进气门关闭时喷油，对混合气的量稍微有些影响。节气门全开启电压为 3.2～4.9V。

三、点火波形分析

目前发动机的点火控制系统已从一般的电子控制发展到微机控制系统，而微机自诊与诊断仪器目前还无法较准确判断间歇性故障的系统故障点，因此必须配合示波器利用波形分析才能找出故障点。

1. 点火次级高压单缸波形和点火初级低压波形

（1）点火次级高压单缸波形。

检验点火次级高压单缸波形的主要作用是分析单缸点火闭合角（即点火线圈、初级线圈通电时间，它决定断开电流的大小，大则次级高压高）；分析点火线圈和次级高压电路性能（观察点火高压击穿电压值、燃烧电压值、点火时间等）；查出单缸不适当的混合气空燃比（从燃烧线看）；分析电容性能；查出造成气缸失控的火花塞（从燃烧线看）。图 4.21(a)是标准点火次级高压单缸波形，图 4.21(b)是该波形的放大图，图中各点的含义如表 4-14 所示。

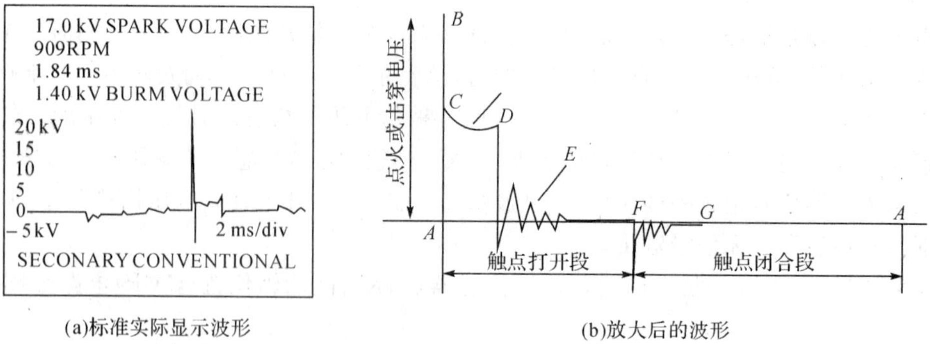

图 4.21　标准点火次级高压单缸波形

表 4-14　点火次级高压单缸波形各相应点表示的含义

相应点及其含义	相应点及其含义
A:断电器触点打开,次级高压急剧上升	*F*:断电器触点闭合
AB:击穿电压,一般约 10kV	*AF*:触点打开的时间
BC:电容放电,放电电流几十安培,放电时间约 1μs	*FA*:触点闭合的时间,可读出闭合角
CD:电感放电,称为火花线或燃烧线,电压约 600V,放电电流约几十毫安,放电时间约几毫秒	*G*:第二次振荡,断电器触点闭合,初级线圈产生低压电流对次级线圈产生的感应电势引起的少许振荡
E:第一次振荡,火花消失后剩余磁场能维持的衰减振荡,振荡波最少两个,最好 3～5 个,但也不能过多	

F 点表示断电器触点开始闭合,初级线圈开始通入低压电流,*FA* 是触点闭合时间,从而可看出闭合角是否正常。如果各缸触点闭合时间一致,说明各缸闭合角相等,如果各缸闭合角不一致,说明凸轮磨损或分电器小轴松动等。

AB 是击穿电压,如果击穿电压过高,表明该缸高压电路中存在着高电阻,常见的故障原因是分缸高压线断路、未插好或火花塞间隙过大。如果击穿电压过低,表明该缸高压电路电阻低于正常值,常见的故障原因是高压线漏电或火花塞间隙过小或污浊、破裂。

CD 是燃烧电压,即火花塞产生的火花燃烧混合气时的电压。各缸燃烧电压保持相对一致,说明火花塞工作和各缸空燃比一致,如果混合气稀,燃烧电压值就会降低。*CD* 对应的时间是火花塞火花燃烧混合气的时间,燃烧图上不能有过多的杂波,如果杂波过多,表示该缸点火不良,其原因是点火过早、火花塞脏污或其他原因;燃烧时间长短表明气缸的混合比情况,燃烧线过长(超过 2.4ms)表示混合气浓,燃烧线过短(少于 0.75ms)表示混合气稀。

E 的振荡波最好为 3～5 个,振荡波过多或过少表明点火线圈或电容器不良。

(2)点火初级低压波形。

由于点火初级线圈和次级线圈有互感作用,当断电器触点断开时,次级线圈感应出高压;在点火次级电路发生跳火状态时还会反馈给初级电路,如图 4.22 所示。点火初级闭合

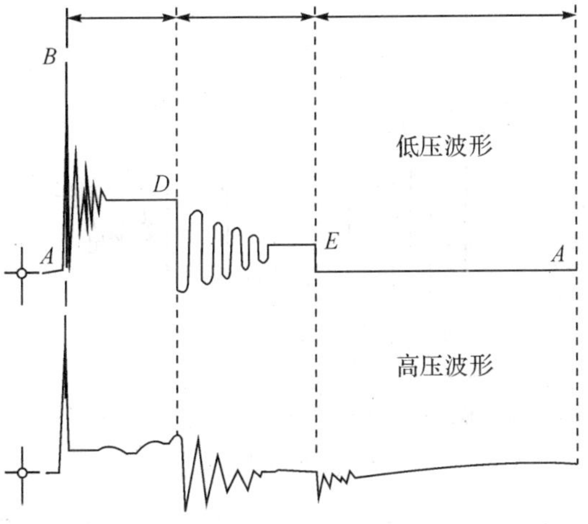

图 4.22　点火初级低压波形

角测试是初级低压波形中的一个重要数据，初级点火闭合角显示主要用于：分析单个气缸的点火闭合角（初级线圈通电时间）；确定平均闭合角的度数或毫秒数；分析点火初级线圈电路性能；分析电容性能。

图 4.22 中各点的含义如下：

ABD：高频振荡波形，火花塞两电极间因火花放电引起的高频振荡，由于点火线圈初级、次级间的变压器效应，也出现在初级波形中。

DE：低频振荡波形，次级火花放电完了时，点火线圈和电容器中的残余能量继续释放，初级电路中出现低频振荡波形。

EA：触点从 E 点闭合，闭合后的初级电压几乎降为零，显示如一条直线，并延续到 A 点即触点下一次打开，点火循环将在下一个气缸重复开始。

(3)普通电子点火信号发生器信号波形。

普通电子点火信号发生器有磁感应式、霍尔式和光电式等三种类型，其信号波形如图 4.23所示。

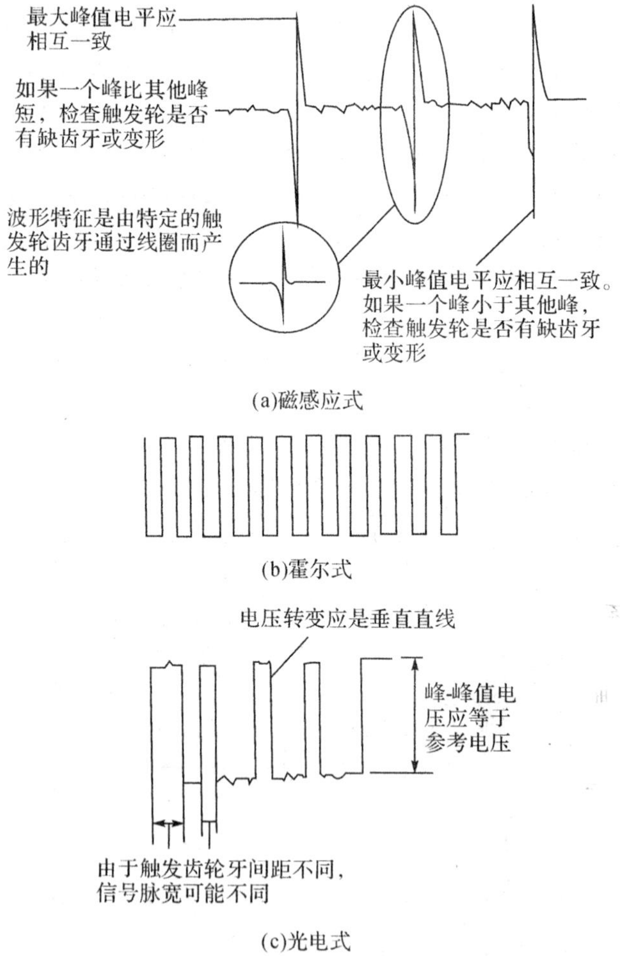

图 4.23 信号波形

2. 电子点火波形分析

(1)电子点火次级波形分析。

①电子点火(EI)次级单缸波形。

点火次级单缸显示波形如图 4.24 所示,主要用来:

a. 分析单个缸的点火闭合角(点火线圈充电时间)。

b. 分析点火线圈和次级高压电路性能(从点火线至点火电压线)。

c. 查出单缸不适当的混合气空燃比(从燃烧线)。

d. 分析电容性能(白金或点火系统)。

e. 查出造成气缸失火的原因(污浊或破裂的火花塞,从燃烧线)。

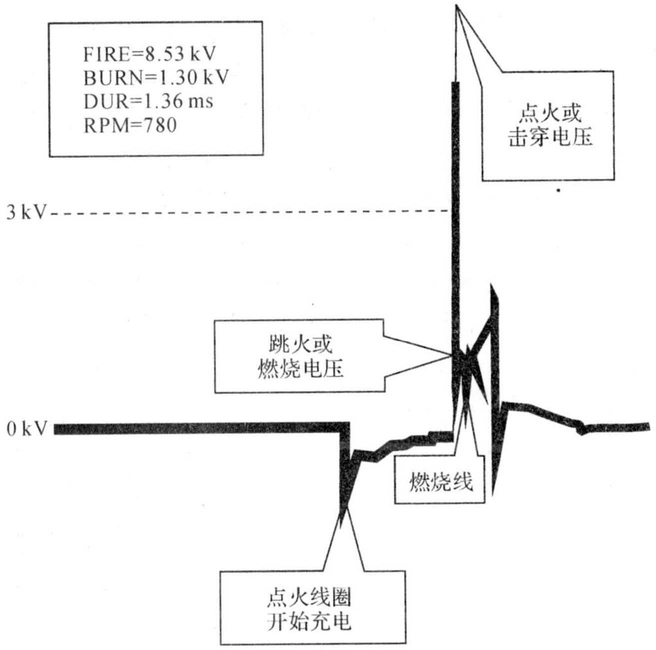

图 4.24 电子点火(EI)次级单缸波形

由于点火次级波形明显受不同发动机、燃油系统和点火条件影响,因此它对检验发动机机械部分和燃油系统部件及点火系统部件的故障非常有用。波形的不同部分能指明任一特定气缸的某些部件和系统故障。参照波形图的指示点看波形特定段的相关部件运行状况。

试验方法:按照行驶性能故障或点火不良等情况出现的要求来启动发动机或驾驶汽车,调整示波器电压比例在 5kV/格至 10kV/格之间,这样可以保持做功行程的点火正常显示。确认各缸幅值、频率、形状和脉冲宽度等判定尺度的一致性,在加速或高负荷下,检查对应特定部件的波形部分的故障。

波形结果:

点火线:观察各缸跳火电压的高度一致性,在急加速或高负荷时,由于燃烧压力的增加,跳火峰值电压将会增高,任何与其信号峰值高度的实际偏离都可能意味着故障。

燃烧电压:观察火花或燃烧电压保持相对一致性,这表明火花塞工作的一致性和各缸空燃比,如果混合气太稀,燃烧电压就比正常值低一些。

燃烧线:观察点火线或燃烧线应十分“干净”,没有过多的杂波在燃烧线上,过多的杂波表明气缸点火不良,可能原因为点火过早、喷油器损坏、污浊火花塞等。燃烧线的持续时间长度表明气缸内异常稀或异常浓的混合比。过长的燃烧线(通常超过 2ms)表示混合气浓,过短的燃烧线(通常少于 0.75ms)表示混合气稀。

点火线圈振荡:观察在燃烧线后面最少 2 个,最好多于 3 个振荡波,这表明点火线圈和电容器是好的。

②电子点火次级急加速波形。

点火次级急加速高压测试是为了测定最大电压或确定在一组气缸中给定气缸的点火电压,该试验可以查出重负荷或急加速时的点火不良。由于点火次级波形明显地受到不同发动机、燃油系统和点火状况的影响,所以该试验能够有效检验出发动机机械部件和燃油系统部件及点火系统部件的故障,波形的不同能表明任一特定气缸中的确定部件或系统的故障。

试验方法:启动发动机或驾驶汽车使行驶性能故障或点火不良等情况出现,确定幅值、频率、形状和脉冲宽度等判定尺度是否各缸一致,特别是在急加速或高负荷时。

波形结果:波形结果如图 4.25 所示,各缸的点火峰值电压高度应基本相等,在急加速或高负荷条件下由于气缸压力增加,所有点火峰值高度都将增大。任何与其信号峰值高度的实际偏离都意味着故障。一个高出很多的峰值说明这个气缸的点火次级电路有高电阻,这可能意味着点火高压线开路或电阻过大,一个低的峰值指示出点火高压线短路或火花塞间隙过小、火花塞污损或破裂。在有负荷或急加速时点火不良,同时还出现所有气缸的点火峰值高度都低,这可能意味着点火线圈性能差。

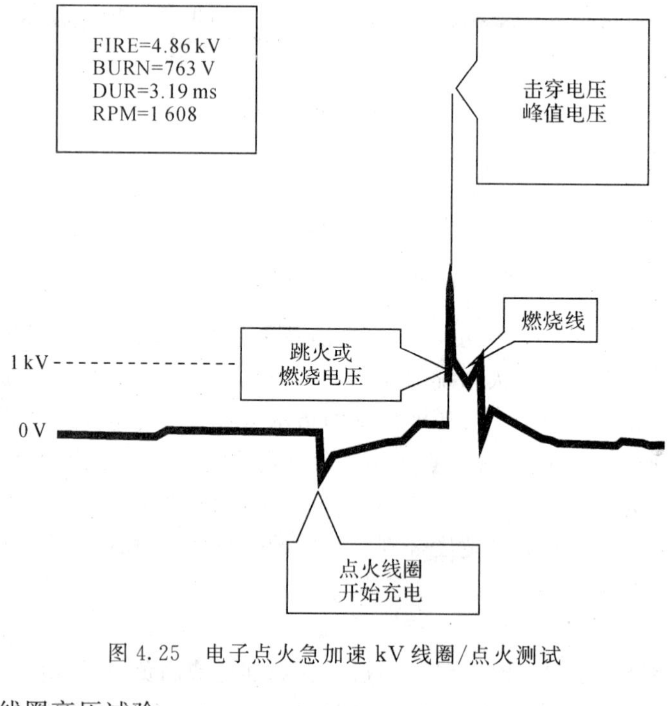

图 4.25　电子点火急加速 kV 线圈/点火测试

③电子点火线圈高压试验。

这个试验在最苛刻的工作方式即曲轴旋转但不送燃油喷射进气缸时,测试点火线圈最大输出。在许多不同情况和不同压力条件下比如混合比变化、燃烧室紊流、极大的燃烧压力等，点火线圈都必须有能力提供必要的点火电压，点火线圈被设计成任何正常发动机工作方式下，都有能力提供超出所需要的最大电压。然而，由于震动、热疲劳、点火高压线圈的高电阻和其他因素可能导致点火线圈早期损坏，这个试验对发现点火线圈在有负荷情况下出现的间歇性不点火或启动困难及无法启动是有用的。

试验方法：喷油器不工作或切断燃油输送系统（燃油泵等），以防止启动发动机时发动着车。然后启动发动机，观察示波器波形结果，如图 4.26 所示。

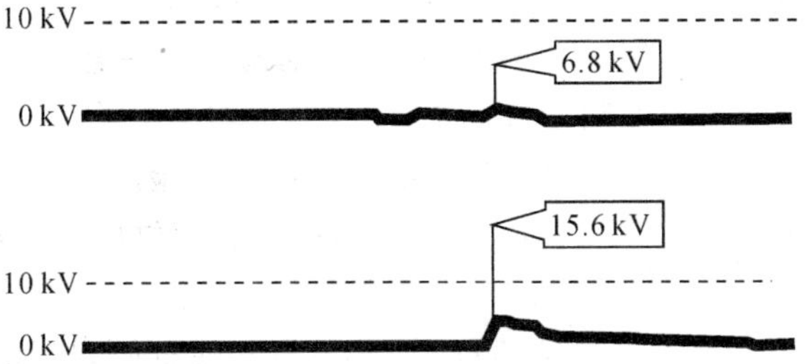

图 4.26　无分电器电子点火线圈高压测试

确定波形上点火峰值电压，通常在新式或高能点火系统中，波形上点火电压在 15kV 附近到超过 30kV，点火电压因火花塞间隙、发动机气缸压缩比和混合气空燃比不同而有所差异，在双火花塞(EI)系统中，排气行程的火花塞峰值电压要比做功行程火花塞的峰值电压低，差值接近 5kV。

在判断低峰值电压的点火线圈是否可用时，应先确认火花塞和高压线是否完好，短路的火花塞和高压线或低电阻火花塞（间隙小、污损）可能导致点火线圈输出电压过低。

(2)电子点火初级波形分析。

电子点火初级波形对查出电子点火线圈的点火故障是很有效的，其波形图如图 4.27 所示。由于点火次级燃烧的过程可以通过初级和次级点火线圈的互感返回到初级电路，所以点火初级波形是非常有用的。电子点火初级单缸波形的测试内容、项目和方法与前面电子点火次级单缸波形完全相同。只是在测试时要确认闭合角随发动机的转速和负荷变化而改变的情况，另外还需要逐个测试每个点火线圈。

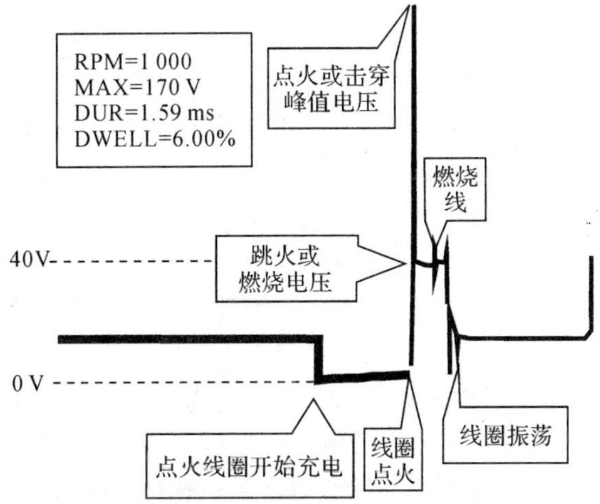

图 4.27　电子点火初级单缸波形

(3)点火正时及参考信号波形。

波形点火系统需要几个输入才能正常工作，它需要知道什么时候点火、点火线圈通电时间多长以及点火正时提前多少。在早期点火装置中这些信息由分电器、真空提前点火装置和白金来提供，因此检验部件的物理手段是最主要的诊断方法之一。

现在真空提前点火装置、分电器、白金几乎不再存在，点火系统仍然可以通过示波器的“眼睛”来检查。电子点火正时从设计上讲是一个复杂系统，但它并不难诊断，发动机控制电脑发出一个(EST)信号给点火模块或直接给点火线圈，这个 EST 信号含有老式点火系统的全部信息，发动机控制电脑(PCM)只是收集和传送不同的信息。

电子点火正时(EST)信号的频率代替了老式的分电器和白金装置，它告诉点火线圈什么时候点火，电子点火正时信号的导通时间或脉冲宽度包含着闭合角的信息，这决定了每次点火时点火线圈充电时间的长短。点火提前角信息也由信号的导通时间或脉冲宽度来提供。

发动机控制电脑用来自点火模块的点火参考信号和其他输入信号(例如 MAP，TPS，ECT 等信号)产生电子点火正时信号。电子点火正时信号是返送给点火模块中另一个开关晶体管的信号。这个开关晶体管用于控制点火线圈初级电路，随着发动机转速的增减，电子点火正时信号频率与点火参考信号频率同步变化。

点火参考信号是频率调制数字信号，这个频率随着发动机转速变化而变化。点火模块根据曲轴位置传感器的信号产生点火参考信号，点火模块向发动机控制电脑发送点火参考信号，发动机控制电脑用这个信号，正确地控制喷油时间和电子点火正时输出信号。

试验方法：启动或运转发动机，使发动机怠速运转，加速发动机或按行驶性能故障发生时所需要的条件驾驶汽车。在加减速时，电子点火正时信号的脉冲宽度将发生改变，脉冲宽度实际的改变量影响点火闭合角(点火线圈通电时间)和确定点火提前量。

波形结果：确认脉冲和脉冲之间的幅值、频率和形状等判定尺度的一致性。这就要求数字脉冲幅值足够高，脉冲间隔时间和形状是一致的，同时也要注意下列因素：

观察波形的一致性，注意波形底部和顶部的直角，因为供电电压不变，所有的波形都应该是等高的，这些就是所谓一致性的关键所在。确认波形对地电压不会过高，因为电压过高可能表明电阻或点火模块、控制电脑的接地不良。

观察波形随着发动机异响及行驶故障的异常变化，这是为了证实信号出现的问题与顾客反映情况和行驶故障是否有关系。

如果出现在示波器上的波形异常，先检查线路、接头及示波器的连接。当故障出现在示波器上的时候，摇动线束，可进一步确认电子点火正时信号电路是否是问题的根源。

当启动发动机时看到一条平直的波形，也就是说没有启动，这可能说明曲轴位置传感器、点火模块、控制电脑、线路或插头有故障。如果看到不好的或平直线信号，按顺序找到信号起源处——曲轴位置传感器，用示波器测试曲轴位置传感器的信号、点火初级电路、点火模块。如果所有的部件都完好，就检查点火模块和控制电脑之间的信号，然后再检查控制电脑返回点火模块的信号，最后检查从点火模块到点火线圈的初级信号。在很少情况下，控制电脑内部将电子点火正时电路或点火参考电路接地，产生直线波形。

许多通用汽车、欧洲汽车，甚至亚洲生产的汽车都有相似的点火电路设计。当确定发动机失速或点火不良的原因怀疑在点火模块、曲轴位置传感器和控制电脑时，可以按照前节测试方法诊断。

①电子点火正时信号波形。

这个波形测试是用来诊断电子点火正时电路的。确认波形的频率与发动机转速同步，当点火正时需要改变时，电子点火正时信号的幅值通常略小于 5V，如图 4.28 所示。

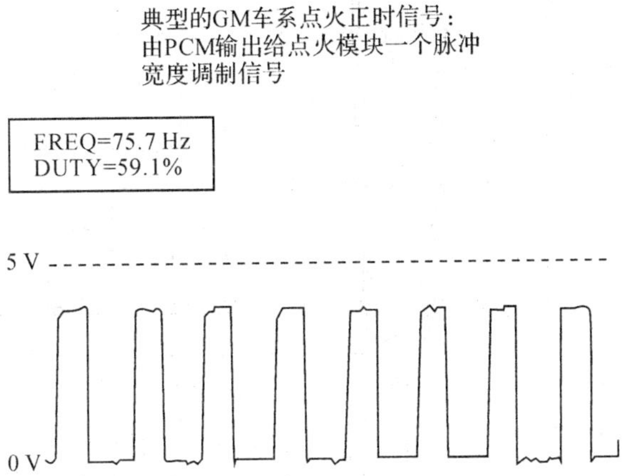

图 4.28　电子点火正时波形

②点火（DIST）参考波形。

用前节的测试方法对点火参考电路可以进行诊断，这个电路有时又称为分电器参考电路。根据点火模块的形式或曲轴位置传感器传送给点火模块的信号类型，点火参考信号波形的幅值可能取略小于 5V 或 8V 左右电压这两种情况。在进行试验时要确认点火（DIST）参考信号波形的频率不仅与发动机转速同步，而且在任何情况下占空比都保持不变，如图 4.29。

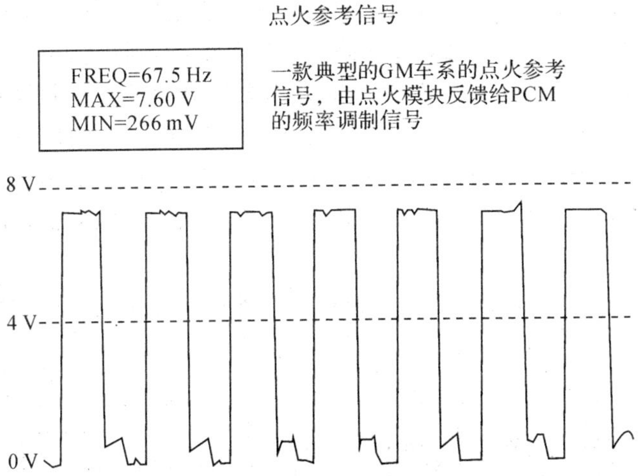

图 4.29　点火参考波形

③点火（DIST）参考信号和电子点火正时（EST）双踪波形。

这是双通道示波器测试程序，两个波形来自两条电路，它把有着重要联系的两个波形同时显示在示波器上，如图 4.30 所示。它可以同时诊断点火参考电路和电子点火正时电路或检查它们两者之间的关系进而诊断控制电脑(PCM)的可能故障。双踪波形的测试可以按照前节所述的测试步骤进行。

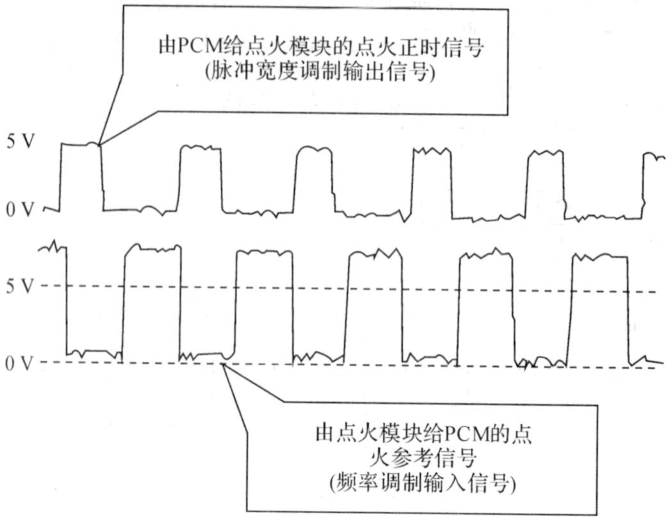

图 4.30　点火参考/点火正时—双通道

第六节　电控单元(ECU)的检查

一、用万用表检查电控单元

电控单元及其控制线路的故障可用专用的检测仪或通用的电控单元解码器来检查，这些仪器可准确地查出故障的所在之处。如果没有这些仪器，则可利用万用表来测量电控单元一侧插座上各引脚的电压或工作电阻，据此判断电控单元及其控制线路有无故障。这时必须以被检车型的详细维修技术资料作为依据，包括电控单元一侧插座上各引脚分别与哪些装置相连；各引脚在发动机不同工作状态下的标准电压值等。检测时如发现异常，则表明有故障，如与执行器连接部分异常，则表明电控单元有故障；与传感器连接部分异常，则可能传感器或线路有故障。

图 4.31 为丰田 CAMRY 电控单元一侧插座上各引脚的连接部位，检查条件、标准电压值等，见表 4-15。

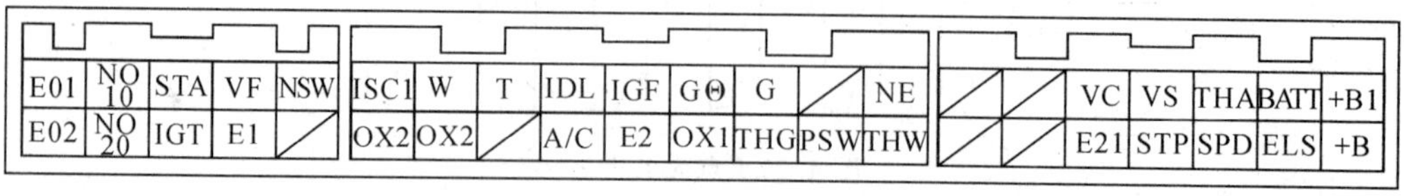

图 4.31　丰田 CAMRY 轿车 3S-FE 型发动机电控单元一侧插座

表 4-15　丰田 CAMRY 轿车 3S-FE 发动机电控单元标准

接线端	连接部位	检测条件		标准电压/V
+B	主继电器	点火开关 ON		10～14
+B1	主继电器			10～14
BATT	蓄电池			10～14
IDL	节气门位置传感器	点火开关 ON	节气门打开	8～14
PSW	节气门位置传感器		节气门打开	4～5
IDL	节气门位置传感器	点火开关位于 ON，对 E2	节气门打开	8～14
VC	空气流量计		空气流量计计量板全关	4～6
				3.7～4.3
VS	空气流量计		空气流量计计量板全开	3.7～4.3
				0.2～0.5
		发动机怠速，对 E2		2.3～3.8
		发动机以 3000r/min 转速运转，与 E2 短接		1.0～2.0
NO10	喷油器	点火开关 ON		10～14
NO20	喷油器	点火开关位于 ON，对 E2		
THA	进气温度传感器(空气流量计)	点火开关位于 ON，对 E2	进气温度 20℃	1～3
THW	水温传感器		水温 80℃	0.1～1
STA	启动机开关	曲轴转动		6～14
IGT	点火控制器	曲轴转动或怠速		0.7～1.0
ISC1	怠速控制阀 1	点火开关位于 ON，对 E2		9～14
ISC2	怠速控制阀 2			
W	故障警示灯	无故障或发动机运转		10～14
A/C	空调电磁开关	点火开关 ON	空调工作	8～14
ACT	空调放大器		加热鼓风机开关位于 ON	4～6
T	检查插座		检查插座 TE1-E1 不导通	10～14
			检查插座 TE1-E1 导通	0.5 或更小
NSE	空挡启动开关		变速杆位于 P 位和 N 位	0～2
			变速杆位于其他位置	6～14
STP	制动灯开关	踩下制动踏板或除霜器开关位于 ON		10～14
E1	发动机接地(搭铁)			
E2	传感器接地(搭铁)			

检测时，先将电控单元连同其线束一起从车上拆下，不要拆下线束插头，将电压表测试笔依次从线束插头后部导线的侧旁插入，使之与引脚后部接触，以便测量其电压；如需测量电阻，则应拆下线束插头。将测量结果分别与标准值进行比较，即可判断出故障所在之处。

二、电控单元的检验

在检修故障时，计算机往往被安排在最后进行检查。只有当故障所有其他可能的原因都被排除之后，才可怀疑故障出在电控单元。电控单元内的集成电路(IC)、晶体三极管或其他电子元件，都有可能破坏和搅乱控制系统的工作。

电波的辐射干扰会导致电控单元发生故障，例如，松动的火花塞高压线感应的电压会进入某一传感器的导线，这个无用的电压便成为错误的数据被输入电控单元，从而导致电控单元产生许多故障，输出错误指令。上述的感应或辐射的电压源，可以用一台晶体管收音机来查找。打开收音机，将其调至无接收台时便停止调台；然后围绕发动机机舱和仪表板下方，利用收音机进行查找，当遇到感应或辐射电压源时，收音机便会发出噪声。与车上天线连接的电线和车内收音机亦可起到上述作用。

1. 电控单元输出的参考电压的测量

电控单元可输出用于传感器的参考电压、电流或供操纵执行器使用的电压等，这是衡量电控单元是否正常工作的重要标志。

大多数电控单元都能产生大约 5V 的参考电压，可使用万用表来查明该电压是否输给传感器，如果电压不对，应先检查连接的导线，然后再作判断。同样地，可测量电压，查明是否输出用于操纵执行器的正确电压。

2. 存储数据的保存

在卸下汽车上的蓄电池之前，用数个小干电池把两根电缆连接起来，即用后者代替前者，从而保证对电控单元的供电。但必须注意，小干电池串接后的电压应与蓄电池的电压相同。

3. 电控单元的更换

在更换电控单元时，应关掉点火开关，并卸下车上蓄电池连接电缆，这样可以避免因拔下电控单元线束插头而产生的电压脉冲对电子元件的可能损坏。

4. 存储数据的芯片的拆装

在更换电控单元时，有许多电控单元都使用原来的芯片，因为芯片极少损坏，而且储存了原车的数据，所以通常都将原芯片取下装在新的电控单元上。

在安装芯片时，首先应对好标记，将芯片插入插座，然后用头部钝的工具，将芯片压入电控单元。压入时应注意，必须小心地压其四角，以确保芯片的所有插脚都完全入座。

电控单元装上汽车之后，接上所有导线接头和蓄电池电缆，打开点火开关，并触发其自诊断功能。

5. 电控单元的调整

一些电控单元备有微调装置(如图 4.32 所示)，通常是通过位于电控单元旁的螺钉操纵，旋动该螺钉，将改变电控单元的一个工作参数。电控单元可调项目的内容与方法可查阅相关车型的《维修手册》。

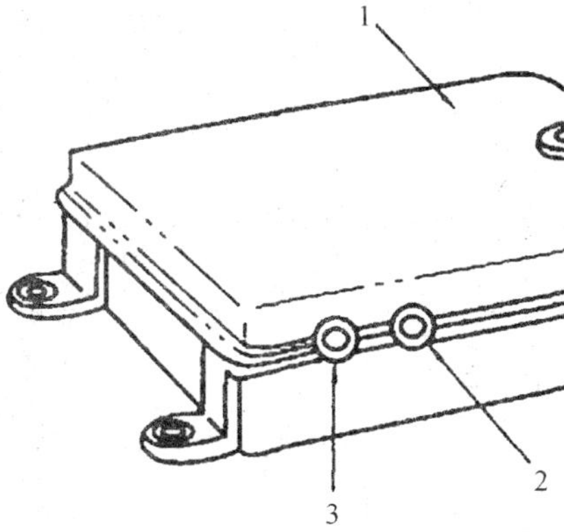

1—电控单元 2—灵敏度调整 3—输出调整

图 4.32 电控单元的微调装置

第七节 柴油机电控喷射系统的诊断检查

现代柴油机电控系统已经渗透到柴油机整机运行的各个方面，其控制项目从循环供油量控制、喷油正时控制等最基本的控制项目扩展到包括对喷油速率控制和喷油压力控制在内的多项目标控制的燃油喷射控制，从单一的燃油喷射控制扩展到包括进气控制、增压控制、排放控制、失效保护、发动机与变速器的综合控制等在内的全方位控制。但燃油喷射仍然是其控制的核心。电控喷射柴油机是采用微机电控喷射系统，现代汽车柴油机电控系统通过精确控制喷射量、喷射正时、喷油速率和喷油压力，实现柴油机喷油量与喷油正时随着转速与负荷的变化而相应变化，从而使柴油机的动力性、经济性、可靠性及排放性达到最佳水平。

柴油机电控喷射系统根据其电控燃油喷射控制系统的不同分为电控共轨式喷油系统、电控单体泵喷油系统或电控泵喷嘴喷油系统，其中最典型和最具使用前景的是电控共轨式喷油系统。在电控共轨式喷油系统中，对循环供油量采用“时间-压力控制”或“压力控制”，其中，用得最多的是“时间-压力控制”。

现代柴油发动机电控喷油系统主要由传感器、电控单元(ECU)、执行器及其软件组成，如图 4.33。

控制系统的执行器主要包括供油压力调节阀(PVC)、电磁阀、机械油控阀以及相应的供油泵、喷油器针阀等供油和喷油装置。但不同的电控燃油喷射控制系统，执行器有所不同。

在电控共轨式喷油系统中，ECU 通过控制供油压力调节阀(PVC)控制喷油压力，通过控制电磁阀通电的时间、脉冲宽度及机械油控阀来控制喷油量、正时与喷油规律，如图 4.33 所示。

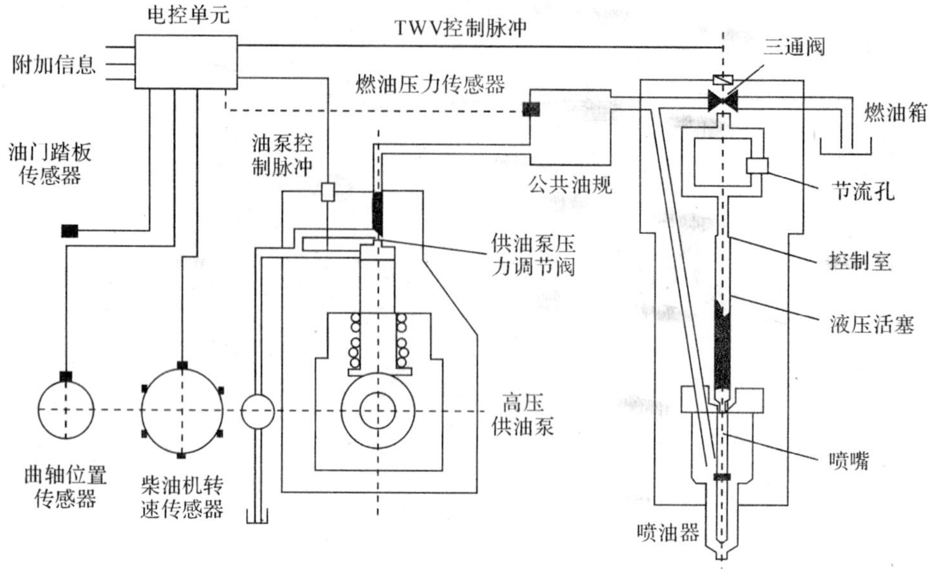

图 4.33　电控共轨式喷油系统

一、柴油机电控燃油喷射系统的基本检查

1. 燃油系统的检查

检查油箱内是否有足够清洁的燃油，燃油供给系统内是否有空气，燃油中是否有机油。

检查方法：将一截透明塑料管安装在输油泵的进油端，用马达带动柴油机运转，观察塑料管内是否有气泡流动。如果有气泡，则应检查输油管路是否漏气；若无气泡再检查燃油中是否有机油。方法是：从油箱中放出少许柴油到玻璃杯中，并观察柴油的颜色，如果颜色发黑，说明柴油内有机油，可以判断喷油器 O 形圈是否将高压机油泄漏入燃油箱。

如果柴油足够且油质没问题而柴油机不能启动，则可检查手动泵，如果手动泵泵送时感到无阻力，说明手动泵有故障。

2. 油底壳内机油的检查

直观检查柴油机油底壳内的机油面，如果油面很低，喷油器不会工作；如果油面过高，则有可能机油内有柴油或水。如果有柴油，可以闻到柴油味，并且机油会很稀；如果机油内有水，则机油的颜色会变成乳白色。机油内有柴油可能是输油泵泄漏或喷油器 O 形圈泄漏所致。机油内有水可能是机油冷却器芯密封不严、气缸垫密封不良或喷油器衬套泄漏所致。

3. 进、排气阻力的检查

若柴油机不能启动或启动困难，以及起动后排出大量黑烟或蓝烟，表明进、排气阻力过大。此时，应进一步检查空气滤清器是否清洁，如果过脏则需更换，同时应检查进气管是否被异物堵塞，进气阻力必须小于 6.25kPa。另外，应检查排气系统各部件，如消声器进气管、消声器及排气尾管等是否堵塞。

4. 供电电压的检验

关闭机器上所有的附属用电设备，将万用表电表笔与蓄电池正极相接，启动柴油机，如果电压低于 7V，说明蓄电池有故障。

5. 柴油机启动转速的测量

柴油机的最低启动转速（130r/min）是驱动喷油器工作的必要条件。从 ECM 上拆下 60 孔柴油机线束（灰色），将诊断盒接头与之相连，然后将 60 孔线束再与诊断盒相连，将 FLUK88 型数字式万用表旋钮转到直流电压挡，按下转速按钮，启动柴油机，测量（51＋，19－）孔，显示的数值最小应为 130r/min（26Hz）。

6. 喷射控制压力的检验

启动柴油机需要足够高的控制压力，为此需要对喷射控制压力进行检验。将 ECU 上部 60 孔线束座的灰色接头与诊断座相连，用数字式万用表旋钮转到电压档，测量（16＋，19－）孔的电压。启动柴油机，此时最小电压应为 1V，低于 1V 不足以驱动喷油器工作，柴油机不能启动。

二、柴油机电控喷射系统的故障自诊断

1. 读取故障码

（1）接通点火开关，按下故障代码开关 STIBUTTON 自诊断按钮，但不要启动柴油机，然后松开 STI 按钮。

（2）红色的"OIL/WATER"（即"油/水"）灯闪烁一次，表示当前故障码将开始显示。

这时黄色的"WARN ENGINE"（即"柴油机警告"）灯显示故障码代号，按顺序记下闪烁次数。若黄灯闪烁两下，停顿一下；再闪烁 3 下，停顿一下；再闪烁两下，停顿一下则代表的故障码为 232。如果有多个故障码，当显示完一个故障码后，"OIL/WATER"灯将闪烁一次，表示下一个故障代码将得到显示；当所有的故障码显示完毕后，"OIL/WATER"灯将闪烁 3 次，表示故障码显示完毕。故障代码的出现次序是按故障发生的时间进行排序的，如果想重复显示故障码，重复以上的操作，故障码将会再显示一次。其故障码含义见表 4-16。

表 4-16　DT1466E 型电控喷射式柴油机故障码含义

故障码	故障码含义	故障原因
121	进气绝对压力传感器信号电压高于 4.900V 的时间大于 0.1s	进气绝对压力传感器、线路或 ECU 有故障
122	进气绝对压力传感器信号电压低于 0.039V 的时间大于 0.1s	
123	在低怠速下测量到高进气压力（115kPa）	
124	压力传感器信号电压低于 0.039V 的时间大于 1.0s，喷油时间的脉冲宽度过低	喷射控制压力传感器、线路或 ECU 有故障
125	压力传感器信号电压高于 4.900V 的时间大于 1.0s，喷油时间的脉冲宽度过高	

续表

故障码	故障码含义	故障原因
143	凸轮轴每转动一周，传感器传给电脑的脉冲信号不是规定的24个脉冲	凸轮轴位置传感器损坏，或线路有故障
144	传感器信息有杂波	
145	当喷射控制压力信号升高时，凸轮轴位置传感器信号无变化	
241	喷射压力调节阀线路的电阻过高或过低	喷射压力调节阀或其线路有故障
315	柴油机转速超过警告转速	柴油机转速过高
331	喷射控制压力传感器指示的压力高于25MPa	喷射压力传感器或其线路有故障
332	柴油机关闭，但压力传感器信号电压高于1.625V(压力高于8MPa)	喷射控制压力传感器、线路或ECU有故障
612	凸轮轴位置信号与电脑内程序不符	凸轮轴位置传感器、线路损坏或ECU有故障

2. 清除故障代码

关闭点火开关，按住闪烁故障代码开关并保持5s后放开，故障代码被清除。此时ECU的存储器中没有故障代码，故障指示灯将不闪烁。

三、柴油机电控喷射系统主要部件的检验

1. 凸轮轴位置传感器及其线路检验

(1)拔下传感器，检查插头针是否有损坏、腐蚀和松动等情况。

(2)关闭所有的附属用电设备，拆下传感器接头，打开点火开关，用FUJK88型数字式万用表测量A孔到接地点的电压，应为0V；测量B孔到接地点的电压，应为(5±0.5)V，若测得电压为0V，应检查4针到B孔的线路是否断路或短路；测量C孔到接地点的电压，应为(5±0.5)V，若小于4.5V，则应检查接头是否松动，若为0V，则说明线路断路。

(3)拆下蓄电池正极连接线，关闭点火开关。此时，用FLUK88型数字式万用表测量A孔到接地点的电阻，应小于5Ω，若电阻大于5Ω，说明线路已断开；测量B孔到接地点的电阻，应大于1000Ω，若小于1000Ω，说明该线路对地短路；测量C孔到接地点的电阻，应大于1000Ω，若小于1000Ω，则说明该线路对地短路。

2. 喷射控制压力传感器及其线路的检验

(1)关闭点火开关，拆下传感器线束接头，然后打开点火开关，测量各针的电压。用FLUK88型数字式万用表测量A孔到接地点的电压，应为0V，若大于0V，则表明该线路有短路现象；测量B孔到接地点的电压，应为(5±0.5)V；测量C孔对接地点的电压，应小于0.25V，如果大于0.25V，则可能是信号接地线对蓄电池短路。

(2)拆下蓄电池正极线和传感器线束，关闭点火开关。此时，用 FLUK88 型数字式万用表测量 A 孔到接地点的电阻，应小于 5Ω，若大于 5Ω，则表明该线路已断开；分别测量 B 孔和 C 孔到接地点的电阻，均应大于 1000Ω，若小于 1000Ω，则表明各自线路对地短路。

3. 进气绝对压力传感器及其线路的检验

将 ECU 的 19＃针、30＃针和 40＃针分别与进气歧管绝对压力传感器线束接头的 A 孔、C 孔和 B 孔相连接。

(1)拆下传感器线束，打开点火开关。用 FLUK88 型数字式万用表测量 A 孔到接地点的电压，应为 0～0.25V，如果大于 0.25V，说明信号接地线对参考电压线或蓄电池短路；测量 B 孔到接地点的电压，应为(5±0.5)V，如果没有电压，应检查参考电压线路；测量 C 孔到接地点的电压，应为 0～0.25V，如果大于 0.25V，说明接地线对参考电压线或蓄电池短路。

(2)关闭点火开关，拆开传感器线束和蓄电池正极连接线。用 FLUK88 型数字式万用表测量 A 孔到接地点的电阻，此电阻值应小于 5Ω，如果大于 5Ω，则表明该线路已断开；分别测量 B 孔和 C 孔到接地点的电阻，此电阻值均应大于 1000Ω，如果电阻值小于 1000Ω，表明其对应的线路对地短路。

4. 喷射压力调节阀及其线路的检验

将 ECM 电脑的 17＃针、37＃针分别与喷射控制压力调节阀线束接头的 A 孔和 B 孔相连。

(1)拆下调节阀线束，打开点火开关。用 FLUK88 型数字式万用表测量 A 孔到接地点的电压，应在 1～5V 之间，如果大于 5V，说明该线路有故障；检查 B 孔到接地点的电压，应在 0～0.25V 之间，如果大于 0.25V，则表明信号线对参考电压线或蓄电池短路。

(2)关闭点火开关，拆开蓄电池正极线，拔下调压阀线束接头。用 FLUK88 型数字式万用表测量 A 孔和 B 孔到接地点的电阻，均应大于 1000Ω，如果电阻值小于 1000Ω，表明其对应的线路对地短路。

5 第五章 底盘、车身的检测与诊断

传统的汽车维修观念和维修方法是建立在汽车零件修复的基础上的，但是，对于现代汽车来说，随着电子技术的广泛应用，这种方法已经过时，人们更加看重的是维修的快捷程度和可靠程度，以及对汽车故障的快捷而准确的诊断。

第一节 底盘、车身的检测内容

一、传动系统的检测内容

传动系统的检测内容包括电控自动变速器、传动轴、主减速器及差速器等多个总成。变速器分手动和自动两种。随着电子技术的飞速发展，现代汽车普遍采用电子控制自动变速器（以下简称电控自动变速器）。电控自动变速器的检测与诊断也就成为传动系统检测的重点和难点。

1. 电控自动变速器

电控自动变速器主要由液力变矩器、齿轮变速机构、换挡执行机构、液压控制系统、电子控制系统等部分组成。

(1)液力变矩器。

液力变矩器安装在发动机与变速器之间，将发动机转矩传给变速器输入轴，相当于普通汽车上的离合器，但在传动力矩的方式上又不同于普通离合器。普通离合器是靠摩擦传递力矩，而液力变矩器是靠液力来传递力矩，而且改变发动机的转矩，并能实现无级变速，如图 5.1所示。

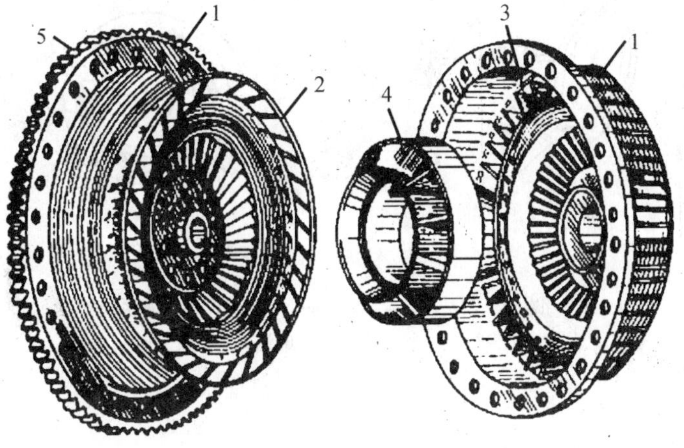

1一变矩器壳　2一涡轮　3一泵轮　4一导轮　5一起动齿圈

图 5.1　液力变矩器

(2)齿轮变速机构。

齿轮变速机构可形成不同的传动比，组合成电控自动变速器的不同挡位。目前绝大多数电控自动变速器采用行星齿轮机构进行变速，但也有个别车型采用普通齿轮机构(如本田车系)。行星齿轮机构分为单排行星齿轮和多排行星齿轮组两种，如图 5.2 所示。

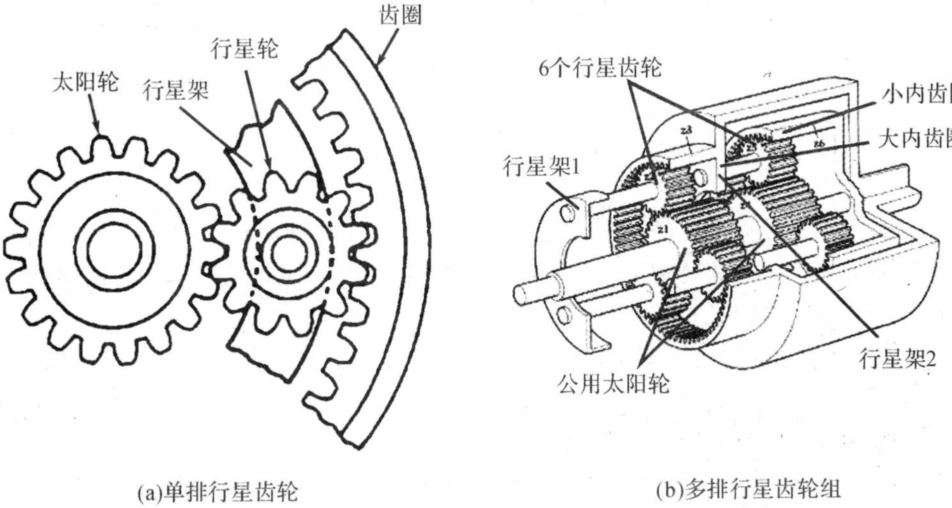

(a)单排行星齿轮　(b)多排行星齿轮组

图 5.2　齿轮变速机构

(3)换挡执行机构。

电控自动变速器的换挡执行机构，其功用与功能与普通变速器的同步器有相似之处，但电控自动变速器的换挡执行机构受电液系统控制。电控自动变速器的换挡执行机构包括离合器、制动器、单向离合器三种，如图 5.3 所示。

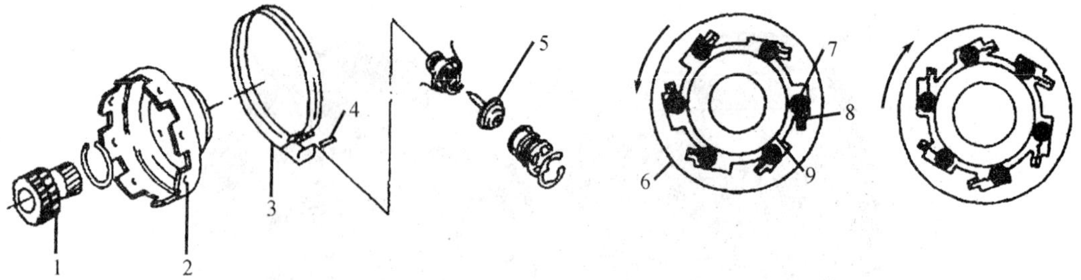

1—太阳轮　2—制动鼓　3—制动带　4—销钉　5—制动缸活塞
6—外座圈　7—滚柱　8—回位弹簧　9—内座圈
图 5.3　换挡执行机构

(4)液压控制系统。

电控自动变速器中的液压控制系统主要控制换挡执行机构的工作,由液压泵及各种液压控制阀和液压管路等组成。

(5)电子控制系统。

电控自动变速器中的电子控制系统与液压控制系统配合使用,通常把它们合称为电液控制系统。电子控制系统主要包括电子控制单元(ECU)、各类传感器、执行器及控制电路等。电子控制系统中的传感器及各种控制开关将发动机工况、车速等信号传递给 ECU,ECU 发出指令给执行器,执行器和液压系统按一定的规律控制换挡执行机构工作,实现电控自动变速器自动换挡。

2. 主减速器

3. 差速器

差速器的作用:

(1)允许左右车轮以不同的转速旋转,使车轮在地面上做纯滚动。

(2)把主减速器传来的转矩平均分配给左右半轴,使左右驱动轮产生相等的驱动力(前置发动机前轮驱动车辆)。

在前置发动机前轮驱动车辆中,其横置发动机的差速器是与变速器结合成一体的。

二、制动系统的检测内容

汽车制动系统包括行车制动系统和驻车制动系统,其组成与分布见图 5.4。行车制动器安装在车轮上,主要用于汽车行驶中减速和停车。驻车制动器通常安装在变速器或分动器之后,也有的安装在车轮上,主要用于停车后防止汽车滑行,也可以作为行车制动的辅助制动。随着科技的发展,汽车性能不断提高,车速越来越高的同时,人们对汽车行驶的安全性提出了更高的要求,在这种条件下,ABS 等新的制动技术得到广泛应用。

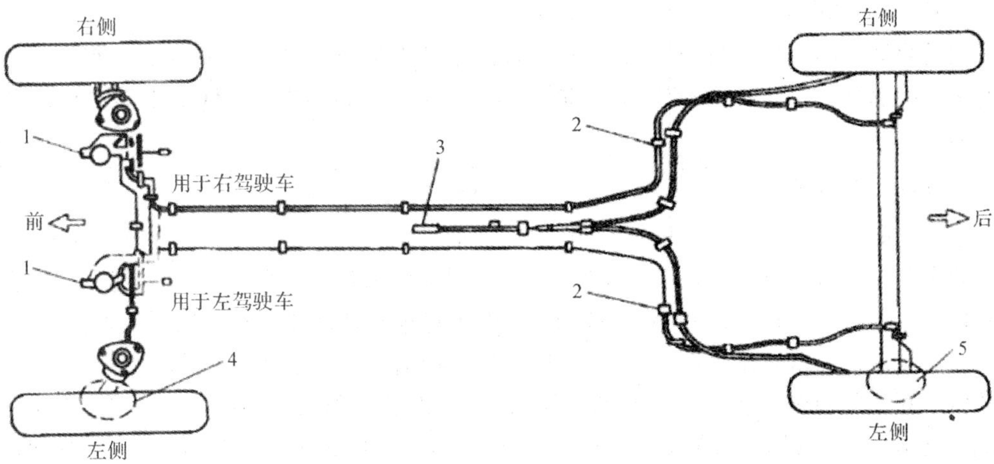

1—总制动泵　2—比例阀　3—驻车制动操纵杆　4—前盘式制动器　5—后鼓式制动器

图 5.4　制动系统的组成与分布

1. 行车制动系统

(1)制动距离。

车辆在规定的初速度下的制动距离和制动稳定性应符合下表的要求。对空载检验制动距离有质疑时，可用表 5-1 中满载检验的制动性能要求进行检验。

表 5-1　制动距离和制动稳定性要求

车辆类型	制动初速度 km/h	满载检验的制动距离/m	空载检验的制动距离/m	制动稳定性要求车辆任何部位不得超出试车道宽度/m
乘用车（座位 9 的载客汽车）	50	20	19	2.5
总质量 4.5t 的汽车	50	22	21	2.5
其他汽车、汽车列车	30	10	9	3.0

(2)充分发出的平均减速度。

汽车、汽车列车在规定的初速度下急踩制动时充分发出的平均减速度和制动稳定性应符合要求。对空载检验制动性能有质疑时，用表 5-2 中满载检验的制动性能要求进行检验。

表 5-2　平均减速度和制动稳定性要求

车辆类型	制动初速度 km/h	满载检验充分发出的平均减速度/m	空载检验充分发出的平均减速度/m	制动稳定性要求车辆任何部位不得超出试车道宽度/m
乘用车（座位 9 的载客汽车）	50	5.9	6.2	2.5
总质量 4.5t 的汽车	50	5.4	5.8	2.5
其他汽车、汽车列车	30	5.0	5.4	3.0

(3)制动协调时间。

制动协调时间是指在急踩制动时,从踏板开始动作至车辆减速达到规定的车辆充分发出的平均减速度的75%时所需时间。单车制动协调时间应≤0.6s,列车制动协调时间应≤0.8s。

2.驻车制动系统

常见的驻车制动形式有两种:一种是中央制动鼓(盘)式,安装在变速器输出轴上,另一种是驻车制动与行车制动共用一套制动器,驻车制动操纵杆(手制动杆)通过钢绳和一套驱动机构与汽车后轮行车制动器相连,拉动驻车制动操纵杆使后轮行车制动器起作用。

驻车制动器即后轮制动器。驻车制动操纵机构如图5.5所示,采用机械钢索式做后轮制动器。驻车制动操纵装置布置在驾驶室,位于正驾驶座的右侧,通过拉索(左、右侧分别1根)控制左后和右后侧制动器。当按下操纵杆上的按钮并向上拉起操纵杆时,拉索被收紧,牵引制动蹄抱死制动鼓实现制动。

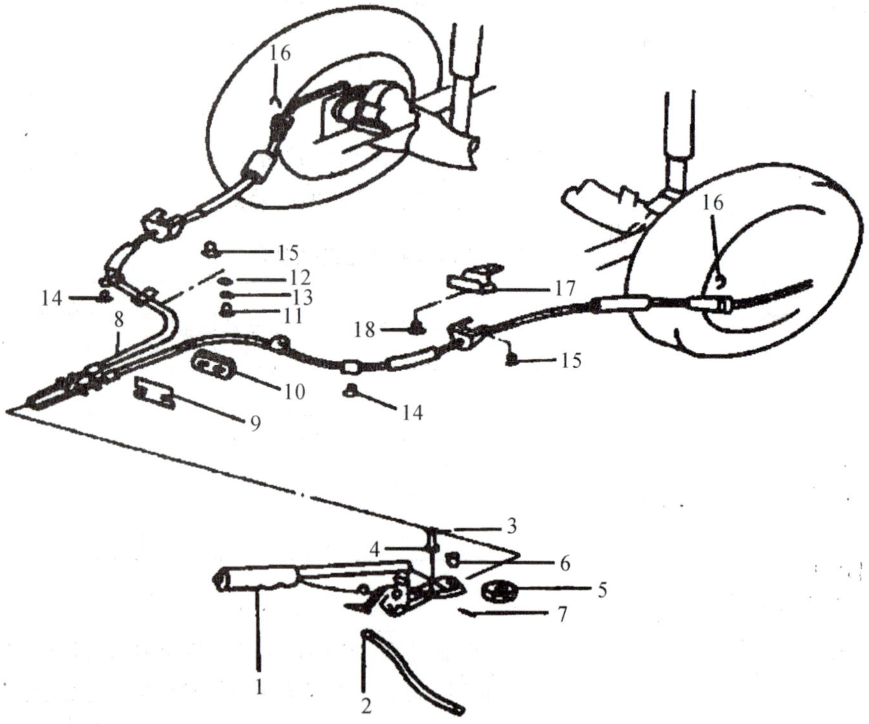

1—操纵杆总成　2—手制动开关　3—螺钉　4—垫圈　5—拉索滑轮　6—销轴　7—开口销
8—拉索总成　9—拉索固定线卡　10—拉索胶套　11,12,13—螺栓组合件
14,15,18—螺栓　16—线夹　17—拉索托架

图5.5　驻车制动操纵机构

一般说来,驾驶员以196N的力拉起制动操纵杆3～8齿时,应能实现制动。若向上拉动8齿仍不能制动,应及时调整拉索的调整螺母,收紧拉索。如果是因为制动器磨损超过极限,应立即检修后轮制动器。

在空载状态下,驻车制动装置应能保证车辆爬坡度达到20%(总质量为整备质量的1.2倍以下的车辆为15%)、轮胎与路面间的附着系数≥0.7的坡道上正、反两个方向保持固定不动的时间应≥5min。

GB 7258—2004《机动车运行安全技术条件》规定，制动力、制动距离和制动减速度三个指标中只要其中之一符合要求，即判为合格。三个指标中的具体检测项目为：

(1)制动力检测。

行车制动性能(含制动力、制动力平衡要求、制动协调时间和车轮阻滞力)及驻车制动性能(驻车制动力)。

(2)制动距离检测。

行车制动性能(制动距离)及驻车制动性能。

(3)制动减速度检测。

行车制动性能(含充分发出的平均减速度和制动协调时间)及驻车制动性能。

3. 防抱死制动系统(ABS)

典型 ABS 的组成如图 5.6 所示。

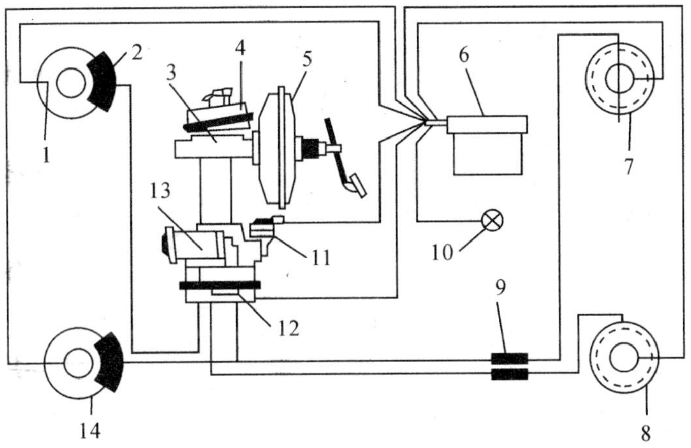

1—车轮转速传感器　2—右前制动器　3—制动总泵　4—储液室　5—真空助力活塞
6—电子控制单元　7—右后制动器　8—左后制动器　9—比例阀　10—ABS 报警灯
11—储液器　12—调压电磁阀总成　13—电动液压泵总成　14—左前制动器

图 5.6　ABS 的组成

通常，ABS 是由车轮转速传感器、ECU、压力调节装置和功能元件组成的。车轮转速传感器是将车轮的转速信号输送给 ECU，一般每个车轮上安装一个。ECU 是 ABS 的控制中心，它的作用是连续检测来自每个车轮转速传感器的信号，再经过计算后，适时发出控制指令给制动压力调节装置，同时监测系统各装置的工作状态。如果系统有故障，立即让系统停止工作，并将故障以代码的形式储存起来；压力调节装置是 ABS 中的执行控制装置，可以控制制动泵(分泵)的液压压力迅速变大或变小，以防止车轮被完全抱死。

(1)车轮转速传感器。

车轮转速传感器是将车轮的转速信号输送给 ECU，通过处理后判断车轮的运动状态而决定是否开始进行防抱死制动控制。车轮转速传感器通常都安装在车轮处，如图 5.7 所示。

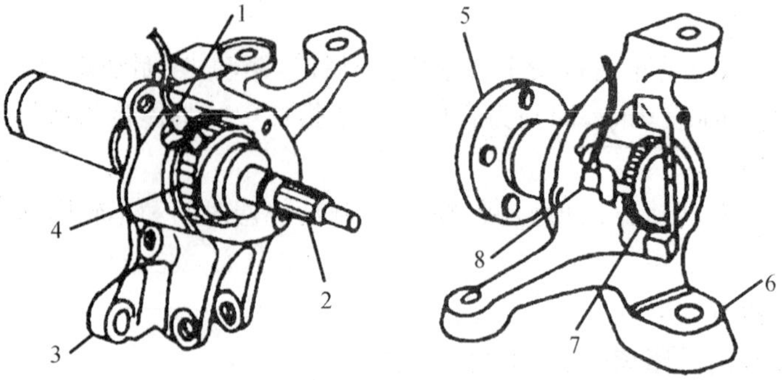

(a)驱动车轮　　(b)非驱动车轮

1—电磁感应式传感器　2—半轴　3—悬架支承　4—齿圈
5—轮毂　6—转向节　7—齿圈　8—电磁感应式传感器

图 5.7　车轮转速传感器安装位置

(2)压力调节装置。

压力调节装置可分为非整体式和整体式两种形式。非整体式的制动压力调节装置与制动总泵自成一体,如图 5.8 所示,二者通过制动管路与制动总泵或制动助力器连接在一起。

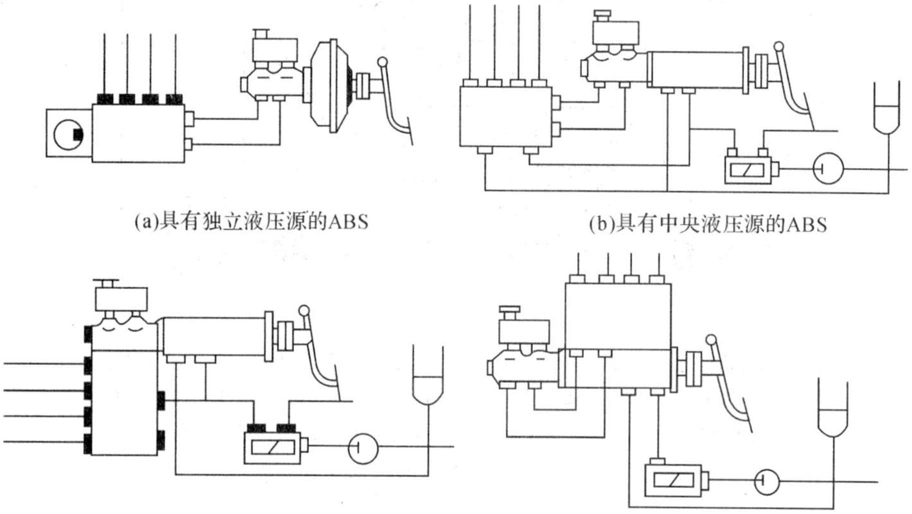

(a)具有独立液压源的ABS　　(b)具有中央液压源的ABS

(c)和主缸整体化的ABS　　(d)带制动助力器的ABS

图 5.8　非整体式的制动压力调节装置

整体式制动压力调节装置是将制动压力调节装置与制动总泵或制动助力器构成一个整体,如图 5.9 所示。

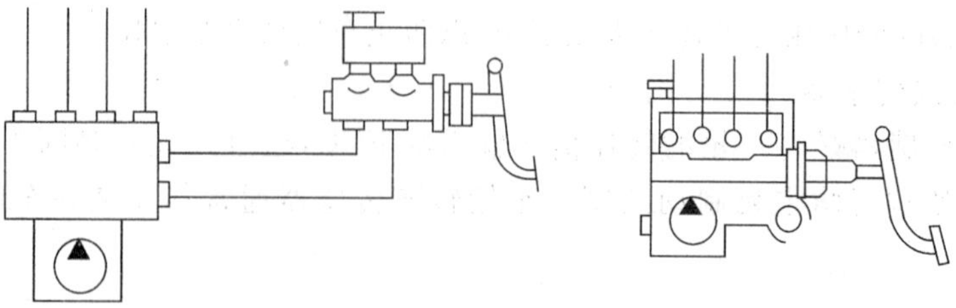

图 5.9　整体式制动压力调节装置

(3)ECU。

ECU是ABS的控制中心,不同车系ABS的ECU的控制模式基本相同。如图5.10所示为瓦布科ABS的ECU的结构。

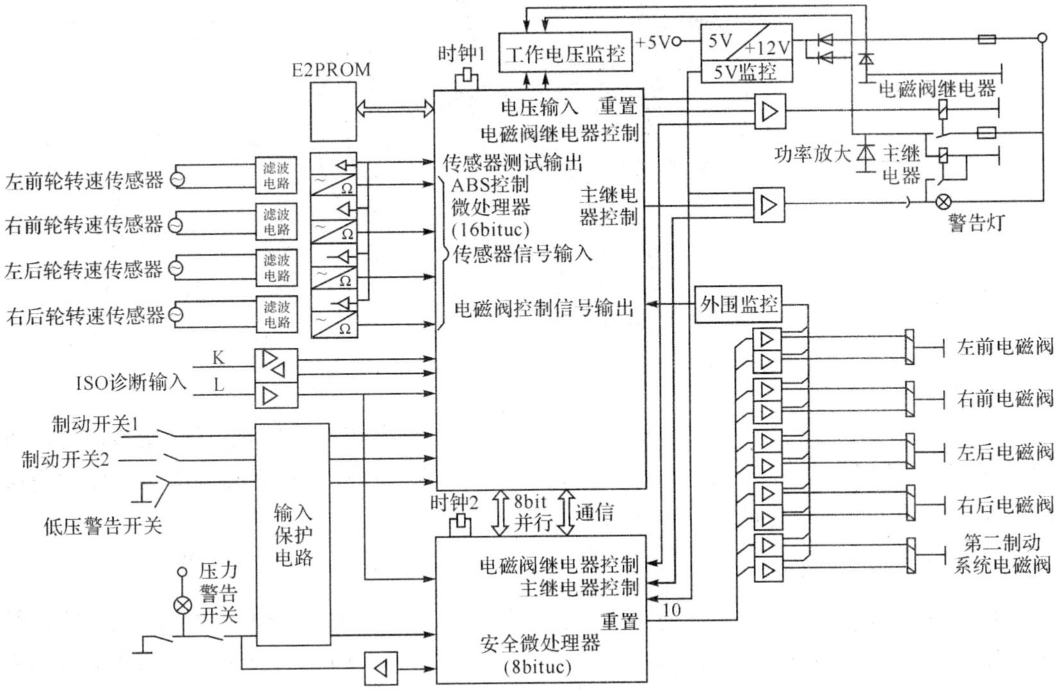

图5.10　瓦布科ABS的ECU的结构

输入电路对输出ECU的信号进行预处理,滤除输入信号中的噪声,将输入的各种模拟信号转换为数字信号,输入控制微处理器和安全微处理器。在对系统检测的过程中,由微处理器发出的测试脉冲信号又经输入电路传给各传感器,再由输入电路将各传感器的反馈信号处理后输入微处理器。经过输入预处理的信号输入十六位的控制微处理器,由控制微处理器运算和处理,形成相应的指令。为了防止因系统发生故障导致错误控制,由一个八位的安全微处理器与控制微处理器通过双向通信对系统进行监测。控制微处理器或安全微处理器发现系统存在影响其正常工作的故障时,都可通过控制主电路和电磁阀继电器使系统退出工作状态,并将故障信息存储记忆。

三、转向系的检测内容

汽车转向系根据其转向能源的不同,可分为机械转向系和动力转向系两大类型:机械转向系以驾驶员的体力作为转向能源,一般由转向操纵机构、转向器和转向传动机构组成;动力转向系兼用驾驶员体力和发动机动力作为转向能源,并且以发动机动力作为主要能源。动力转向系是在机械转向系的基础上加设一套转向加力装置而成的。

1. 转向操纵机构

汽车转向操纵机构主要由转向盘、转向轴以及转向管柱等机件组成,如图5.11所示。

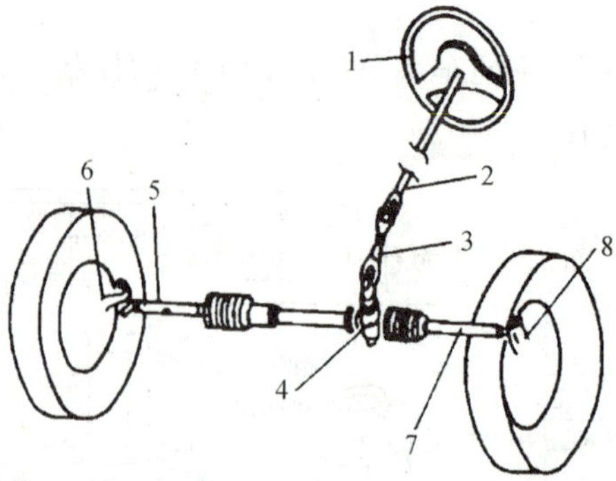

1—转向盘　2—转向上轴　3—转向下轴　4—齿轮齿条式转向器
5,7—转向横拉杆　6—右转向节　8—左转向节

图 5.11　转向操纵机构

2. 转向器

转向器的功用是将驾驶员加在转向盘上的力矩放大，并降低速度，然后传给转向传动机构。汽车上采用多种结构形式的转向器，如齿轮齿条式、循环球-齿条齿扇式等。现代高级轿车还采用了可变传动比的齿轮齿条式助力转向机构。

3. 转向传动机构

转向传动机构的功用是将转向器输出的力矩放大后传到转向桥两侧的转向节，使两侧转向轮偏转，且使两转向轮偏转角按一定关系变化，实现汽车的转向行驶。转向传动机构主要包括转向摇臂、转向节臂和转向横、直拉杆，如图 5.12 所示。

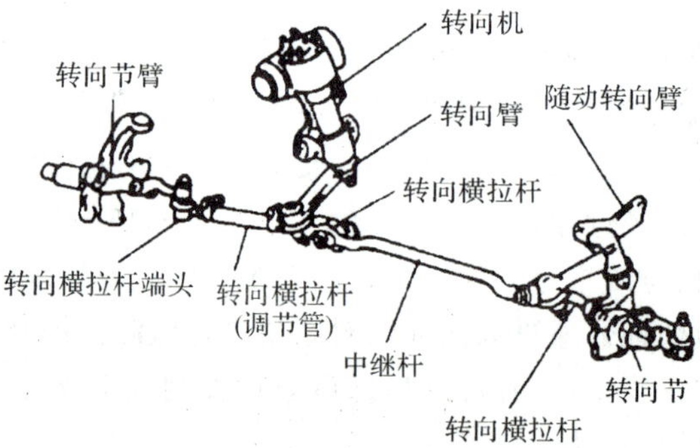

图 5.12　转向传动机构

4. 电子控制动力转向系统(EPS)

电子控制动力转向系统(EPS)可以满足汽车驾驶时具有优越的操纵性、合适的转向力、平顺的回转性能以及工作的可靠性等要求。EPS 根据动力源的不同又可分为液压式 EPS 和电动式 EPS。

(1)液压式 EPS。

液压式 EPS 按控制方式的不同又可分为流量控制式、反力控制式等形式。

①流量控制式 EPS。

流量控制式 EPS 主要由车速传感器、电磁阀、整体式动力转向控制阀、动力转向液压泵和电子控制单元等组成。电磁阀安装在通向转向动力缸活塞两侧油室的油道之间，当电磁阀的阀针完全开启时，两油道就被电磁阀旁通。流量控制式 EPS 就是根据车速传感器的信号，控制电磁阀的开启程度，从而控制转向动力缸活塞两侧油室的液压油流量，来改变转向盘上的转向力。车速越高，流过电磁阀电磁线圈的平均电流值越大，电磁阀阀针的开启程度越大，旁路液压油流量越大，而液压助力作用越小，使转动转向盘的力也随之增大。图 5.13 为蓝鸟轿车上使用的流量控制式 EPS。

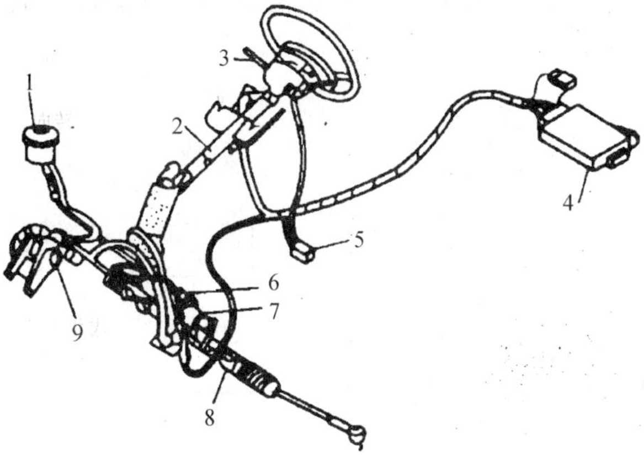

1—动力转向油罐　2—转向管柱　3—转向角速度传感器　4—电子控制单元
5—转向角速度传感器增幅器　6—旁通流量控制阀　7—电磁线圈
8—转向齿轮联动机构　9—液压泵

图 5.13　蓝鸟轿车的流量控制式 EPS

②反力控制式 EPS。

反力控制式 EPS 主要由转向控制阀、分流阀、电磁阀、转向动力缸、转向液压泵、储油箱、车速传感器以及 ECU 等组成。图 5.14 为反力控制式 EPS 的工作原理图。

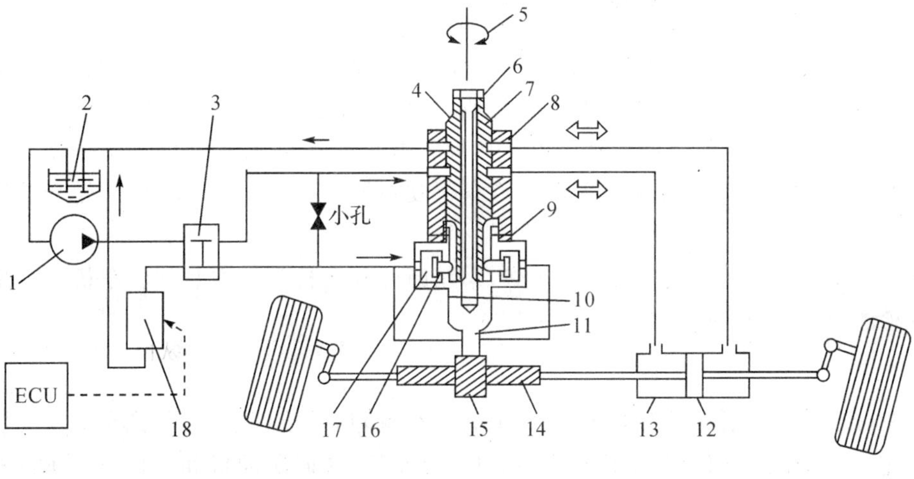

1—泵　2—储油箱　3—分流阀　4—扭力杆　5—转向盘　6—销　7—转阀阀杆
8—控制阀阀体　9,10—销　11—小齿轮轴　12—活塞　13—动力缸
14—齿条　15—小齿轮　16—柱塞　17—油压反力室　18—电磁阀

图 5.14　反力控制式 EPS 的工作原理图

ECU根据车速传感器测到车速高低线性控制电磁阀的开口面积。当车速较低时，ECU控制电磁阀开口面积增大，此时，经分流阀分流的液压油通过电磁阀重新回到储油箱中，这样，作用于柱塞的背压(油压反力室压力)降低，于是柱塞推动控制阀阀杆的力(反力)较小，因此只需要较小的转向力就可使扭力杆扭转变形，使阀体与阀杆产生相对转动而实现转向助力作用。

(2)电动式EPS。

电动式EPS通常由转矩传感器、车速传感器、ECU、电动机和电磁离合器等组成，如图5.15所示。

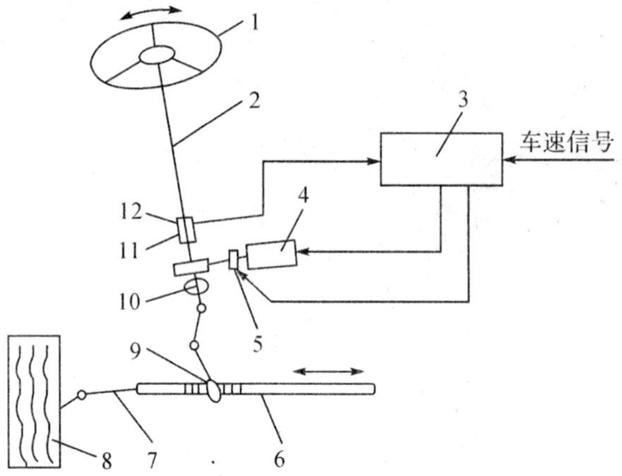

1—转向盘　2—输入轴　3—电子控制单元　4—电动机　5—电磁离合器
6—转向齿条　7—横拉杆　8—转向轮　9—输出轴　10—扭力杆
11—扭力传感器　12—转向齿轮

图5.15　电动式EPS组成

四、行驶系统的检测内容

汽车作为一种交通运输工具，其行驶系统的主要功用是：支承汽车的总质量；接受由发动机经传动系传来的力矩，并通过驱动轮与地面之间的附着作用，以保证整车正常行驶；传递并支承路面作用于车轮上的各种反力及其所形成的力矩；尽可能地缓和不平路面对车身造成的冲击和震动，保证汽车平顺行驶。汽车行驶系统一般由车架、车桥、车轮和悬架等部分组成。

现代轿车多采用承载式车身代替车架，采用断开式车桥和独立悬架。车桥和悬架是行驶系统检测与诊断的重点。

1. 车桥

车桥(也称车轴)通过悬架与车架(或承载式车身)相连接，两端安装汽车车轮。按照车桥上车轮的运动方式和作用，车桥分为转向桥、驱动桥、转向驱动桥和支持桥。车桥的检测内容重点为转向轮的定位。

2. 悬架

汽车悬架是连接车架(或承载式车身)与车桥(或车轮)的一系列传力装置。汽车悬架的作用有：

(1)承载，即承受汽车各方面的载荷，这些载荷包括垂直方向、纵向和侧向的各种压力。

(2)传递动力，即将车轮与路面间产生的驱动力和制动力传递给车身，使汽车向前或减速、停车。

(3)缓冲，即缓和汽车和路面状况等引起的各种震动和冲击，以提高乘员乘坐的舒适性。现代中、高档轿车为了满足汽车在所有行驶车速和复杂的路况下行驶时具有可靠的安全性、操纵性和舒适性，都采用电控半主动悬架或电控主动悬架，以提高汽车的综合性能。

电控半主动悬架的一般工作原理：利用传感器对汽车行驶时路面的状况和车身的状态进行检测，此检测到的信号经输入接口电路处理，输给电控单元(ECU)进行处理后，再通过驱动电路控制悬架系统执行器动作，完成悬架特性参数的调整，如图 5.16 所示。

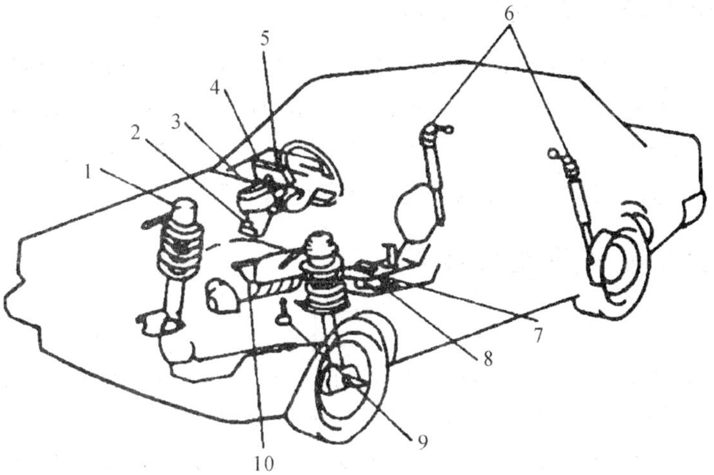

1—执行部件　2—动力转向传感器　3—停车灯开关　4—TEMS 指示灯
5—速度传感器　6—执行部件　7—ECU　8—模式选择开关
9—空挡起动开关　10—节气门位置传感器

图 5.16　丰田轿车电控半主动悬架系统

装备电子控制主动悬架系统的汽车能够根据负载情况、行驶状态和路面情况等，主动地调节包括悬架系统的阻尼力、汽车车身高度和行驶姿势、弹性元件的刚度在内的多项参数。这类悬架系统多采用空气弹簧或油气弹簧做弹性元件，通过改变弹簧的空气压力或油气压力的方式来调节弹簧的刚度，使汽车的相关性能始终处于最佳状态。

五、车身的检测内容

轿车一般采用承载式车身。承载式车身的底座地板与用来加强的短纵梁焊成一体。车身的检测内容除对门锁性能、车身损伤状况、车身连接部位松旷的检查外，还应进行下面各项检查。

1. 发动机罩盖和罩盖拉索

合上发动机罩盖时，检查罩盖是否完全锁牢，检查发动机罩盖与左右挡泥板的间隙，注意高度上是否有较大误差；打开发动机罩盖时，检查罩盖拉索是否能平稳地解脱，罩盖拉索钢绳状况是否正常，罩盖铰链是否留有自由行程，罩盖支撑杆是否可将罩盖支起。

2. 车门

检查车门开启时对其他部件是否有刮碰，车门能否圆滑地运动；关闭时应能可靠地锁紧，门与门框的间隙应无大的误差。

3. 后行李箱盖

检查开闭动作是否顺畅，锁紧机构是否正常。

第二节　传动系统的检测与诊断

一、传动系游动角度的检测

当传动系各部分因磨损松旷或调整不当而产生振抖和异响时，常用的诊断方法为用手转动或晃动，凭经验做出判断，但这样很难明确故障部位和损坏情况，因此有时不得不拆卸进行检查。

利用传动系游动角度可以作为评价汽车传动系技术状况的一般性综合诊断参数。利用传动系游动角度检验仪可对各传动部分的游动角度进行检验。

二、数字式游动角度检验仪

1. 仪器的组成

该仪器检验范围为 0°～30°，使用的电源为直流 12V。仪器由倾角传感器和测量仪两部分组成，二者以电缆相连。倾角传感器的作用是将传感器外壳随传动轴游动的倾角转换为相应频率的电振荡。传感器外壳是一个长方形的壳体，其上部开有 V 形缺口，并配有带卡扣的尼龙带，因而可方便地固定在传动轴上。传感器外壳内的装置如图 5.17 所示。检验仪实际上是一台专用的数字式频率计，其作用是直接显示传感器的倾角。

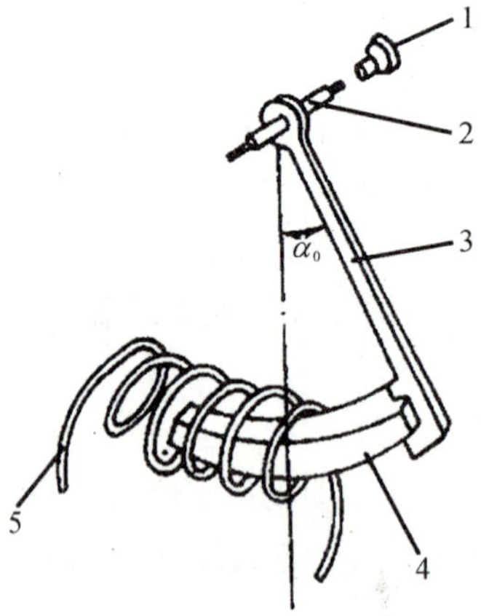

1—轴承　2—心轴　3—摆杆　4—弧形铁氧体磁棒　5—弧形线圈

图 5.17　倾角传感器结构

2.仪器的工作原理

仪器采用PMOS数字集成电路。由传感器送来的振荡信号，经过计数门进入主计数器，在置成的补数基础上累计脉冲数。计数结束后，在锁存器接收脉冲作用下，将主计数器的结果送入寄存器，并由荧光数码管将结果显示出来。使用中，将游动范围内两个极端位置的倾角读出，其差值即为游动角度。

三、指针式游动角度检验仪

该仪器由指针、刻度盘和测量扳手组成。指针固定在主传动轴上，如图5.18所示。测量扳手上还有指针和刻度盘，以便指示转动扳手的读数值，如图5.19所示。

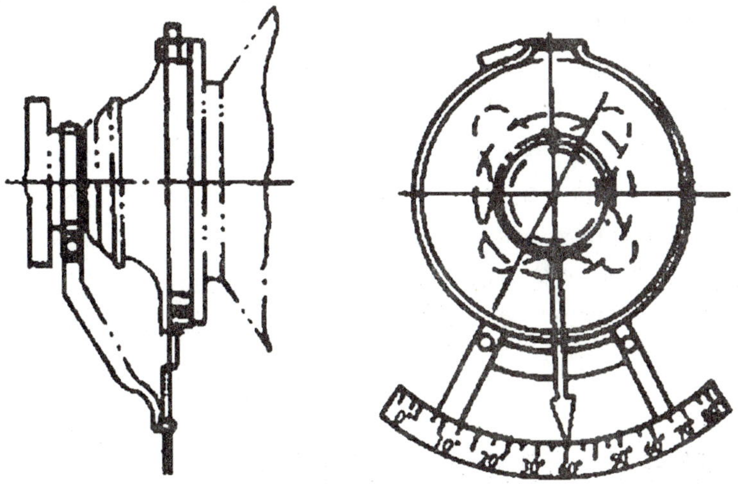

图5.18　指针与刻度盘的安装

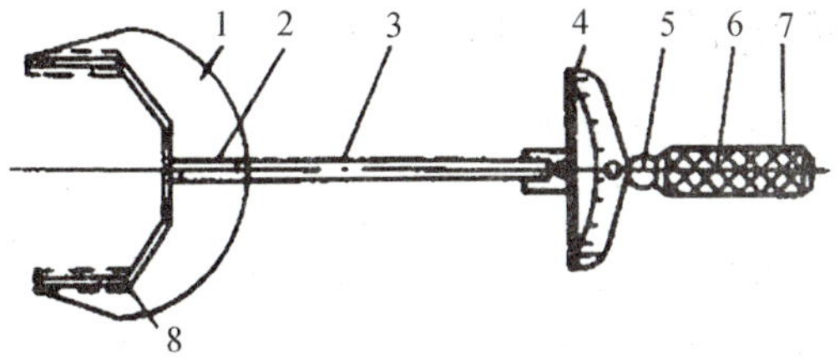

1—卡嘴　2—指针座　3—指针　4—刻度盘
5—手柄　6—手柄套筒　7—定位销　8—可换钳口

图5.19　测量扳手

四、用数字式游动角度检验仪检测游动角度

将测量仪接好电源，用电缆把测量仪和传感器连接好，先按仪器使用说明书的要求对仪器进行自校，再将转换开关扳到“测量”位置上，即实测。在汽车传动系中，最便于固定倾角传感器的部位是传动轴。因此，在整个检测过程中，该传感器都一直固定在传动轴上。使用数字式游动角度检验仪分段检测游动角度时，应遵循一端固定、检测另一端的原则，方法如下：

1. 检测思路

将驱动桥支起，拉紧驻车制动，左右旋转至极端位置，测量仪便直接显示出固定在传动轴上的传感器的倾斜角度。将两个位置的倾斜角度记下，其差值即为万向传动装置的游动装置的游动角度。该角度不包括传动轴与驱动桥之间的万向节的游动角度。

2. 离合器和变速器各挡位游动角度的检测

放松驻车制动，变速器挂入要检查的挡位，离合器处于接合状态，在传动轴置于驱动桥游动范围的中间或将驱动桥支起的情况下，左右旋转传动轴至极端位置，测量仪便显示出传感器的倾斜角度，求出两位置倾斜角度的差值，便得到该挡位下的游动角度，同样的方法依次可测出离合器与变速器在各挡位下的游动角度。

3. 驱动桥游动角度的检测

放松驻车制动，变速器置空挡位置，踩下制动踏板，左、右旋转轴至极端位置，即可测得驱动桥的游动角度。该角度包括传动轴与驱动桥之间万向节的游动角度。多桥驱动的汽车，当需要检测每一段的游动角度时，传感器应分别固定在变速器与分动器之间的传动轴、前桥传动轴、中桥传动轴和后桥传动轴上。在测量仪上读取数值时应注意，其显示的角度值在 0°～30°内有效，＞30°时无效。出现＞30°的情况，可将固定在传动轴上的传感器适当转过一定角度，使传动轴两极限位置所示角度值在 0°～30°内即可。若其中一个极限位置为 0°，另一个极限位置超过 30°，说明该段游动角度已＞30°，超出了仪器的测量范围。

第三节 电控自动变速器的检测与诊断

一、电控自动变速器的检测与诊断的原则

（1）分清故障的部位。分清故障部位是指判断故障是由发动机电控系统、自动变速器液压控制系统、电子控制系统、机械系统（液力变矩器或行星齿轮机构）中哪一个系统引起的。只有分清了故障部位，才能有针对性地去查找故障根源。

（2）坚持先易后难、逐步深入的原则。按故障的难易程度，先从最简单、最容易检查的部位入手。

（3）区分故障的性质。电控自动变速器故障属于机械部分、液压部分、电控部分中哪一处；是只需维护就可排除，还是需拆卸电控自动变速器彻底修理才能排除。

（4）充分利用电控自动变速器各项检验项目（基础检查、手动换挡试验、液压试验、失速试验、时滞试验、道路试验），为查找故障提供思路和线索。通过这些检验项目的检测，一般可发现电控自动变速器的故障所在。

（5）充分利用电控自动变速器的故障自诊断功能。

二、电控自动变速器故障检测与诊断的准备工作

现代汽车电控自动变速器都具有自诊断功能，一旦系统出现故障，在 ECU 中将存储一个相应的故障码，以便于对故障进行检测和诊断。通过故障码，维修人员可以初步判断出故障所在的系统。故障码的读取可用检测仪调取，也可用人工读取。不同公司生产的电控自动变速器的故障码读取方法及含义不同。

下面介绍丰田汽车电控自动变速器故障码的人工读取方法。

在读取故障码之前，应先检查汽车蓄电池电压是否正常。

如图 5.20 所示，丰田轿车是以仪表板上的超速挡指示灯(O/D OFF 指示灯)作为电控自动变速器控制系统故障指示灯的。若超速挡开关置于 ON 位置时，打开点火开关，汽车行驶中仪表板上的 O/D OFF 指示灯不停地闪烁，说明电控自动变速器控制系统有故障。在读取故障码时，不要将超速挡开关置于 OFF 位置，否则 O/D OFF 指示灯将一直亮着，无法读取故障码。

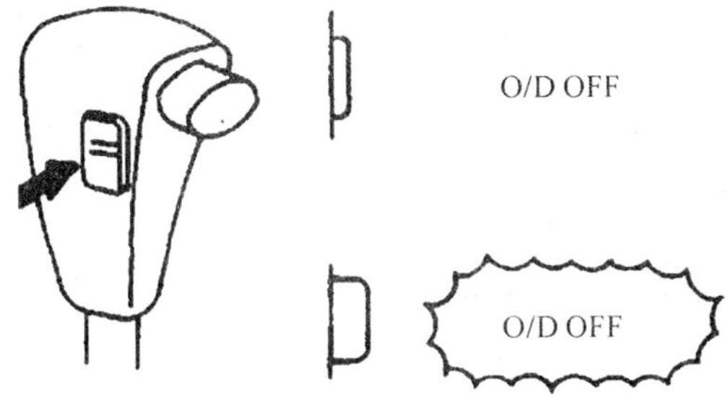

图 5.20　超速挡(O/D)开关

读取故障码方法如下：

(1)将点火开关置于 ON 位置，但不要启动发动机。

(2)按下换挡操纵手柄上的超速挡(O/D)开关，使之置于 ON 位置。

(3)打开位于发动机附近的电子故障检测插座罩盖，依照罩盖内所注明的各插孔名称，用一根诊断跨接线将 TE1(故障自诊断触发端)和 E1(接地)两孔相连接，如图 5.21 所示。

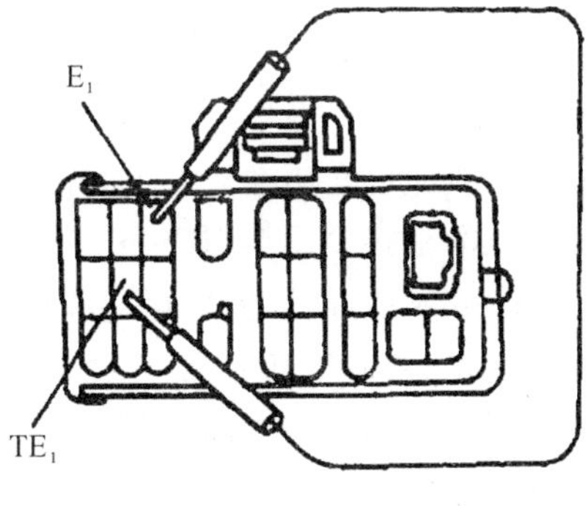

图 5.21　丰田电控自动变速器诊断插座

(4)根据仪表板上电控自动变速器故障指示灯(O/D OFF 指示灯)的闪亮规律读取故障码，如图 5.22 所示。若电控自动变速器控制系统工作正常，ECU 内没有故障码，则 O/D

OFF 指示灯以 2 次/s 的频率连续闪烁；若电控自动变速器 ECU 内存有故障码，则 O/D OFF 指示灯以 1 次/s 的频率闪烁，并将两位数故障码的十位数和个位数先后用 O/D OFF 指示灯的闪亮次数表示出来。

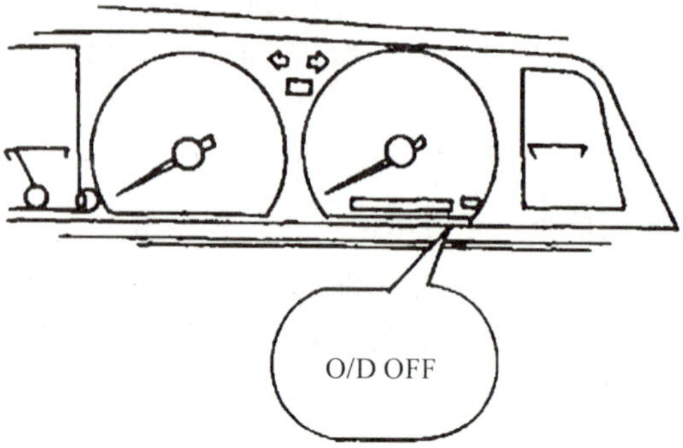

图 5.22　丰田电控自动变速器故障指示灯

(5)读取所有故障码后，从故障检测插座上拔下诊断跨接导线，并将点火开关转置 OFF 位置。

(6)对照故障码表确定故障原因，查看故障码表；清除记忆故障码。在点火开关 OFF 情况下，拆下 EFI 熔丝 10s 以上，记忆故障码即被清除。

三、电控自动变速器的性能检测

电控自动变速器的性能检测内容可分为基础检验、手动换挡试验和机械试验(机械试验包括液压试验、失速试验、时滞试验、道路试验和液力变矩器试验)三个项目。电控自动变速器性能检测的目的是发现故障部位，以确定维修方法。

1. 电控自动变速器基础检验

电控自动变速器基础检验的目的是检验电控自动变速器是否具备正常工作的能力。检验的项目包括：油面检查、油质检查、液压系统漏油检查、节气门拉索检查和调整、换挡操纵手柄位置检查和调整、空挡开关的检查和发动机怠速检查等。基础检查的条件是：发动机工作正常、底盘性能良好，特别是汽车制动系统正常。

2. 自动变速器油面高度的检查

在做任何电控自动变速器检测或故障诊断前，要首先进行油面高度检查。其方法如下：

(1)汽车停放在水平地面上，并拉紧驻车制动，让发动机怠速运转(至少 1min)。

(2)踩住制动踏板，将换挡操纵手柄拨至倒挡(R 位)、前进挡(D 位)、前进低挡(S、L 或 2、1 位)等位置，并在每个挡位上停留数秒，使液力变矩器和所有换挡执行元件中都充满自动变速器油。最后将操纵手柄拨至停车挡(P 位)位置。

(3)从加油管内拔出油尺，擦净后插入加油管内再拔出，检查油尺上油面的高度。

3. 自动变速器油品质的检查

自动变速器油的状态是电控自动变速器工作状态的集中反映，故应经常观察自动变速器油的颜色和气味的变化，并据此判断自动变速器油品质的好坏和能否继续使用。在检查时，从油尺上嗅一嗅油液的气味，用手指蘸少许油液并在手指间互相摩擦看是否有渣粒。自动变速器油的状态与常见故障原因见表5-3。

表5-3　自动变速器油的状态与常见故障原因

油液状态	原因及处理方法
透明、呈粉红色	正常
颜色发白、浑油	水分已进入油中，应检查密封件，特别是处于散热器下水室内的油冷却器是否锈蚀腐烂
黑色、发稠，油尺上黏有胶质油膏	变速器油温过高
变成深褐色、棕色	1)油液使用时间过长，应及时更换 2)长期高负荷运转或某些部件打滑、损坏，引起变速器过热
有金属屑或黑色颗粒	离合器片、制动带、单向离合器磨损严重
油液有烧焦味	1)油温过高，油面过低 2)油冷却器、滤清器或管路堵塞
油液从加油管溢出	1)油面过高 2)通气塞脏污、堵塞

4.液压控制系统漏油检查

液压控制系统的各连接处都有油封和密封垫，这些部位是经常发生漏油的地方。液压控制系统漏油会引起油路压力下降及油位下降(换挡打滑和延迟的常见原因)。

5.节气门拉索的检查与调整

节气门开度影响着自动变速器的换挡时间，发动机熄火后，节气门应全闭，当加速踏板踩到底时，节气门应全开。节气门拉索的索芯不应松弛，索套端和索芯上限位杆之间的距离应为0～1mm。检查与调整方法如下：

(1)推动加速踏板连杆，检查节气门是否全开，如节气门不能全开，则应该调整加速踏板连杆。

(2)将加速踏板踩到底，将调整螺母拧松。

(3)调整节气门拉索，拧动调整螺母，调整索套端和索芯上限位杆之间的距离为0～1mm。

(4)拧紧调整螺母，重新检查调整情况。

6.空挡起动开关的检查

发动机应只能在空挡(N位)和停车挡(P位)时起动，其他挡位时不能起动。若有异常，应调节N位开关螺栓和开关电路。其方法如下：

(1)松开N位起动开关螺栓，将换挡操纵手柄放到N位；

(2)将槽口对准N位基准线，定住位置并拧紧N位起动开关螺栓。

7.发动机怠速检查

发动机怠速不正常，特别是怠速过高，会使电控自动变速器工作不正常，出现换挡冲击现象。检查发动机怠速时应将电控自动变速器换挡操纵手柄置于停车挡(P位)或空挡(N

位)位置。通常装有电控自动变速器的汽车发动机怠速为 750r/min,怠速过高或过低均应调整。

四、电控自动变速器手动换挡试验

为确定故障存在的部位,区分故障是机械系统、液压控制系统还是电子控制系统引起的,应当进行手动换挡试验,这是在读取故障码和完成基础检查之后首先要进行的试验项目。

所谓手动换挡试验就是将自动变速器的所有换挡电磁阀的线束插头全部脱开,由测试人员手动进行各挡位的试验,此时 ECU 不能通过换挡电磁阀来控制换挡,自动变速器的挡位取决于换挡操纵手柄的位置。不同车型的电控自动变速器,在脱开换挡电磁阀线束插头后,挡位和换挡操纵手柄的关系都不完全相同。

手动换挡试验的步骤如下:

(1)脱开电控自动变速器的所有换挡电磁阀线束插头。

(2)启动发动机,将换挡操纵手柄拨至不同位置,然后做道路试验(也可将驱动轮悬空,进行台架试验)。

(3)观察发动机转速与车速的对应关系,以判断电控自动变速器所处的挡位。不同挡位时发动机转速与车速的关系可以查看维修资料。

(4)若换挡操纵手柄位于不同挡位时与资料相应参数相同,则说明电控自动变速器的阀板及换挡执行元件工作基本正常。否则说明阀板及换挡执行元件有故障。

(5)试验结束后,接上所有换挡电磁阀线束插头。

(6)清除 ECU 中的故障码,防止因脱开换挡电磁阀线束插头而产生的故障码储存在 ECU 中影响自诊断系统的工作。

若每一挡动作都正常,则说明故障出在电子控制系统;若有某一挡动作异常,则说明故障是由机械或液压部分引起的,应进行机械试验。

五、机械试验

电控自动变速器的机械试验内容包括油压测试、失速试验、时滞试验、道路试验等。

1. 油压测试

如图 5.23 所示,在测试时应做的准备工作是:

(1)行驶汽车,使发动机及电控自动变速器达到正常工作温度。

(2)将车辆停放在水平路面上,检查发动机怠速和自动变速器油的油面高度。如不正常,应进行调整。

(3)准备一个量程为 2MPa 的压力表。

(4)找出电控自动变速器各个油路测压孔的位置。

①操纵手柄位于前进挡或倒挡时都有压力油流出,为主油路测压孔。

②在操纵手柄位于前进挡时才有压力油流出,为前进挡油路测压孔。

③在操纵手柄位于倒挡时才有压力油流出,为倒挡油路测压孔。

④在操纵手柄位于前进挡,并且在驱动轮转动后才有压力油流出,为调速器油路测压孔。

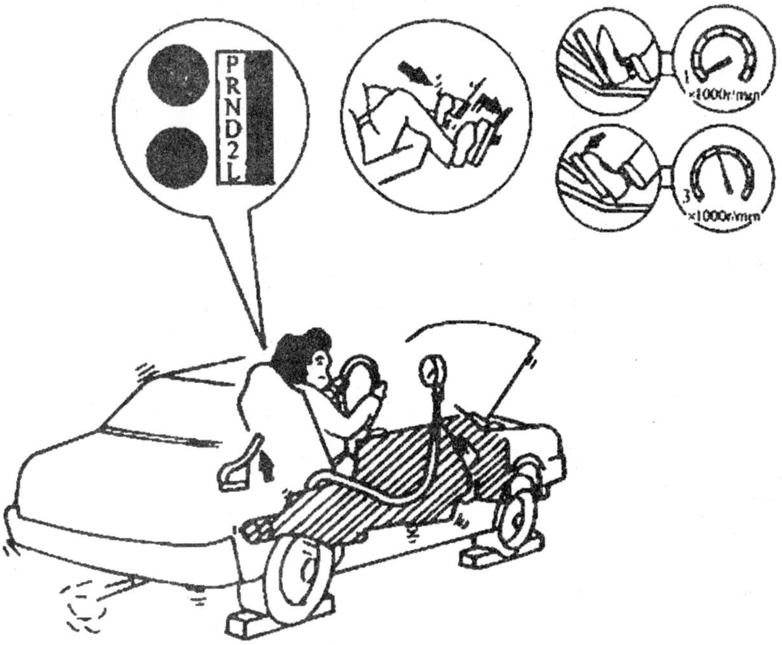

图 5.23　主油路油压测试

前进挡主油路油压测试应按以下步骤进行：

(1)拆下自动变速壳体上的主油路测压孔或前进挡油路测压孔螺栓，接上油压表；

(2)启动发动机，将换挡操纵手柄拨至前进挡(D)位置；

(3)读出发动机怠速时的油压，该油压即为怠速工况下的前进挡主油路油压，用左脚踩住制动踏板，同时用右脚将加速踏板完全踩下，失速工况下读取油压，该油压即为失速工况下的前进挡主油压；

(4)将换挡操纵手柄拨至空挡(N)或停车挡(P)位置，让发动机怠速运转 1min 以上；

(5)将换挡操纵手柄拨至各前进挡位置，重复(3)～(5)的步骤，读出各个前进低挡在怠速工况和失速工况下的主油路油压。

倒挡主油路油压测试应按以下步骤进行：

(1)拆下自动变速壳体上的主油路测压孔或前进挡油路测压孔螺栓，装上油压表；

(2)启动发动机，将换挡操纵手柄拨至倒挡(R)位置，读出发动机怠速时的油压，该油压即为怠速工况下的倒挡主油路油压；

(3)左脚踩住制动踏板，同时用右脚将加速踏板完全踩下，失速工况下读取油压，该油压即为失速工况下的倒挡主油压；

(4)换挡操纵手柄拨至空挡(N)位置，让发动机怠速运转 1min 以上。自动变速器主油路油压不正常的原因见表 5-4。

表 5-4 自动变速器主油路油压不正常的原因

工况	检测结果	主油路油压不正常的可能原因
失速	稍低于标准值	节气门拉索或节气门位置传感器调整不当 油压电磁阀损坏或线路有故障 主油路调压阀弹簧过软或调压阀有故障
	明显低于标准值	油泵有故障 主油路泄漏
怠速	所有挡位的主油压均太低	油泵有故障 主油路调压阀卡死 主油路调压阀弹簧过软 节气门拉索或节气门位置传感器调整不当 节气门阀卡滞 主油路泄漏
	前进挡及前进低挡主油压均太低	前进离合器活塞漏油 前进挡油路泄漏
	D 挡油路正常，但倒挡主油压太低	倒挡和高速挡离合器活塞漏油 倒挡油路泄漏
	D 挡油路正常，但各前进挡主油压太低	1 挡单向离合器或 2 挡单向离合器活塞漏油 前进低速挡油路泄漏
	所有挡位的主油压均太高	节气门拉索或节气门位置传感器调整不当 主油路调压阀卡死 节气门阀卡滞 主油路调压阀弹簧过硬 油压电磁阀损坏或线路有故障

2. 失速试验

如图 5.24 所示，失速试验的准备工作：

(1)让汽车行驶至发动机和自动变速器均达到正常工作温度；

(2)检查汽车的制动踏板和驻车制动，确认其性能良好；

(3)检查自动变速器的油面高度，应正常。

失速试验应按以下步骤进行：

(1)将汽车停放在宽阔的水平地面上，前后车轮用三角木块塞住；

(2)用驻车制动器或踏板制动器把车辆抱死；

(3)检查自动变速器的油温，应该在 50～80℃，油面高度应该正常(冷车应在试验前使其升温)；

(4)启动发动机，将换挡操纵手柄拨至停车前进挡(D)位置；

(5)左脚踩住制动踏板，同时用右脚将加速踏板完全踩下，在发动机转速不再升高时，迅

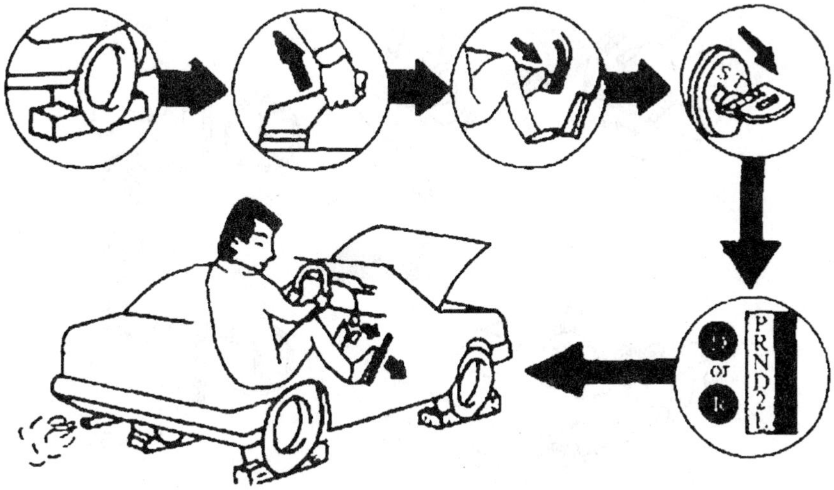

图 5.24　失速试验

速读取此时的发动机转速，立即松开加速踏板；

(6)将换挡操纵手柄拨至空挡(N)或停车挡(P)位置，让发动机怠速运转 1min，以防止油温过高而变质，将换挡操纵手柄拨至其他挡位(R、S、L 和 2、1)，做同样的试验。

试验注意事项：

由于在失速工况下，发动机的动力全部消耗在液力变矩器内自动变速器油的内部摩擦损耗上，油温会急剧上升，因此在失速试验中，从加速踏板踩下到松开整个过程的时间不超过 5s，试验次数不得超过 3 次。失速转速不正常的原因见表 5-5。

表 5-5　失速转速不正常的原因

换挡操纵手柄位置	失速转速	故障原因	换挡操纵手柄位置	失速转速	故障原因
所有位置	过高	主油路油压过低； 前进挡和倒挡执行元件打滑； 低挡及倒挡制动器打滑	仅在 D 位	过高	前进挡油路油压过低； 前进离合器打滑
	过低	发动机动力不足； 液力变矩器导轮的单向超越离合器打滑	仅在 R 位	过高	倒挡油路油压过低； 倒挡及高挡离合器打滑

3. 时滞试验

在发动机怠速运转时将换挡操纵手柄从空挡(N)位置拨至前进挡(D)位置或倒挡(R)位置后，需要一段短暂时间的迟滞或延长时间才能使自动变速器完成挡位的结合，这一短暂的时间称为自动变速器的迟滞时间，根据迟滞时间的长短来判断主油路油压及换挡执行元件的工作是否正常，如图 5.25 所示。

时滞试验的步骤和方法如下：

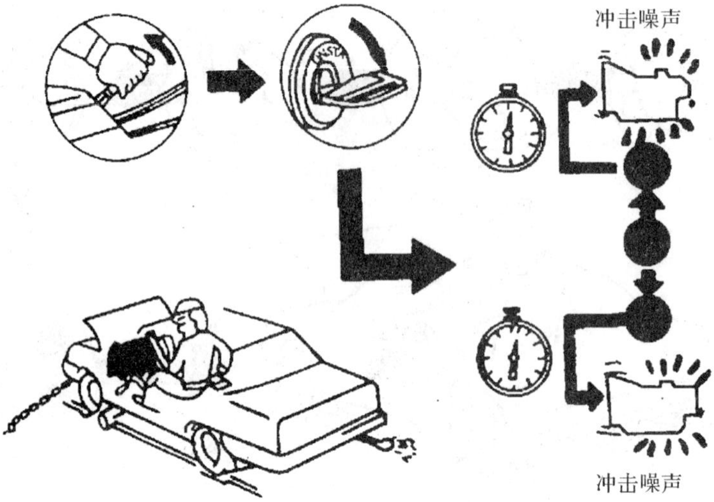

图 5.25 时滞试验

(1)让汽车行驶至发动机和自动变速器均达到正常工作温度；

(2)将汽车停放在水平地面上，拉紧驻车制动操纵手柄；

(3)检查发动机怠速，如不正常，应按标准予以调整；

(4)将自动变速器换挡操纵手柄从空挡(N)位置拨至前进挡(D)位置，用秒表测量从拨动操纵手柄开始到感觉到汽车震动为止所需的时间，称为 N→D 迟滞时间；

(5)将换挡操纵手柄拨至空挡(N)位置，让发动机怠速运转 1min 之后，再重复做一次同样的试验；

(6)做 3 次试验，取其平均值；

(7)按照上述方法，将操纵手柄由空挡(N)位置拨至倒挡(R)位置，测量 N→R 迟滞时间。

大部分自动变速器 N→D 迟滞时间在 1.0～1.2s，N→R 迟滞时间在 1.2～1.5s。若 N→D 迟滞时间过长，则说明主油路油压过低、前进挡离合器磨损过甚或前进挡单向离合器工作不良；N→R 迟滞时间过长，则说明倒挡主油路油压过低，倒挡离合器或倒挡制动器磨损过甚或工作不良。

4. 道路试验

道路试验是进一步检查和分析自动变速器的故障原因，以及检验修复的自动变速器是否恢复了正常工作能力的最有效手段之一。

道路试验前的准备工作：

(1)汽车发动机、底盘等各总成或系统的技术状态应完好，自动变速器应已经过了各种检查和试验；

(2)让汽车行驶至发动机和自动变速器均达到正常工作温度；

(3)将超速挡开关置于 ON 位置，并将模式开关置于标准模式位置；

(4)设法找到被试车型自动变速器的换挡规律图或换挡点表，以便加以对照检查。

试验时按以下方法进行：

(1)D 位的升挡和降挡试验。

①自动变速器是否自动地按 1→2 挡、2→3 挡、3→超速挡的规律自动升挡，若自动变速器不能升入高挡，说明控制系统或换挡执行元件有故障。

②升挡时有无出现换挡冲击、打滑及震动等现象。如果有明显的换挡冲击，可能是主油路的油压过高，蓄压器或单向阀不良。

③锁止离合器的工作状况检查。

电控自动变速器升至超速挡，当车速在 80km/h 稳定行驶时，再踩下油门踏板，发动机转速应无明显变化。否则说明锁止离合器没起作用，通常是锁止离合器控制系统故障。

④电控自动变速器降挡检查。

汽车从超速挡→3 挡、3→2 挡、2→1 挡降挡时车速是否符合标准值。

⑤降挡时有无异常的震动和噪声。

(2)在 S 挡(或 2 挡)下试验。

将电控自动变速器操纵手柄置于 S 挡(或 2 挡)，使节气门保持一定的开度，检查如下内容：

①电控自动变速器是否自动从 1→2 挡，换挡车速与标准值是否相符。

②电控自动变速器在 2 挡下行驶时松开加速踏板，看有无发动机制动效果。如果无发动机制动，则说明 2 挡制动器有故障。

③在升挡或降挡时，有无异常噪声和冲击。

(3)在 L 挡(或 1 挡)下试验。

在 L 挡行驶时，加速或减速时有无异常噪声。当突然松开加速踏板时，检查有无发动机制动作用。如果无发动机制动作用，则说明控制系统或前进强制离合器有故障。

(4)强制降挡试验挡。

使汽车在 D 挡下中速行驶，保持节气门开度为 1/3 左右，迅速将加速踏板踩到底，检查电控自动变速器是否被强制降低一个挡位(应有明显的增矩效果)。松开加速踏板，电控自动变速器又回到高挡位。若踩下节气门踏板后没有出现强制降挡，说明强制降挡功能失效。如果有强制降挡作用，但在降挡时发动机的转速异常的高，并在松开节气门踏板升挡过程中出现冲击，则说明换挡执行元件磨损严重，应拆修电控自动变速器。

六、电子控制系统的数据流检测

电控自动变速器控制系统中的 ECU 是通过向各个电磁阀发出控制信号来完成换挡控制、锁止控制、油压控制等各种控制功能的。电子控制工作过程的检测就是检测 ECU 向各个电磁阀发出的控制信号是否正常。电子控制系统的工作状况可以用汽车电子故障检测仪来检测，只要将检测仪接在汽车上的故障检测连接插座上，就可以通过观察检测仪显示屏上的数据，检测电控自动变速器的 ECU 发出的换挡控制、锁止控制、油压控制等各种控制信号是否正常。

第四节　制动系统的检测与诊断

一、制动力检测原理

汽车制动时制动力取决于制动力和车轮与地面间附着力中的较小者,其中制动器制动力取决于制动系统压力和车轮制动器技术状况,而车轮与地面附着力由车轮垂直载荷和轮胎与地面间的附着系数决定。测力滚筒式制动试验台在试验台轮胎支承面高附着系数的前提下,测出制动全过程中车轮所受制动力的反作用力——轮胎对试验台支承装置的作用力,进行分析,给出制动系技术状况的评价。

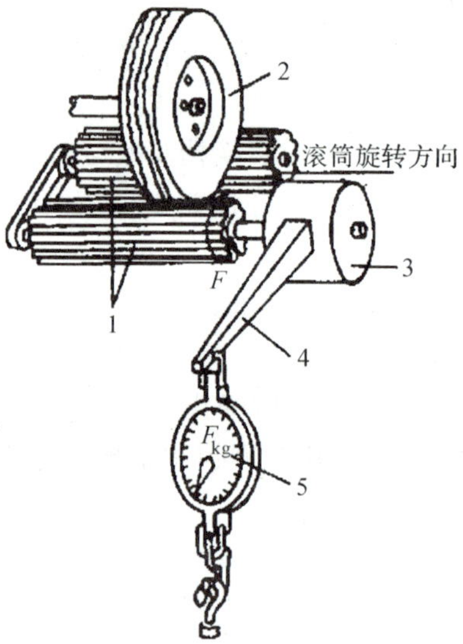

图 5.26　制动力检测原理

二、测力滚筒式制动试验台

测力滚筒式制动试验台有单轮式、单轴式和双轴式三种。它由框架、驱动装置、滚筒装置、测量装置、举升装置和指示与控制装置等组成,如图 5.27 所示。

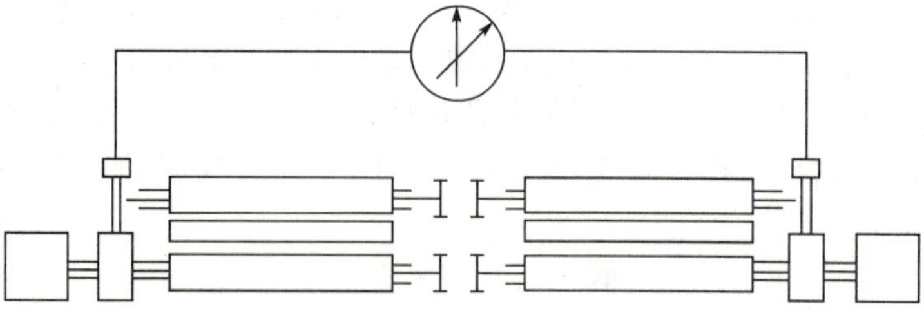

图 5.27　单轴测力滚筒式制动试验台

1.驱动装置

驱动装置由电动机减速器(或扭力箱)和传动链条等组成。电动机通过减速器减速增扭后驱动主动滚筒,主动滚筒又通过链传动把动力传给从动滚筒。减速器与主动滚筒共用一轴,其壳体处于浮动状态。车轮制动时,该壳体能绕轴摆动,把制动力矩传给测力杠杆。

2.滚筒装置

滚筒装置由四个滚筒组成,左右各一对单独设置。被测车轮置于两滚筒之间,滚筒相当于一个活动路面,用来支承被检车轮并在制动时承受和传递制动力。

3.测量装置

测量装置由测力杠杆和传感器等组成。测力杠杆一端与减速器壳体连接,另一端与传感器相连,传感器的形式很多,如油压式、自整角电机式、电位计式、差动变压器式和电阻应变片式等。传感器能把测力杠杆的移动量或受力变成电信号,送入指示与控制装置。

4.举升装置

举升装置由举升器、举升平板和控制开关等组成。汽车驶入、驶出时,举升器将举升平板托起,使汽车平稳出入两滚筒之间,减少冲击。举升器有液压式、气压式和电动式等形式。

5.指示与控制装置

指示装置有电子式和微机式两种。电子式指示装置多配以指针式仪表,这种仪表有一轴单针式和一轴双针式两种形式。单针式只指示一个车轮的制动力,左右车轮需分别设置;双针式可同时指示左右轮制动力。微机式指示装置多配以数字式显示器,目前制动试验台多为微机式。控制装置有手动式和微机自动式两种。

汽车制动试验台微机式指示与控制装置(图5.28)主要由放大器、模数转换器(A/D)、数模转换器(D/A)、继电器、微机、显示器和打印机等组成。在键盘和脚踏开关的控制下,微机控制举升装置的升降、滚筒电动机转动与停止、测力传感器信号的采集存储和处理,它不仅能指示左右轮制动力,还能输出左右轮制动力的和与差值、车轮阻滞力、制动协调时间和制动释放时间,并能将检测结果与检测标准对照,做出技术状况评价。

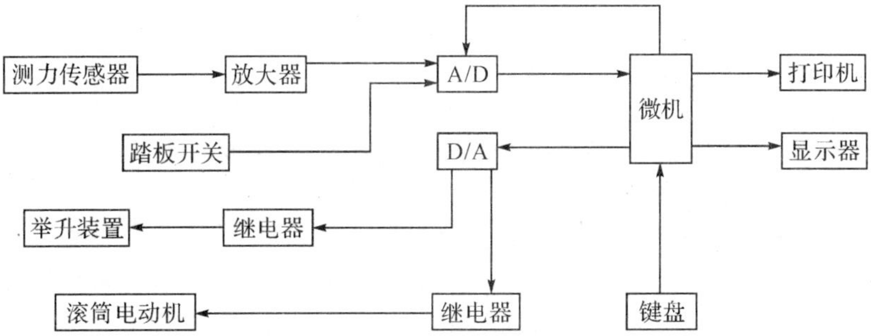

图5.28　微机式指示与控制装置

三、测力滚筒式制动试验台检测步骤

(1)将试验台指示与控制装置上的电源开关打开,按使用说明书要求预热至规定时间。

(2)如果指示装置为指针式仪表,检查指针是否在零位,否则应调整之。

(3)检查并清洁试验台滚筒表面。

(4)核实汽车各轴荷,不能超过试验台额定轴荷。

(5)检查汽车轮胎是否沾有泥、水、砂、石等杂物,否则应清除之。

(6)检查汽车轮胎气压是否符合汽车制造厂的规定,否则应充、放气至规定值。

(7)升起试验台举升器,汽车尽可能沿垂直于滚筒的方向驶入试验台。先前轴,再后轴,使车轮处于两滚筒之间。

(8)车停稳后变速杆置于空挡位置、驻车制动为完全放松状态,把脚踏开关套在踏板制动上。

(9)降下举升器,至轮胎与举升器完全脱离为止。

(10)如试验台带有内藏式轴重测量装置则应在此时测出轴荷。

(11)起动电动机,使滚筒带动车轮转动,先测出车轮阻滞力。

(12)用力踩下制动踏板,一般试验台在1.5～3.0s后或第三滚筒发出信号后,滚筒自动停转,读取检测结果。

(13)升起举升器,驶出已测车轴,驶入下一车轴,按上述同样方法检测制动力。

(14)当与手制动相关的车轴在试验台上时,检测完脚制动后应重新起动电动机,在脚制动完全放松的情况下,用力拉紧手制动杆,检测驻车制动性能。

(15)车辆所有的踏板制动及驻车制动性能检测完毕后,升起举升器,汽车驶出试验台。

(16)切断试验台电源。

四、测力平板式制动试验台检测步骤

(1)将试验台指示与控制装置上的电源开关打开,按使用说明书要求预热至规定时间。

(2)检查并清洁制动试验台平板表面。

(3)核实汽车各轴轴荷,不得超过试验台额定轴荷。

(4)检查汽车轮胎是否有泥、水、砂、石等杂物,若有应清除之。

(5)检查汽车轮胎是否符合要求,否则调整至规定值。

(6)被测车以10～15km/h车速驶上试验台,前方指示灯闪亮时,驾驶员施以紧急制动。

(7)汽车重新起步,当指示灯再次闪亮时,立即拉紧驻车制动,然后再起步驶离试验台。

(8)切断试验台电源。

五、电子控制ABS的检查

初步检查是在ABS出现明显故障而不能正常工作时首先采取的检测与诊断方法,它包括:

(1)检查驻车制动是否完全释放。

(2)检查制动液液面是否在规定范围内。

(3)检查ABS ECU导线插接器(插头、插座)的连接是否良好,连接器及导线是否损坏。

(4)检查下列导线连接器以及导线的连接或接触是否良好:

①制动压力调节器上的电磁阀插接器;

②制动压力调节器上的主控制阀插接器;

③连接压力警告开关和压力控制开关的插接器;

④制动液液面指示开关插接器;

⑤轮速传感器的插接器;

⑥电动泵的插接器。

(5)检查所有的继电器、熔断器是否完好，插座是否牢固。

(6)检查蓄电池容量和电压是否在规定的范围内，检查蓄电池正、负极导线的连接是否牢靠，连接处是否清洁。

(7)检验 ABS ECU、制动压力调节器(即 ABS 执行器)等搭铁端的接触是否良好。

(8)检查接触车轮胎面纹槽的深度是否符合规定，检查轮胎气压是否符合要求。

(9)检查 ABS 各零部件有无明显损伤。

(10)检查制动警告灯及故障指示灯工作是否正常。

六、ABS 的故障自诊断检查

在 ABS 的电子控制电路中设有故障自诊断功能。当 ABS 出现故障时，自诊断系统能对故障进行记忆，同时适时地切断 ABS，以保证制动的安全性，并且通过故障指示灯通知驾驶员。进行故障检测与诊断时可以通过专用电子故障检测仪或将 ABS 故障检测插座相应端短接来读取故障码，具体方法参见各车型维修手册。

现代汽车 ABS 除具有故障码读取检测功能外，还具有以下检测功能：

1. 初始检测功能(以丰田汽车 ABS 为例)

ABS 初始检测功能主要检查执行器的工作噪声，其步骤如下：

(1)启动发动机，以超过 60km/h 的速度行使；

(2)检查能否听到执行器的工作噪声。

2. 传感器检测功能(以丰田汽车 ABS 为例)

在检测传感器功能时，ABS 不能运行，制动系统应处在常规制动状态。速度传感器的检测步骤如下：

(1)检查蓄电池电压是否为 12V 左右。

(2)检查 ABS 故障指示灯是否闪亮。

①将点火开关转至 ON 位置。

②检查仪表板上的 ABS 故障指示灯应持续亮 3s 后熄灭。如果不亮，则检查、维修或更换仪表板熔断器、ABS 故障指示灯灯泡或导线。

③将点火开关转回 OFF 位置。

④用诊断跨接线短接故障检测插座中的 T_c、E_1 和 T_s 插孔，如图 5.29 所示。

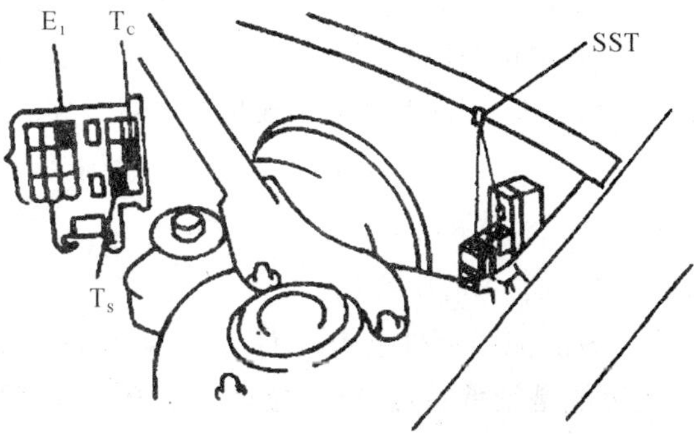

图 5.29　故障检测插座的连接

⑤固定手制动拉杆，启动发动机（注意：不要踩下踏板制动）。检查 ABS 故障指示灯是否闪烁 4 次/s。

(3)检查速度传感器的电信号。

让汽车以 4～6km/h 的速度直线行驶，检查 ABS 故障指示灯是否熄灭 1s 后又变亮。如果车速不在以上指定范围内，故障指示灯变亮但不会闪烁，则应停下汽车读取故障码。若车速在 4～6km/h 的范围内，ABS 故障指示灯变亮，则检查结束。当车速超过 6km/h 时，ABS 故障指示灯又开始闪烁，这说明速度传感器没有问题。

(4)检查低速时速度传感器信号的变化。

同步骤(3)的方法检查在 45～55km/h 时速度传感器信号的变化情况。

检查高速时速度传感器信号的变化。对于两轮驱动(2WD)的汽车，用步骤(3)的方法检查车速在 110～130km/h 时速度传感器信号的变化情况。对于四轮驱动(4WD)的汽车用同样的方法检查车速在 80～90km/h 时速度传感器信号的变化情况。

(5)读取速度传感器故障码。

停下汽车，ABS 故障指示灯将开始闪烁，根据其闪烁的次数即可得到故障码（其含义参见维修手册）。应当注意：故障自诊系统开始工作后，踩下踏板制动的次数不要超过 16 次，否则储存在 ECU 中的故障码就会被清除。

(6)将点火开关转至 OFF 位置，并从故障检测插座上的 T_c、E_1、T_s 插孔上取下诊断跨接线。

(7)消除故障记忆码。

七、ABS 故障征兆模拟测试方法

在 ABS 故障检测与诊断中，若是单纯的元件不良，可运用电路检测方式诊断。如果属于间歇性故障或相关的机械问题，则需进行模拟测试以及动态测试。

1. 模拟测试方法

(1)将车辆顶起，使四个车轮均悬空。

(2)启动发动机。

(3)将换挡操纵手柄拨至前进挡位置，观察仪表板上的 ABS 故障指示灯是否点亮。若 ABS 故障指示灯亮，表示后轮差速器的车速传感器不良。

(4)如果 ABS 故障指示灯不亮，则转动左前轮。此时 ABS 故障指示灯亮，表示左前轮车速传感器正常；反之，ABS 故障指示灯不亮，即左前轮车速传感器不良。

(5)右前轮测试方法与左前轮相同。

该模拟测试，是根据 ABS ECU 逻辑电路的车速信号差以及警示电路特性，便于检测车速传感的故障而设置的。

2. 动态测试方法

(1)汽车在道路上行驶，至少 12km/h 以上。

(2)测试车辆转弯时，ABS 故障指示灯是否会亮，若某一方向 ABS 故障指示灯亮，表示该方向的轮胎压力不足，也可能是轴承不良、转向拉杆球头磨损、减震器不良或车速传感器脉冲齿轮不良。

(3)将车辆驶回,在 ABS ECU 侧的"ABS 电源"端和搭铁间的电压,应在 11.7～13.5V;而"电磁阀继电器"端子与搭铁间的电压,亦应在 10.8V 以上。前者是观察蓄电池电源供应情况,后者是观察电磁阀继电器的接点好坏。

第五节　转向系统的检测与诊断

一、转向盘转向力的检测

1. 仪器组成

转向参数测量仪总成主要由操纵盘、主机箱、连接叉和定位杆四部分组成,如图 5.30 所示。

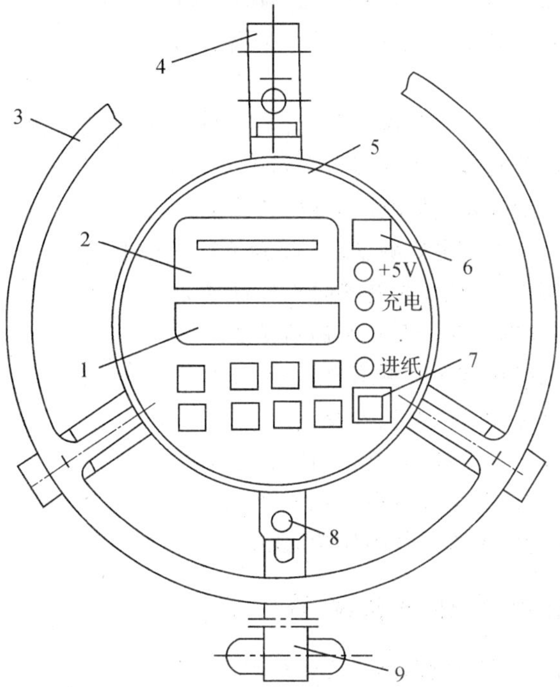

1—显示器　2—打印机　3—操纵盘　4—连接叉　5—主机箱
6—电压表　7—电源开关　8—固定螺栓　9—定位杆
图 5.30　ZC-2 型转向参数测量仪

操纵盘由螺栓固定在三爪底板经力矩传感器与连接叉相接,每个连接叉上都有一只可伸缩长度的活动卡爪,以便与被测转向盘相连接。主机箱为一圆形结构,固定在底板中央,其内装有接口板、微机板、转角编码器、打印机和电池等,力矩传感器也装在其内。定位杆从底板下伸出,经磁力座吸附在驾驶室内的仪表盘上。定位杆的内端连接有光电装置,光电装置装在主机箱内的下部。

2. 工作原理

当把转向参数测量仪对准被测转向盘中心,调整好三只活动卡爪长度与转向盘连接牢固后，转动操纵盘的转向力通过底板、力矩传感器、连接叉传递到被测转向盘上，使转向盘转动以实现汽车转向。此时，力矩传感器将转向力矩转变成电信号，而定位杆内端连接的光电装置则将转角的变化转变为电信号。这两种电信号由微机自动完成数据采集、转角编码、运算、分析、存储、显示和打印，因而该仪器既可测得转向力，又可测得转向盘转角，当然也可测得转向盘自由转动量。

3. 检测方法

转向力的检测可按转向轻便性试验方法进行，一般有原地转向力试验、低速大转角(8字行驶)转向力试验、弯道转向力试验等，可参照有关国家标准的规定进行检测。

二、转向盘自由转动量的检测

转向盘自由转动量，是指汽车保持直线行驶位置不动时，左右晃动转向盘时的自由转动量(游动角度)。转向盘自由转动量是一个综合诊断参数，当其超过规定值时，说明从转向盘至转向轮的传动链中有一处或几处的配合松旷。转向盘自由转动量过大时，将造成驾驶员工作紧张，并影响行车安全。

转向盘自由转动量可采用专用检测仪进行。简易的转向盘自由转动量检测仪由刻度和指针两部分组成。刻度盘通过磁力座吸附在驾驶室仪表板或转向盘轴管上，指针固定在转向盘的周缘上。也可以反过来，即指针通过磁力座固定在仪表板或转向盘轴管上，而刻度盘固定在转向盘周缘上。使用该种检测仪时，应使汽车处于直线行驶位置不动，轻轻转动转向盘至空行程一侧的极端位置，调整指针指向刻度盘零度，再轻轻转动转向盘至空行程另一侧极端位置，指针所示刻度即为转向盘自由转动量。

前述的转向参数测量仪或转向测力仪，一般都具有测量转向盘转角的功能，因此完全可以用来检测转向盘自由转动量。当转向盘自由转动量超过规定值时，可借助于汽车悬架转向系间隙检查仪进一步检查诊断，直至查出磨损松旷的部位。将汽车前轮置于检查仪的两块测试板上，用手提灯上的开关操纵两测试板做纵向、横向运动，即可检查出汽车横拉杆、球头、转向支臂、悬架、车轮轴承等部件的间隙，从而消除隐患、确保安全。

三、电子控制动力转向系统的检测

电子控制动力转向系统一般都具有故障自诊断功能。下面介绍轿车电子控制动力转向系统检测的一般程序：

1. 报警灯的检查

当点火开关处于 ON 位置时，报警灯应点亮，发动机启动后报警灯熄灭为正常。报警灯不亮时，检查灯泡是否损坏，熔丝和导线是否断路。若发动机启动后，报警灯仍亮时，首先应考虑该系统是否处于保险状态(只有常规转向工作，无电动助力)，并通过自诊系统做必要检查。

2. 自诊断检查的操作

将万用表直流电压挡的正测试棒接在诊断插接器的 2 号接线柱上，负测试棒搭铁，如图 5.31所示。接通点火开关，故障码按由小到大的顺序显示出来，然后按照故障码表进行相应的检测。

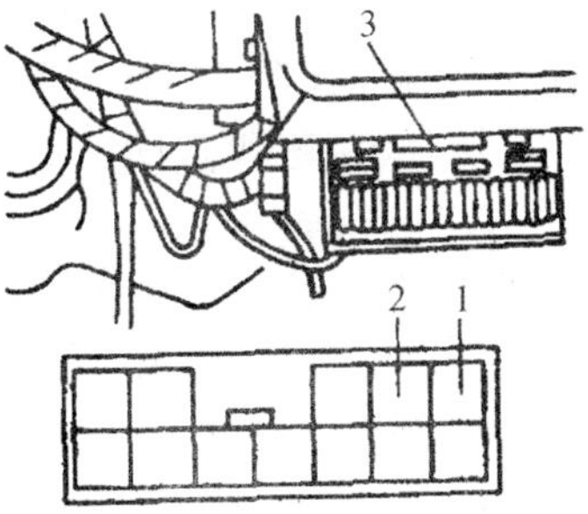

1,2—接线柱　3—插接片

图 5.31　自诊插接器

四、转向系检测与诊断标准

国家标准 GB 7258—2004《机动车运行安全技术条件》对转向系提出了如下要求：

机动车的转向盘应转动灵活、操纵轻便、无阻滞现象。车轮转到极限位置时，不得与其他部件有干涉现象。机动车转向轮转向后应有自动回正能力，以保持机动车稳定的直线行驶。机动车转向盘的最大自由转动量从中间位置向左或向右均应≤10°(最大设计车速大于100km/h 的机动车)或 15°(最大设计车速≤100km/h 的机动车)。机动车辆在平坦、硬实、干燥和清洁的道路上行驶，其转向盘不得有摆振、路感不灵、跑偏或其他异常现象。机动车辆在平坦、硬实、干燥和清洁的水泥路或沥青路面上，以 10km/h 的速度从直线行驶过渡到直径为 24m 的圆周行驶，其施加于转向盘外缘的最大圆周力应≤245N。

机动车的最小转弯直径，以前外轮轨迹中心线基线测量其值应≤24m。当转弯直径为24m 时，前转向轴和后轴的内轮差(以两内轮轨迹为中心线计)应≤3.5m。转向节及臂、转向横直拉杆及球销应无裂纹和损伤，并且球销不得松旷。横、直拉杆不得拼焊。

第六节　行驶系统的检测与诊断

一、轮向定位的检测

1. 前轮前束值的检测

用聚光器配合标杆来检测前轮前束值的原理如图 5.32 所示。

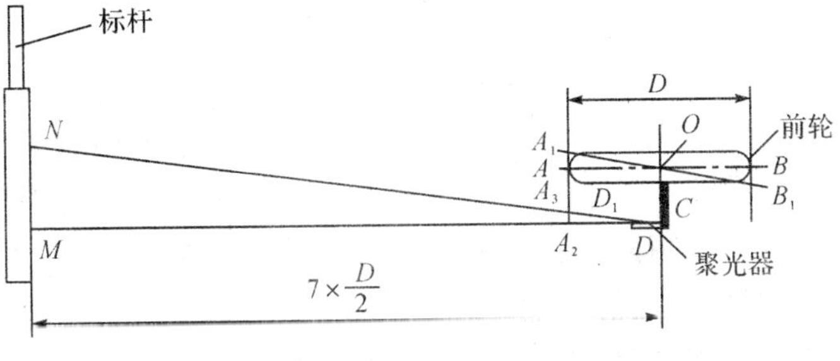

图 5.32　前束检验

以前轮中心为 O 点，AB 与放置在地面上的标杆垂直时，聚光器光束指针投射到标杆点，光束在与 A 点同一截面上的投影为点，当前轮具有前束时，AB 与标杆是不垂直的，此时聚光器光束指针投射到标杆上的 N 点，而在与 A 点同一截面上的投影点为 A_3，且聚光器实际位置由原来的 OCD 变为 OC_1D_1。由于 CM 远大于 OC，而前束与 CM 比较起来也非常小，故可认为点 C 与点 C_1 重合，且 $AA_1=A_2A_3$。从图中可以看到，$A_2A_3:MN=CA_2:CM$。其中，$CA_2=OA=\frac{D}{2}$。所以，$A_2A_3:MN=\frac{D}{2}:\left(7\times\frac{D}{2}\right)=1:7$。此时，若 $AA_1=A_2A_3=1\text{mm}$，则 $MN=7\text{mm}$。在标杆的标牌上，每隔 7mm 划一刻度。这样，当前轮外圆点每偏转 1mm 时，在相距车轮中心为 7 倍于前轮半径的标杆牌上，光束指针的变化为一个刻度(代表实际 1mm)。这就把前轮前束实际值放大 7 倍后显示在标杆牌上，从而提高了测量灵敏度和读数精度。

检测时，汽车两前束放于转盘上找正直线行驶位置后，在检测前束的过程中不得再转动转向盘或车轮。检测步骤为：

(1)调节标杆长度，使同一标杆两标牌之间距离略大于被测轮距，并能使聚光器光束指针大致投射到标牌的中间位置，如“20”左右。两套标杆一定要调整到等长，且标牌之间的距离一定要相等，否则将影响测试结果。

(2)将已调整好的两套标杆放置在被测前桥的前后两侧，并平行于该桥。两标杆之间的距离为前轮上规定前束测点处直径的 7 倍，每一标杆前轮中心的距离为前轮上规定前束测点处半径的 7 倍。前轮上规定前束测点依车型而定。有的测点在胎面中心处，有的测点在胎侧凸出处，而有的测点在轮辋边缘处，检测前束前应注意查阅汽车使用说明书。

(3)先将一侧聚光器的光束投向前标杆的标牌上，使光束指针指于某一整数上，如图 5.33所示。

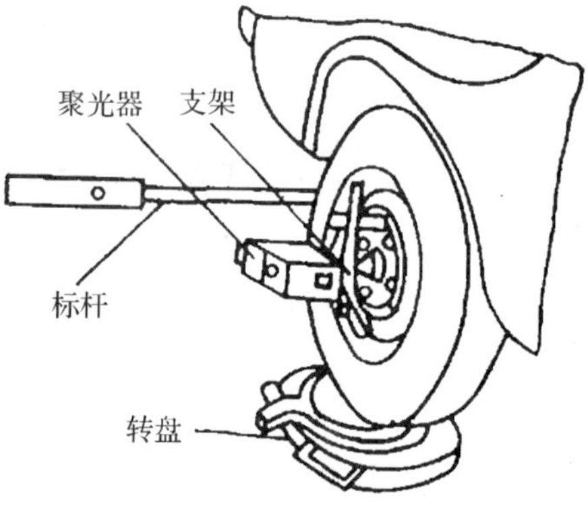

图 5.33　前轮前束检测

再将该聚光器的光束向后投射到后标杆的标牌上。然后，将另一侧聚光器分别向前标杆、后标杆投射光束，读出光束指针指示值，计算前束。若前标杆指示值为 23，后标杆指示值为 26，则前束值为后值减去前值，即 26mm－23mm＝3mm；反之，若前标杆指示值为 26，后标杆指示值为 23，则前束值为 23mm－26mm＝－3mm，说明被测前轮为负前束。国产 GCD-1 型光束水准车轮定位仪具有测量准确，适宜于各种测点部位测量的优点。但该仪器构件较多，安装麻烦，目前较少采用，一般场合仍用顶尖式前束尺和指针式前束为宜。

2. 前轮外倾角度值的检测

(1)在前轮保持直线行驶位置不动的情况下，将水准仪黑箭头指示的定位销插入前轮上支架的中心孔内，并使水准仪在左右方向上大致处于水平状态。轻轻拧紧弹簧卡锁紧螺钉，固定住水准仪，如图 5.34 所示。

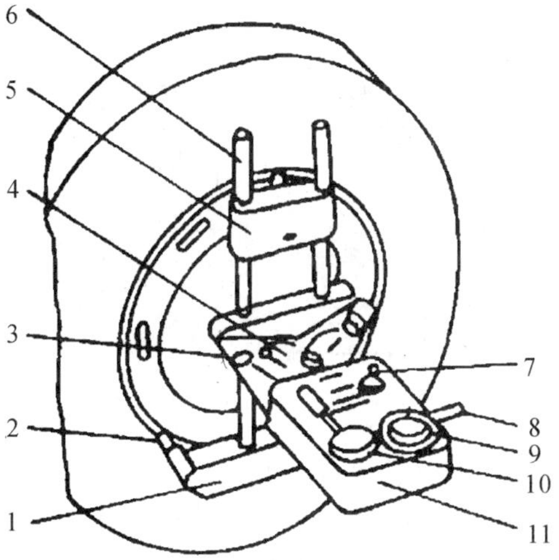

1—固定支架　2—固定角　3—调节螺钉　4—调整支承　5—活动支架
6—导轨　7—旋钮　8—定位销　9—BC 调节盘　10—A 调节盘　11—水准仪

图 5.34　前轮外倾角和主销后倾角检测

(2)转动水准仪上的 A 调节盘，直到对应的气泡管内的气泡处于中间位置为 360°/13≈27.69°止，然后在黑刻度盘上读出 A 盘红线所指角度值，该角度值即为前轮外倾角。A 盘转动 360°/13′27.69°代表前轮外倾角 1°，黑刻度盘把每 1°再分成 6 等份，每 1 份为 10′，读数分辨率可达 1′，因而读数误差减小。

3. 主销后倾角度值的检测

前轮外倾角度值测定后，不动水准仪，接着进行主销后倾角度值的检测。具体步骤为：

(1)将前轮向内转 20°(对于左前轮向左转，对于右前轮则向右转)，松开弹簧卡锁紧螺钉。

(2)转动水准仪上的 BC 调节盘，使其上的红线与蓝、红、黄刻度盘零线重合。调整对应气泡管的旋钮，使气泡管气泡处于中间位置。

(3)将前轮向相反方向转 40°，即转到直线行驶位置后再向外转 20°。转动 BC 盘使气泡回到中间，在蓝盘上读出 BC 盘红线所示的值，该值即为主销后倾角。BC 盘每转动 360°/19.11≈18.84°代表主销后倾角或主销内倾角 1°，刻度盘把每 1°再分成 6 等份，第一份为 1′，读数误差减小。

4. 主销内倾角度值的检测

为防止打转向盘时前轮滚动，必须踩下踏板制动或用踏板抵压器压下踏板制动，使前轮处于制动状态。具体步骤为：

(1)从支架上取下水准仪，以红黄箭头所指的定位销插入支架中心孔内，轻轻拧紧锁紧螺钉，如图 5.35 所示。将被测前轮向内转 20°，松开锁紧螺钉，使水准仪在左右方向上大致处于水平状态，然后拧紧锁紧螺钉。

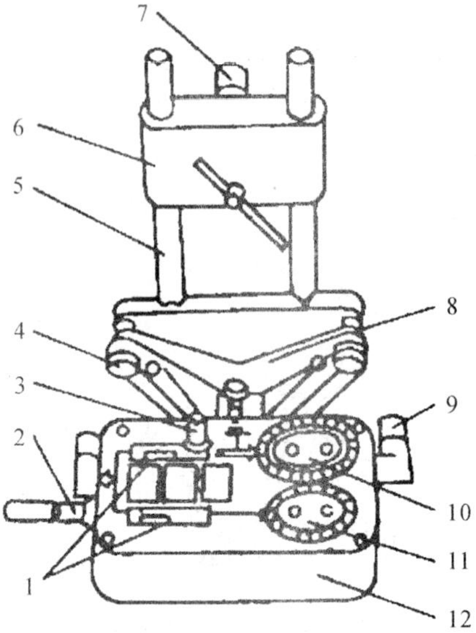

1—水泡管　2—定位销　3—旋钮　4—调节螺钉　5—导管　6—活动支架
7,9—固定架　8—调整支架　10—调节盘　11—A 调节盘　12—水准仪
图 5.35　主销内倾角的检测

(2)转动 BC 调节盘,使其红色刻度线与蓝、红、黄刻度盘零线重合。调节气泡管的旋钮,使气泡处于中间位置。

(3)将前轮向外转 40°,即转至直线行驶位置后再向外转 20°。调节 BC 盘使气泡管之气泡回到中间,则 BC 盘红线在红刻度或黄刻度盘所示之值,即为主销内倾角。检测左前轮时在黄刻度盘上读数,检测右前轮时在红刻度盘上读数,简称左黄右红。

5. 前轮最大转角的检测

(1)找正前轮直线行驶位置后,置转盘扇形刻度尺于零位并固定。如果紧接着上述前轮定位值检测之后进行,只需转动转向盘使两检测转盘扇形刻度尺对准零位即为直线行驶位置。

(2)转动转向盘使前轮向任一侧转至极限位置,从扇形刻度尺上读出并记录转角值,并与原厂规定值对照。

不符合要求的前轮最大转角可通过调整转向节上的限位螺钉解决,直到符合要求为止。

二、美国战车牌(FMC)高级汽车四轮定位仪

该定位仪的工作原理及其使用分述如下:

1. 工作原理

该仪器的工作原理是利用机头测量头上的红外线发射源与接收源,将被测车体用红外线包围起来。以红外线作为"光尺"测量各定位参数,信号通过各机头中的光敏芯片(或单片)进行数模转换,并通过跑台上的传感器接口及信号线传入主机,经过处理后,检测员可通过微机屏幕上的界面清楚地看到各定位参数的显示,从而对车况进行诊断,对照微机屏幕上显示的定位数据调整各相应部件,使各定位数据符合标准。

2.使用前的准备工作及注意事项

(1)检查液压系统中液压油存量，用标尺观察，油渍应在其 2/3 处，不能低于最低刻度线。

(2)检查各输油管连接处、油缸是否漏油，尤其是看活塞与缸体之间是否漏油。

(3)举起跑台将油缸上输油管的沉头螺栓拧下，按下 DOWN 键，将油管中的空气排掉，直至油缸中有油喷出即可。

(4)检查举升臂下的转轴以及平衡杆与连接处的润滑点是否加润滑脂润滑。

(5)检查气泵是否需加润滑油，将汽水分离器中的水倒净。

(6)表面清洁检查。

(7)键盘检查及打印检查。

(8)机头校验。

3.FMC 高级汽车四轮定位仪面板按钮说明

(1)电控箱上的开关操作方法如下所述。

接通电源：用手轻推电控箱左上部的开关至 1，电源接通。

切断电源：用手轻推电控箱左上部的开关 0，电源切断。

举升：用手持续按住有 UP 提示的按钮，至所期待的高度，松开手指。

下降：用手持续按住有 DOWN 提示的按钮，至所期待的高度，松开手指。

锁定：将跑台上升或下降到某高度后，用手按住有 LOCK 提示的按钮，至跑台稳定。

(2)机头上操作按钮说明如下所述。

数字键：各窗底下的功能键代号。

帮助键：在窗口为菜单显示时，可随时按该键而能得到内部资料。

主菜单键：按此键即返回主菜单

* 键：安装新的软件时，提高软件等级键(键盘上功能)；轮辋补偿键，仅在轮辋补偿时使用(机头上功能)。

Enter 键：进入下一步骤。

暂停键：观看微机屏幕动画时，用此键予以暂停。

转页键：将微机屏幕显示翻到上(或下)一页。

键为键盘上功能，在机头上为功能窗切换键，即在窗口底部有八个功能窗，四个一组，此键用于切换两组功能窗在微机屏幕上的显示。

注：机头上 * 键与 # 键为另两个特殊功能键，它们与键盘上的 * 键和 # 键功能有所不同。

4.FMC 高级汽车四轮定位仪检测方法

(1)接通电源，打开 UPS 以及主机电源开关，进入定位程序。

(2)根据菜单提示，选择相应定位项目，输入客户资料，选择车辆规格型号，准备工作完毕。

(3)车辆开上跑台，车身与跑台基本对称，前轮必须在前转盘的中间位置。

(4)升起跑台至 A 平面(自锁齿响四下、上升四格位置)，用锲片将后轮固定，以防车辆未拉手制动，车辆会移动造成危险。

(5)将机头装在轮辐上,确保其已固定紧不会滑落,接上传感器接头。

(6)打开气泵,使用二次举升台将车辆举至四轮悬空。

(7)松开手制动,对轮胎进行轮辋变形的检查及补偿,放下车辆,用踏板抵压器顶住制动踏板,调节机头水平仪使之完全水平。

(8)固定转向盘至水平位置,再次调平机头。根据微机屏幕显示各定位参数,对照制造厂家规定,进行检测诊断,打印输出结果。

(9)若定位参数不符合规定,可参照图解调整至正常位置。

(10)将所有紧固件拧紧后,检测完毕,卸下机头,将车辆驶离跑台。

三、电子控制悬架的检测与诊断

电子控制悬架系统一般都设有自诊断系统,随时监测系统的工作情况,对于电子控制悬架的基本检测与诊断方法如下(以凌志 LS400 为例)。

1.应注意的事项

(1)用千斤顶将汽车顶起时,应将高度控制 ON/OFF 开关置于 OFF 位置。如果在高度控制开关拨到 ON 位置的情况下顶起汽车,则 ECU 中会记录一个故障码,此时务必将它清除。

(2)放下千斤顶前,应将汽车下面所有的物件搬走。

(3)检查接触式空气接头,再将它重新装上。

(4)安全气囊传感器安装在空气悬架压缩机和车身高度控制阀上面,除非必要时,否则不能触及这个传感器。

2.功能检查

高度调整功能检查是操作高度控制开关检查汽车高度的变化,其操作步骤为:

(1)检查轮胎充气是否正确。

(2)检查汽车高度。

(3)启动发动机,将高度控制开关从 NORM 位置转到 HIGH 位置:检查完成高度调整所需时间和汽车高度变化量。从操作高度控制开关到压缩机起动约 2s;从压缩机起动到完成高度调整用时 20~40s;调整变化量为 10~30mm。

(4)在汽车处于 HIGH 高度调整状态下,启动发动机,将高度控制开关从 HIGH 位置转到 NORM 位置:检查完成高度调整所需时间和汽车高度变化量。从操作高度控制开关到压缩机起动时间约 2s;从压缩机起动到完成高度调整用时 20~40s;调整变化量 10~30mm。

3.检查溢流阀情况

迫使压缩机工作,检查溢流阀动作:

(1)点火开关转到 ON 位置,并使高度控制插接器的端子 1 与 7 连接以迫使压缩机工作;

(2)压缩机工作一段时间后,检查溢流阀是否放气;

(3)点火开关转到 OFF 位置;

(4)故障码。

注意：当迫使压缩机工作时，ECU 中会记录一个故障码。在检查完后，务必要清除。

4. 检查软管接头是否漏气

(1)将高度控制开关转到 HIGH 位置使汽车高度上升；

(2)停止发动机运转；

(3)在管子和软管接头处加肥皂水，检查是否有任何漏气。

四、自诊断系统

包括指示灯检查、故障码检查和清除故障码。

1. 指示灯检查

(1)将点火开关转到 ON 位置；检查 LRC(LEXUS 驾驶控制)指示灯和高度控制指示灯，两者应点亮 2s 左右。

(2)如果指示灯检查过程中出现故障，应进行相应电路的检查。

2. 故障码检查

(1)将点火开关转到 ON 位置；

(2)用专用检测仪将 TDCL 或检查插接器的端子 T_c 与 E_1 连接；

(3)读取高度控制 NORM 指示灯在仪表上输出的故障码；

(4)利用故障码诊断表检查故障情况；

(5)检查完后，将端子 T_c 与 E_1 断开，并关闭显示器。

3. 清除故障码

进行以下的任何一步均能将故障码清除：

(1)关掉点火开关的情况下，拆下 1 号接线盒中的 ECU-B 熔丝 10s 以上。

(2)关掉点火开关的情况下，用专用检测仪连接高度控制器插接器 8、9 号端子，同时使检查插接器 T_s 与 E_1 连接。保持这一状态 10s 以上，然后接通点火开关并脱开各端子。

第七节　车身的检测与诊断

现代普通轿车及中档轿车广泛采用无骨架承载式车身，它没有车架，发动机和底盘各总成直接固定在车身相应部位上，汽车行驶中各种载荷均由车身承受。因此发生汽车碰撞、翻车等意外事故时，车身变形较为严重。由于承载式车身是汽车各总成安装的基础，整形后车身上各点相互之间的位置关系不仅影响外形美观，还影响到车轮定位、底盘各总成相对位置、汽车左右侧轴距、操纵件运动是否干涉等一系列关键问题，因此，车身整形质量的高低直接影响到汽车行驶方向的稳定性、平顺性和操纵性，尤其是汽车高速化的今天，这个问题已越来越受到重视。传统的轿车车身整形是利用目测找出变形处，对变形处进行冷态校正，然后用拉线、直尺、角尺等简单通用量具或较粗糙的模板进行检验，这种方法显然难以满足测量的精度要求。

现代轿车车身整形广泛采用车体校正系统。这类系统除可实现整形汽车快速多点定位固定、全方位动力牵引校正外，还配有测量基准定位系统、专用量具和专用测量触头，可实现车身上各测量点的三维坐标精确测量，并备有常见车型测量基点分布图及底盘、车身数据，为提高车身整形速度和质量提供了保证。

轿车车身整形定位检测就是对已整形的轿车车身采用矫正系统提供的测量系统对车身上各测量基点的坐标参数进行测量，并将实测数据与矫正系统提供的该车型标准数据进行对比，以检查矫正质量。为保证可比性，测量时定位基准点、测量量具和检测触头必须符合矫正测量系统的规定和要求。

第六章
汽车发动机大修质量的检测与评定

汽车发动机大修竣工质量是指汽车发动机大修竣工后恢复其完好技术状况和寿命的程度。汽车发动机大修质量的检测与评定是对汽车发动机大修竣工质量和发动机大修过程中基本检验技术文件完善程度的综合评价。

第一节　汽车发动机大修竣工出厂技术条件

一、汽车发动机大修竣工技术要求

1.发动机外观

发动机的外观应整洁,无油污。发动机外表应按规定喷漆,漆层应牢固,不得有起泡、剥落和漏喷现象。

发动机点火、燃料供给、润滑、冷却和进排气等系统的附件应齐全,安装正确、牢固。

发动机各部位应密封良好,不得有漏油、漏水、漏气现象;电器部分应安装正确、绝缘良好。

2.发动机装备

(1)外购的零部件和附件均应符合其制造或修理技术要求。

(2)修复的零部件装配前应经检验,其性能应达到规定的技术要求。主要零部件如气缸体、气缸盖、曲轴、凸轮轴变速器等如需进行修理,应满足原制造厂维修技术要求或JT/T 104—1991《汽车发动机气缸体与气缸盖修理技术条件》、JT/T 105—1991《汽车发动机曲轴修理技术条件》、JT/T 106—1991《汽车发动机凸轮轴修理技术条件》和JT/T 108—1991《汽车变速器修理技术条件》的要求。

(3)发动机应按其装配工艺要求装配齐全;装配过程中应按要求进行过程检验,过程检验合格后再进行下一步装配。

(4)装配后的发动机应按原设计规定加注润滑油、润滑脂、冷却液。

(5)带有增压或中冷增压的发动机，增压装置应按原厂规定进行装配和检验，增压器工作应正常，转速应达到原设计规定。具有增压器旁通管道控制的发动机，旁通管道的开启与关闭应灵活可靠，开启及关闭的转速应符合原设计规定。

(6)对原设计规定需加装限速装置的发动机，维修人员应对限速装置做相应调整。限速装置宜在发动机走合期满后进行首次维护并拆除。

(7)电子控制燃油喷射系统装置应齐全有效。

(8)装配后的发动机如需进行冷磨、热试，应按工艺要求和技术条件进行冷磨、热试、清洗，并更换润滑油、机油滤清器或滤芯，原设计有特殊规定的按相应规定进行。

(9)柴油发动机装有的排气制动装置应可靠有效。

(10)柴油发动机喷油泵、喷油器、调速器均应进行调试、检测，其性能指标符合原制造厂维修技术要求。

3. 发动机性能

(1)发动机运转状况。

①发动机在各种工况下运转应稳定，不得有过热现象；不应有异常响声；突然改变工况时，应过渡圆滑，不得有突爆、回火、放炮等异常现象。

②当柴油发动机转速超过额定转速时，断油控制装置应正常有效。紧急停机装置在柴油发动机整个运转过程中应可靠有效，不得出现失控现象。

(2)起动性能。

按GB/T 18297—2001《汽车发动机性能试验方法》中的检验方法进行检验。汽油发动机在正常环境温度和低温－18℃时，都能顺利起动，允许启动3次。柴油发动机在正常环境温度和低温－10℃时，都能顺利起动，允许起动3次。

(3)怠速运转性能。

在正常工作温度下，发动机怠速运转稳定，其怠速转速应符合原厂设计规定，并能保证向其他工况圆滑过渡。

(4)进气歧管真空度。

在正常工作温度和标准状态下，汽油发动机怠速运转时，进气歧管真空度应符合原设计规定，其波动范围：6缸汽油发动机一般不超过3kPa；4缸汽油发动机一般不超过5kPa。

(5)增压发动机的增压压力及温度。

增压发动机的增压压力及温度应符合原设计规定。

(6)机油压力。

在规定转速下，发动机润滑系统应工作正常，机油压力和机油温度应符合原制造厂维修技术要求，警示装置应可靠有效。

(7)额定功率和最大转矩。

按GB/T 18297—2000《汽车发动机性能试验方法》中的检验方法进行检验。在标准状态下，发动机额定功率和最大转矩不得低于原设计标定值的90%。

环境温度在288～303K(15～30℃)范围内，海拔高度变化后，发动机额定功率可按公式(6.1)进行修正。

$$P_{修正}=P_{实测}/K \tag{6.1}$$

式中：

$P_{修正}$——修正功率，单位为千瓦，kW；

$P_{实测}$——实测功率，单位为千瓦，kW；

K——不同海拔高度额定功率、最大转矩修正系数，见表 6-1。最大转矩的修正方法、修正系数与额定功率的修正方法、修正系数相同。

表 6-1　不同海拔高度额定功率、最大转矩修正系数

海拔高度/m	1000	2000	3000	4000	5000
汽油发动机修正系数 K	0.87	0.77	0.67	0.57	0.47
柴油发动机修正系数 K	0.93	0.85	0.77	0.69	0.61

(8)最低燃料消耗率和机油消耗量按 GB/T 18297—2000《汽车发动机性能试验方法》中的检验方法进行检验。

最低燃料消耗率不得大于原设计标定值的 105%；机油消耗量应符合原设计规定。

(9)排放性能。

发动机排放装置应齐全有效，排放污染物限值应符合国家有关标准的规定。

(10)噪声。

发动机的噪声应符合国家有关标准的规定。

(11)电子控制燃油喷射系统技术参数与性能应符合原制造厂维修技术要求。

二、汽车发动机大修竣工质量验收

(1)承修单位应按要求对修竣发动机额定功率、最大转矩、燃料经济性、噪声、排放性能进行检验，并达到相应的规定及要求。对排放性能，汽油发动机和柴油发动机的合格性限值指标是不同的。

(2)发动机的装配过程中，要根据工艺要求进行过程检验并保持记录，过程检验合格的发动机进行下一步装配，装配完成后进行竣工检验，经竣工检验合格的发动机应签发合格证，并提供必要的技术文件。

(3)发动机维修技术资料应归档管理，包括发动机型号、编号、送修单位及送修人、维修过程中的更换件、维修部位、工时、人员、检验结果、判定依据和维修日期等。

(4)承修单位对大修竣工出厂的发动机应给予质量保证，质量保证期自竣工出厂之日起，不少于半年或行驶里程 20000km(以先到者为准)，送修方应按技术文件要求进行使用和维护。

第二节　汽车发动机大修质量评定内容和方法

汽车发动机大修基本检验技术文件是在汽车发动机大修过程中，为保证发动机修理质量，汽车修理企业所填制的必要的修理检验单证。主要包括发动机大修进厂检验单、发动机大修工艺过程检验单、发动机大修竣工检验单、发动机大修合格证等(简称"三单一证")。

发动机大修竣工检验单：汽车发动机大修竣工后，由汽车维修检验技术人员对发动机的技术状况进行技术鉴定的记录。发动机大修合格证：大修竣工的发动机，经过技术鉴定符合相应的标准后所开具的质量凭证。

一、汽车发动机大修质量评定内容与规则

1.汽车发动机大修质量评定内容

(1)汽车发动机大修进厂检验单。

(2)汽车发动机大修工艺过程检验单。

(3)汽车发动机大修竣工检验单。

(4)汽车发动机大修合格证。

汽车发动机大修竣工质量评定应包括启动运转检查,动力性、经济性测定,发动机四漏检查(漏油、漏气、漏水、漏电)及漆面检查等。

2.评定规则

汽车发动机大修基本检验技术文件是参与评定的基本条件,缺一不可。汽车发动机大修竣工质量评定是评定发动机大修质量的基本内容,评定项目按其重要程度分为"关键项"和"一般项"。以下评定项目中带星号(*)的项为关键项,其余为一般项。发动机大修质量评定,采用综合项次合格率来衡量,分为优等、一等、合格、不合格四级。综合项次合格率计算方法如下:

$$\beta_o = \sum_{i=1}^{3} k_i \beta_i \tag{6.2}$$

$$\beta_i = \frac{n_i}{m_i} \times 100\% \tag{6.3}$$

式中:

β_o—综合项次合格率;

β_i——项次合格率;

n_i——检查合格的项次数之和;

m_i——检查的项次数之和;

i——角标,取1,2,3分别表示汽车"大修基本检验技术文件",即"三单一证",修竣车及关键项;

k_i——修正系数,分别取0.2,0.6,0.2。

根据公式(6.2)和公式(6.3)计算得到的结果,从表6-2中可以查出相应的大修质量等级。

表6-2 汽车发动机大修质量分级标准

等级	要求	
	关键项次合格率	综合项次合格率
优等	$\beta_3=100\%$	$\beta_0 \geq 95\%$
一等	$\beta_3=100\%$	$85\% \leq \beta_0 < 95\%$
合格	$\beta_3=100\%$	$70\% \leq \beta_0 < 85\%$
不合格	$\beta_3<100\%$	$\beta_0 < 70\%$

由表 6-2 可以看出，汽车发动机大修合格的首要条件就是关键项次的合格率 $\beta_3=100\%$，即关键项对汽车发动机大修质量的合格性具有否决权，然后根据综合项次合格率的数值判定汽车发动机大修质量的等级。

二、汽车发动机大修基本检验技术文件的评定

1. 发动机大修进厂检验单

(1)发动机大修进厂检验单应包括下列内容：进厂编号、发动机型号及号码、进厂日期、托修单位、托修方报修情况、发动机附件状况、发动机运转情况、检验日期、承修方处理意见、检验员签字。

(2)检验单中字迹应清晰，项目应齐全、完整，填写应真实、正确。

对发动机大修进厂检验单进厂查阅，单据各项中有一处不符合要求，则计一项次不合格。

2. 发动机大修工艺过程检验单

(1)发动机大修工艺过程检验单应包括下列内容：进厂编号、发动机型号及号码、基础件和主要零部件的检验数据、检验结果记录、检验结论、处理意见、主修人签字及日期、检验员签章及日期等。

(2)检验单中字迹应清晰，项目应齐全、完整，填写应真实、正确。检验项目、名词术语、计量单位、基础件和主要零部件的检验项目、技术要求应符合国家及行业有关标准及原厂规定。对发动机大修工艺过程检验单进行查阅，单据中各项有一处不符合要求，则计一项次不合格。

3. 发动机大修竣工检验单

(1)发动机大修竣工检验单中内容应包括：进厂编号、托修单位、承修单位、发动机型号及号码、装备及装配检验、性能检验、检验结论、总检验员签章及日期等。

(2)检验单中字迹应清晰，项目应齐全、完整，填写真实、正确。检验项目、要求、方法、名词术语和计算单位应符合国家、行业有关标准及相关车辆修理技术文件的有关规定。

对发动机大修竣工检验单进行查阅、核对，单据中各项有一处不符合要求，则计一项次不合格。

4. 发动机大修合格证

(1)发动机大修合格证内容应包括：进厂编号、发动机型号及号码、出厂日期、总检验员签章及日期、走合期规定、保证期规定、维修合同号、承修单位技术质量检验部门盖章。

(2)合同中字迹应清晰，项目应齐全、完整，填写应真实、正确。合同中名词术语应符合国家及行业有关标准中的规定。

对发动机大修合格证进行查阅、核对，合格证中各项有一处不符合要求，则计一项次不合格。

三、汽车发动机大修竣工质量评定

1. 装备与装配

发动机装备应齐全、有效，例如，商用汽车的装备与装配应符合《商用汽车发动机大修竣

工出厂技术条件》中的有关规定，经检视，有一处以上缺陷则为不合格。

2. 启动性能

(1)冷车启动。

汽油发动机在环境温度不低于−18℃时，柴油发动机在环境温度不低于−10℃时，应起动顺利，允许连续起动不多于3次，每次起动不多于5s，经检视，起动超过3次或多于5s均为不合格。

(2)热车起动。

发动机在正常工作温度下5s内能启动，经检视，不符合要求为不合格。

3. 真空度

(1)真空度数值。

汽油发动机怠速时，进气歧管真空度应在57～70kPa范围内，大气压强以海平面为准，用转速表、真空计检查时，不符合规定为不合格。

(2)真空度波动范围。

发动机怠速时，进气歧管真空度波动：六缸汽油机不超过3kPa，四缸汽油机不超过5kPa，用转速表、真空计检查，不符合规定为不合格。

4. 气缸压力

(1)压力数值。

气缸压缩压力应符合原设计规定，用转速表、气缸压力表检查，不符合规定为不合格。

(2)各缸压力差。

每缸压力与各缸平均压力的差：汽油机不超过8%，柴油机不超过10%。用转速表、气缸压力表检查或用发动机分析仪测量，不符合规定为不合格。

5. 发动机运转情况

(1)怠速。

发动机怠速运转稳定，其转速符合原设计规定，转速波动要不大于50r/min，用转速表进行运转试验或用发动机综合分析仪测量，不符合规定为不合格。

(2)改变转速。

发动机改变转速时应过渡圆滑，用发动机转速表测量，不符合要求为不合格。

(3)加速或减速。

发动机突然加速或减速时不得有突爆声，不得有断火、回火、放炮现象，经检视，不符合要求为不合格。

6. 异响

发动机在正常工况下运转时，不得有异常响声，经检视或用发动机异响分析仪检查，不符合要求为不合格。

7. 功率

发动机最大功率不得低于原设计规定值的90%，用测功机(仪)按有关规定测量，不符合要求为不合格。

8. 扭矩

发动机最大扭矩不得低于原设计标定值的90%，用测功机（仪）按有关规定测量，不符合要求为不合格。

9. 燃料消耗率

发动机最低燃料消耗率不得高于原设计标定值的105%，用油耗仪、测功机（仪）按有关规定测量，不符合要求为不合格。

10. 排放

根据汽车生产年限不同，汽油机和柴油机排放都应符合国家相应的有关规定，不符合规定为不合格。

11. 机油压力

发动机机油压力应符合原设计规定，用机油表进行运转试验，不符合规定为不合格。

12. 水温、油温

发动机水温、油温应符合原设计规定，用水温表、油温表进行试验，不符合规定为不合格。

13. 润滑油

发动机润滑油的规格、数量、质量应符合原设计规定，经检视或用润滑油质分析仪检查不符合要求的视为不合格。

14. 四漏情况

发动机应无漏水、漏油、漏气、漏电现象，经检视不符合要求的视为不合格。

15. 停机装置

柴油发动机停机装置应灵活有效，经检视不符合要求的视为不合格。

16. 限速装置

发动机应按规定加装限速片或对限速装置进行调整并加铅封，经检视不符合要求的视为不合格。

17. 涂漆

发动机应按规定涂漆，涂层应均匀，不得有漏涂现象，经检视有两处以上缺陷视为不合格。

第七章 汽车车身大修质量的检测与评定

汽车车身大修指车身修理作业面积超过50%并进行全车身喷漆的修理作业。汽车车身大修质量检测与评定指对汽车车身大修竣工的质量和汽车车身大修基本检验技术文件完善程度的综合评价。汽车车身大修竣工质量指汽车车身大修竣工后恢复其完好技术状况和寿命的程度。

第一节 大客车车身修理技术要求

一、车身修理技术要求

1.骨架

(1)骨架各构件局部损伤、断裂或严重锈蚀时，允许加固修复或更换新件。更新件应符合原设计要求。

(2)立柱下端锈蚀面积与其总面积之比达1/3以上应局部截换，如有上述损坏并断裂的，应整件更新。

(3)立柱间距公差及相邻两侧框架间距累积公差均应符合原设计要求。

(4)顶盖横梁弧度分3段用样板检查，其面轮廓度公差值为4mm。检查用样板的重叠长度应超过检查部位长度100mm以上，保证3段接合圆顺。

(5)骨架整形后，外形平整、曲面衔接变化均匀，侧窗下沿及地板围衬处用样板检查，其面轮廓度公差值为4mm。

(6)车架纵梁上平面及侧面的纵向直线度公差，在任意1000mm长度上为3mm，在全长共为其长度的1‰。

(7)车架总成左、右纵梁上平面应在同一平面内，其平面度公差为被测平面长度的1.5‰。

(8)车架分段(前钢板前支架销孔轴线——前钢板后支架销孔轴线——后钢板前支架销

孔轴线——后钢板后支架销孔轴线)检查,各段对角线长度差不大于 5mm。

(9)各装置支架应无脱焊、裂损,安装牢固。

(10)车身横断面框架对角线长度差不大于 8mm。

(11)乘客门框对角线长度差不大于 4mm,或用专用检测工具测量,误差符合设计要求。

(12)驾驶员门框用样板检查,其线轮廓度公差值为 4mm。

(13)前后挡风窗框整形后用样板检验,其形状、尺寸及止口弧度、止口深度应符合原设计要求,止口弧度的面轮廓度公差值为 4mm。

(14)无骨架的挡风窗框,允许分段挖补,其要求同上述第(13)条的规定。

(15)侧窗框对角线长度差不大于 3mm。

2. 内外蒙皮及饰件

(1)外蒙皮外表平整,外形曲面过渡均匀,无裂损及严重锈蚀。更换外蒙皮时,对外蒙皮应做预应力拉伸和除锈、防锈、防腐处理;有加强折线的外蒙皮,折线应平齐,前后一致。

(2)外蒙皮内表面应与立柱骨架和衬板紧密贴合,应进行隔热、隔音处理。

(3)外装饰带与蒙皮贴合良好,平直圆顺,分段接口处平齐,接口间隙不大于 0.50mm。

(4)内蒙皮(围板)应无裂损、翘曲。软质内顶篷不得折皱、松弛、破损。

(5)内饰材料的阻燃性能应符合 GB 8410—1994《汽车内饰材料的燃烧特性》的规定。

(6)内饰板、内外装饰件外观应平顺贴合,曲面过渡均匀,表面无凸凹变形、裂损、皱叠、划痕等。内饰板的面轮廓度公差值为 1.5mm,压条与各板之间应密合,紧固件排列整齐,安装牢固。

(7)玻璃钢制件局部裂损允许用玻璃钢材料修复。

(8)电镀装饰件和不锈钢件应光亮、无锈斑、脱层、凹凸、划痕。

(9)铝质装饰件应进行表面抛光、氧化或电化学处理。

3. 铆接与焊接

(1)铆接。

①铆接应坚实牢固,所有铆钉应平贴紧固,排列整齐,间距均匀。铆钉头不应有破损、歪斜、压伤、头部残缺等现象。

②蒙皮铆钉排列应平直整齐,间隔均匀,位置度公差值为∅4mm。

(2)焊接。

①车身骨架焊接应牢固、可靠、安全。

②焊缝表面平整,宽度均匀,焊点应平整光滑,无咬边、弧坑、烧蚀、飞边、虚焊、夹渣、裂纹、焊瘤等缺陷。

4. 油漆

(1)车身骨架、底架及蒙皮内表面应进行除锈及防锈、防腐处理。

(2)对可利用的外蒙皮、零部件,涂漆前应清除旧漆皮、腻子、底漆及铁锈。

(3)油漆涂层外观应色泽均匀,表面漆膜附着牢固,漆面和漆层无流痕、脱层、裂纹、起泡、皱纹和漏漆等现象。油漆涂层应符合 QC/T 484—1999《汽车　油漆涂层》的有关规定。

(4)不需涂漆的部位,不应有漆痕。

5. 其他要求

(1)地板应安装严密,排列均匀,表面平伏,无裂损。与各操作件不相干涉,各种操作机构与地板穿孔处应安装防尘罩或防尘垫。

(2)车门(安全门)及车窗应完好,无翘曲变形和渗水现象,开关灵活,锁止可靠,门把、摇把齐全完好、灵活有效。安全门的技术性能应符合原设计规定。

(3)门窗玻璃应采用安全玻璃,并符合 GB 9656—2003《汽车安全玻璃》的规定;前挡风玻璃应不炫目且应采用夹层玻璃或部分区域钢化玻璃;其他门窗可采用钢化玻璃,并应齐全、完好、透明。

(4)门泵托板牢固,罩盖无翘曲,铰链灵活,锁止后不震响。门泵连动机构动作正常、柔和。扶手杆及托座(包括三通)无锈蚀、弯曲、松动,表面光洁。

(5)行李舱应保持原设计结构,舱门无翘曲变形,关闭严密、启闭灵活、锁止可靠。

(6)发动机罩应无裂损、变形,盖合严密;附件齐全有效,灵活可靠,支撑牢固。

(7)铰接车辆车身铰接装置、连接机构应牢固、灵活,对十字轴、铰接机构球头销应进行探伤检查,各配合件应符合原车技术要求。

(8)铰接机构的安全装置应符合原设计要求。半圆板无翘曲、锈蚀及严重磨损,铰链完好,半圆板与月形转动护板之间最大间隙不大于 6mm。

(9)篷骨无锈蚀、断裂、扭曲。伸缩篷应换新,安装平伏牢固。防尘装置应齐全、完好,空气弹簧安装适中、可靠,有防锈、防尘措施。

(10)换气装置应工作正常,安装牢固,符合原设计要求。

(11)空调系统的各管路接头应无泄漏,冷凝器应清洁通畅,风道结构及出风口应符合原设计要求。

(12)踏脚板应无裂损、锈蚀、凹瘪变形等缺陷,安装牢固。

二、附件及电器的安装要求

1. 附件

(1)座椅架及卧铺架无裂损、变形及严重锈蚀,安装牢固,排列整齐,间距符合原车设计规定。驾驶员及乘客座椅、卧具及车内具有调节装置的部位,应装备齐全、灵活可靠,定位锁止机构有效。座椅、卧具靠背及垫铺应缝制均匀牢固,色调一致;原设计安全带应牢固有效。

(2)仪表板无裂损、凹瘪、松动,仪表齐全,各开关、指示灯完好,刻度清晰,标志分明。

(3)刮水器工作可靠,有效刮水面达到原设计要求。

(4)后视镜成像清晰,调节灵活,支架无裂损及锈蚀,安装牢固并应满足 GB 15084—1994《汽车后视镜的性能和安装要求》的规定。

(5)遮阳板无翘曲、裂损,板面清洁,支架松紧适宜,作用良好。

(6)保险杠、散热器面罩、灭火器完好可靠,安装牢固。

(7)燃油箱安装牢固,支架、夹箍与油箱之间应安装衬垫,不允许有摩擦或碰撞现象。出油管不松动,放油螺塞无渗油。

2. 电器

(1)电器设备及线路安装应符合原设计要求,安装牢固,工作正常。

(2)各仪表、车内外照明灯、影音装置、信号监控、报警装置及各调节控制装置和电器设备齐全完好,工作有效。

(3)外部照明位置和光色符合 GB 4785—2007《汽车及挂车外部照明和光信号装置的安装规定》。

(4)低压线外表绝缘层无老化、破损,穿线孔处应装有护线圈,包扎紧密,固定牢靠。

三、竣工检验

(1)外观整洁周正,装备齐全,表面无玷污、漏漆及机械损伤。

(2)外形尺寸符合原设计规定。

(3)整备质量及各轴负荷分配的最大值所增加的质量不得超过原设计质量的 3%。

(4)各操纵机构的安装应符合原设计规定,各部件连接牢固,密封良好,操纵灵活有效,无相互干涉碰撞现象。

(5)顶窗应开启到位,行车时不能自行落下;安全门应工作有效。

(6)车窗玻璃清洁、完整、不松动,开关灵活、锁止可靠,行程符合要求。

(7)车辆行驶时蒙皮不应有抖动声。

(8)电器设备及各种仪表运行中工作正常。

承修单位对修竣客车车身应给予质量保证,质量保证期自出厂之日起,不少于半年或行驶里程不少于 20000km(以先到者为准)。

第二节　汽车车身大修竣工质量评定内容和方法

汽车车身大修基本检验技术文件指在车身大修过程中,为保证车身修理质量,汽车修理企业所填制的必要的修理检验单证。汽车车身大修基本检验技术文件主要包括汽车车身大修进厂检验单、车身大修工艺过程检验单、车身大修竣工检验单和车身大修合格证。

汽车车身大修竣工检验单指在汽车车身大修竣工后,由汽车维修检验技术人员对车身技术状况进行技术鉴定的记录。汽车车身大修合格证指大修竣工的汽车车身,经过技术鉴定并符合相应标准后的质量凭证。

一、汽车车身大修竣工质量评定内容与规则

1.汽车车身大修竣工评定内容

汽车车身大修检验完毕后的评定内容包括汽车车身大修检验基本技术文件评定和汽车车身大修竣工质量评定两部分,其中基本技术文件包含 4 项,分别是:

(1)汽车车身大修进厂检验单。

(2)汽车车身大修工艺过程检验单。

(3)汽车车身大修竣工检验单。

(4)汽车车身大修合格证。

汽车车身大修竣工质量评定内容是对蒙皮、护板、门窗、行李舱盖、发动机罩、座椅、装饰件附件等的形状、涂层和主要技术性能的检查评定。

2.评定规则

汽车车身大修检验基本技术文件齐全是参与评定的基本条件，缺一不可，缺一种单证计一关键项次不合格，则整个车身大修就为不合格。汽车车身大修竣工质量评定的内容是评定汽车车身大修质量的基本项目，按各项目的重要程度分为“关键项”和“一般项”。汽车车身大修质量的评定采用综合项次合格率来衡量，分为优等、一等、合格、不合格 4 级。综合项次合格率计算方法如下：

$$\beta_0 = \sum_{i=1}^{3} k_i \beta_i \tag{7.1}$$

$$\beta_i = \frac{n_i}{m_i} \times 100\% \tag{7.2}$$

式中：

β_0——综合项次合格率；

β_i——项次合格率；

n_i——检查合格的项次数之和；

m_i——检查的项次数之和；

i——角标，取 1,2,3 分别表示汽车车身“大修基本检验技术文件”“修竣车所有检测项目”和“关键项”；

k_i——修正系数，分别取 0.2,0.6,0.2。

根据公式(7.1)和公式(7.2)计算得到的结果，从表 7-1 中可以查出相应的大修质量等级。

由表 7-1 可以看出，汽车车身大修合格的首要条件就是关键项次 β_3 的合格率要保证是 100%，即关键项对汽车车身大修质量的合格性具有否决权，然后根据综合项次合格率的数值判定汽车车身大修质量的等级。

表 7-1　汽车车身大修质量分级标准

等级	要求	
	关键项次合格率	综合项次合格率
优等	$\beta_3 = 100\%$	$\beta_0 \geqslant 95$
一等	$\beta_3 = 100\%$	$85\% \leqslant \beta_0 < 95\%$
合格	$\beta_3 = 100\%$	$70\% \leqslant \beta_0 < 85\%$
不合格	$\beta_3 < 100\%$	$\beta_0 < 70\%$

二、汽车车身大修基本检验技术文件的评定

1.汽车车身大修进厂检验单

(1)汽车车身大修进厂检验单应包括下列内容：进厂编号、牌照号、厂牌、车型、托修单位、车辆状态、托修方报修情况、车身附件清点记录、车身检查记录、检验日期、承修方处理意见、检验员签字。

(2)单中字迹应清晰，项目应齐全、完整，填写应真实、正确。

通过查阅对汽车车身大修进厂检验单进行评定，单中各项有一处不符合要求，则计一项

次不合格。

2. 汽车车身大修工艺过程检验单

(1)检验单应包含下列内容：进厂编号、厂牌、车型、检验项目、检查结果记录、检验结论、处理意见、主修人签字、检验员签字、日期等。

(2)单中字迹应清晰，项目应齐全、完整，填写应真实、正确；单中检验项目及文字术语应符合国家及行业有关标准以及相关车辆修理技术文件的有关规定。

通过查阅对汽车车身大修工艺过程检验单进行评定，单据中各项有一处不符合要求，则计一项次不合格。

3. 汽车车身大修竣工检验单

(1)检验单应包括下列内容：进厂编号、托修单位、承修单位、牌照号、厂牌、车型、车辆装备状况、车辆改装改造状况、检验记录、检验结论、检验员签字、检验日期等。

(2)单中字迹应清晰，项目应齐全、完整，填写真实、正确；单中检验项目、要求、方法及文字术语应符合国家、行业有关标准及相关车辆修理技术文件的有关规定。

通过查阅对汽车车身大修竣工检验单进行评定，单据中各项有一处不符合要求，则计一项次不合格。

4. 汽车车身大修合格证

(1)合格证内容应包括：进厂编号、牌照号、厂牌、维修合同号、车型、出厂日期、总检验员签章及日期、承修单位质量检验、部门盖章、保证期规定等。

(2)证中字迹应清晰，项目应齐全、完整，填写真实、正确；证中名词术语应符合国家及行业相关标准中的规定。

通过查阅对汽车车身大修合格证进行评定，证中各项有一处不符合要求，则计一项次不合格。

三、汽车车身大修竣工质量检验与评定

1. 整备质量

车身修竣后汽车整备质量及轴荷分配不得超过原设计的 3%，用汽车轮轴质量仪测量，不符合规定为不合格。

2. 外形尺寸*

外形尺寸应符合原设计规定，用钢卷尺按 GB/T 12673—1990《汽车主要尺寸测量方法》规定测量，不符合规定为不合格。

3. 内、外部凸起物*

车身内、外部不应有任何使人致伤的尖锐突出物，经检视后，有一处上述缺陷为不合格。

4. 车身蒙皮及护板

(1)蒙皮。

车身蒙皮应形状正确、平整，曲面圆顺、无松弛和裂损，经检视后，有一处以上缺陷为不

* 注：* 为关键项，其余为一般项。

合格。

(2)铆、螺钉。*

车辆周身铆、螺钉应平贴、紧固,经检视后,有5处以上缺陷为不合格。

(3)护板。

车辆护板应平整、曲面圆顺、无凸凹变形和裂损,经检视后,有两处以上缺陷为不合格。

(4)护板及压条。

车辆蒙皮及护板压条应密合牢固,且应平直,不应有扭曲变形,经检视后,有两处以上缺陷为不合格。

5.面漆

(1)面漆表面。

面漆表面应无流痕、起泡、裂纹、皱皮、脱层、缺漆(货车货箱面漆允许有不明显的皱纹、刷痕、流痕),经检视后,有两处以上缺陷为不合格。

(2)面漆边界。

面漆异色边界应分明、整齐,经检视后,有两处以上缺陷为不合格。

(3)漆膜光泽。

车身蒙皮漆膜光泽度:客车应不低于90%;货车驾驶室不低于85%。用漆膜光泽测量仪按GB/T 1743—1979《漆膜光泽度测定法》中的规定测量,不符合规定为不合格。

(4)漆硬度。

漆表面硬度应符合QC/T 484—1999《汽车　油漆涂层》,按QC/T 484—1999《汽车油漆涂层》规定检验,不符合规定为不合格。

6.装饰件

(1)内外装饰件外观。

内外装饰件外观应平顺贴合、无凹陷、凸起或弯曲,拐角圆顺,表面无划痕、锤击印。紧固件排列整齐、安装牢固,经检视后,有两处以上缺陷为不合格。

(2)外装饰带。

外装饰带分段接口处应平齐,接口间隙不大于0.50mm,并与窗下缘平行,其平行度误差在全长内不应大于5mm,用厚薄规测量接口间隙,用钢尺测量平行度,有一处以上缺陷为不合格。

(3)电镀装饰件。

电镀装饰件应光亮,无锈斑、脱层、划痕;铝质装饰件表面应抛光,并经氧化或电化学处理。经检视后,有两处以上缺陷为不合格。

7.货箱

(1)金属货箱。

金属货箱应无腐蚀、裂损,边板和地板应形状正确、表面平整,经检视后,有两处以上缺陷为不合格。

(2)木质货箱。

木质货箱地板缝隙全长内不超过2mm,边板和底板应平整,左右边板应平行,其高度差应不超过10mm,边板关闭后,各边缝隙不应超过5mm,用钢尺测量,经检视后,有两处以上缺陷为不合格。

(3)货箱附件。

货箱边板各部角铁、铰链支架、篷钩、篷杆插座锁钩及货箱衬垫应按原厂设计修配齐全、有效,经检视后,有三处以上缺陷为不合格。

8. 车门

气动车门在原车规定气压下应起动灵活、锁止可靠,手动车门应启闭轻便、锁止可靠。门缝均匀,密封条密封有效,经检视后,不符合规定为不合格。

9. 车窗(风窗、后窗)

(1)外形。

侧窗、角窗及顶风窗无翘曲变形,经检视后,有两处以上缺陷为不合格。

(2)开启。

可开窗应启闭轻便、关闭严密、锁止可靠,摇窗机应灵活有效,经检视后,有两处以上缺陷为不合格。

(3)密封条。

密封条应齐全,无老化、破损,黏接牢固、有效,经检视后,有两处以上缺陷为不合格。

10. 玻璃*

门窗玻璃应采用安全玻璃,前挡风玻璃应采用夹层玻璃或部分区域钢化玻璃;其他门窗可采用钢化玻璃,并应齐全、完好、透明。前挡风玻璃应不眩目,经检视后,有两处以上缺陷为不合格。

11. 地板

客车地板应无裂损,表面平整、密合,木质地板应排列均匀,经检视后,有两处以上缺陷为不合格。

12. 发动机罩

发动机罩应无裂损、凹凸变形,盖合严密、边缝均匀、边盖板平整,附件齐全有效、开启灵活、锁止可靠,经检视后,有两处以上缺陷为不合格。

13. 行李箱盖

行李箱盖应无裂损、变形,开启灵活、盖合严密、边缝均匀、锁止可靠、支撑牢固,经检视后,有两处以上缺陷为不合格。

14. 座椅

(1)间距。

座椅间距应符合原厂设计规定或符合改装改造技术要求的规定,用钢尺测量,经检视后,有两处以上缺陷为不合格。

(2)椅架。

座椅架应无裂损、变形、锈蚀,安装牢固,经检视后,有两处以上缺陷为不合格。

(3)调节机构。

座椅调节机构应灵活、有效、锁止可靠,经检视后,有两处以上缺陷为不合格。

15. 行李架

行李架应无裂损、明显变形，安装牢固，经检视后，有一处以上缺陷为不合格。

16. 尾梯

尾梯应无裂损、明显变形，安装牢固，经检视后，有一处以上缺陷为不合格。

17. 仪表盘

仪表盘无裂损、凹凸变形，安装可靠，仪表齐全、完好、准确，经检视后，有一处以上缺陷为不合格。

18. 遮阳板

遮阳板应无翘曲、裂损，支架松紧适宜、作用良好，经检视后，有一处以上缺陷为不合格。

19. 后视镜

后视镜要成像清晰，调节灵活，支架无裂损及锈蚀，装置牢固，经检视后，有一处以上缺陷为不合格。

20. 刮水器

刮水器要工作可靠，有效刮面达到原设计要求，经检视后，不符合要求为不合格。

21. 防雨密封性△(△客车为关键项)

货车的防雨密封装置应完好有效，客车防雨密封性限值应符合《汽车密封性》中的规定，不符合要求为不合格。

22. 防尘密封性△(△客车为关键项)

货车的防尘密封装置应完好有效，不应有明显进尘现象，客车防尘密封性限值应符合《汽车密封性》中的规定，按 GB/T 12478—1990《客车 防尘密封性试验方法》中的规定测量，不符合要求为不合格。

23. 车内噪声*

汽车最大允许噪声应符合 GB 1495—2002《汽车加速行驶车外噪声限值及测量方法》的有关规定，用声级计按 GB/T 1496—1979《机动车辆噪声测量方法》中的规定测量，不符合要求为不合格。

8

第八章 汽车维修设备使用安全

汽车维修企业的设备按照 GB/T 9—2004《汽车维修业开业条件》的要求可分为量具、工具、通用设备、专用设备及检测设备，本章针对汽车维修企业必备的仪器、仪表、工具、设备从基本安全操作的角度做逐一介绍。

第一节 检测仪器

一、通用检测仪表

1. 万用表

万用表是用来进行电流、电压、电阻及导线通断性的检测设备，万用表是汽车检测和维修过程中最常见的一种仪表，常见的万用表有指针式和数字式两种，如图 8.1 所示。

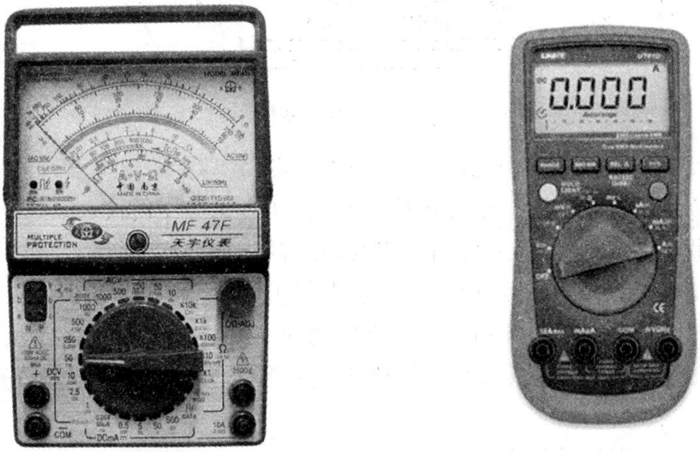

(a)指针式　　(b)数字式

图 8.1 万用表

在万用表的使用过程中应当注意以下事项：

(1)使用前应当检查万用表外观、表笔是否有损坏的绝缘或裸露的金属、表笔的通断性，并注意连接插座附近的绝缘性。使用前可通过测量已知电压的方式确认仪表工作正常，不要使用已损坏的万用表。测量时注意交流电、直流电的转换，避免触电。

(2)测量电流时，在万用表接入线路之前关闭线路的电源，将万用表串入被测电路，测量电压时，应将表笔并联在被测电路中。

(3)测量电路中的电阻时，应当切断电源。

(4)测量电容时，应将电容插入电容插座中，不能用表笔直接量，如图 8.2 所示。

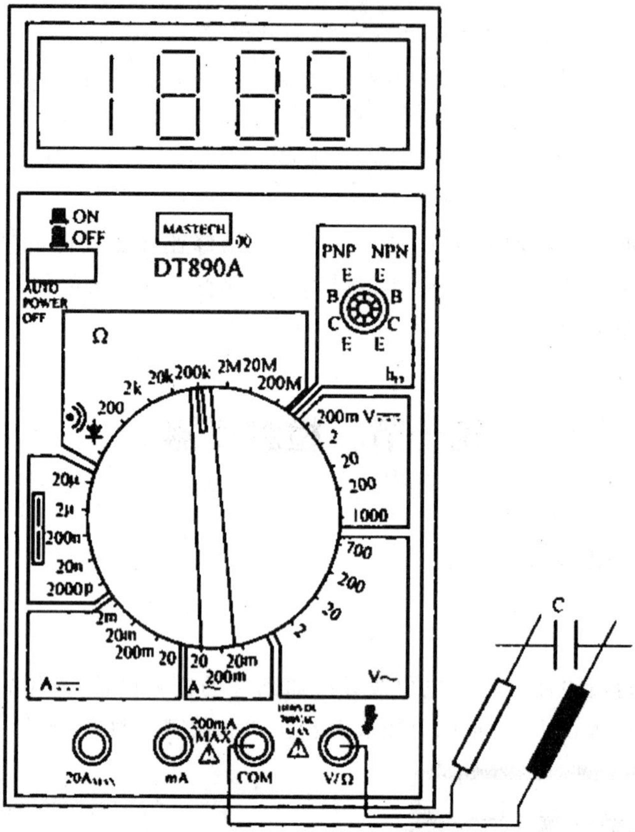

图 8.2　万用表测量电容方法

(5)打开万用表的电池盖或外壳前，表笔必须从电路中断开，电源必须处于关闭状态，避免电击；万用表的电池盖或外壳一部分被拆下或松开时，切勿使用仪表。

(6)当操作出现异常时，请不要使用万用表，此时保护可能已损坏。

(7)不要在爆炸性的气体、蒸汽或灰尘环境中使用万用表。

(8)不要在任何两个端子或任何端子与搭铁之间，输入超过仪表上标明的额定电压。

(9)在测量交流电压 30V 均值、42V 峰值或直流电压 60V 以上时，请特别留意，此类电压可能会导致电击危险。

(10)使用表笔时，保持手指在表笔的挡手后面。

2. 真空表

测量进气歧管的真空度是诊断发动机工作状况的一种方法，进气歧管的真空度用真空表(图 8.3)来测量。测量时，需要将真空表的软管连接到进气歧管真空源或进气歧管、节气门体上的某点，必要时在进气歧管上安装专用接头。

图 8.3　真空表

3. 外径千分尺

千分尺又称螺旋测微器，是一种精密的测量工具，测量精度可达到 0.01mm。按照用途可分为外径千分尺(图 8.4)和内径千分尺。使用过程中应注意以下事项：

(1)外径千分尺只限于用来测量精密零部件，不得用来测量毛坯等粗糙表面。不得用来测量运转或高温的部件；不得将外径千分尺当卡规或当锤子等使用。

(2)校准棒要保持完好无损。必须拆卸维护时，应特别注意防止螺纹碰撞。使用时不可过分用力拧紧微分筒。

(3)使用千分尺前先要检查其零点是否校准，测砧与测微螺杆之间的接触面要保持干净；检查微分筒的端面与固定套管上的零刻度线是否重合。

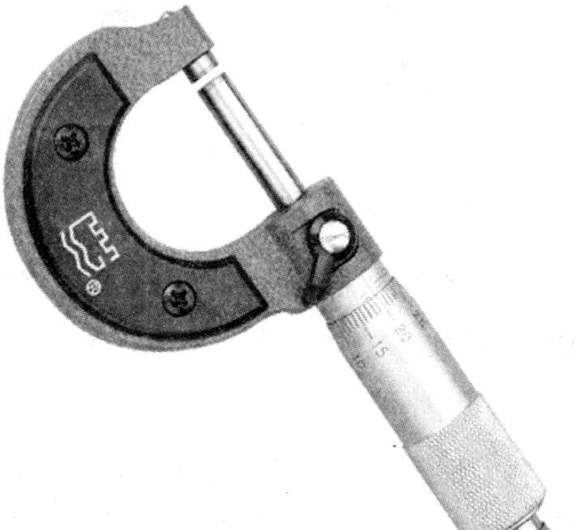

图 8.4　外径千分尺

(4)检查千分尺零位是否校准时，要使测微螺杆和测砧接触，防止发生向后旋转时测量装置两者不分离的现象。

(5)千分尺放置在工作间内时间要足够长，以便适应房间温度，避免突变温度影响测量精度。测量时必须在恒定的测量压力下进行。

(6)使用时，必须轻拿轻放，不可随意丢放或摔打；不使用时，将测量面保留 0.5～1mm 间隙，擦拭防锈油，存放于盒内。

4. 厚薄规

厚薄规又称塞尺，用于测量零件的配合间隙，例如测量气门或活塞环槽等的间隙。厚薄规是由一组不同厚度的薄钢片组成，如图 8.5 所示。测量时应注意以下事项：

(1)一个厚薄规钢片不能测量间隙时，可根据每条钢片的厚度标示，用 2 个或 3 个钢片组合一起使用。

(2)测量时将不用的钢片收起来，尽可能使用最少的钢片进行测量。

(3)钢片薄而且易断，测量时动作要轻。禁止强行将钢叶片推入待测部位，防止钢叶片的变形或损坏。

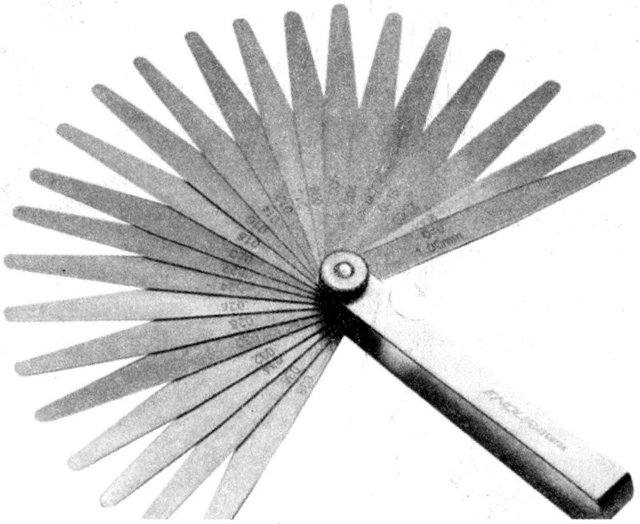

图 8.5 厚薄规

(4)使用时应尽量减少钢片与被测表面的摩擦，提高钢片的使用寿命和精度。使用后应将钢片擦拭干净，并收回到保护壳内。

5. 游标卡尺

游标卡尺是汽车维修过程中使用最广泛的测量仪器，是一种测量长度、内外径、深度的量具。游标卡尺由主尺和附在主尺上能滑动的游标副尺两部分构成，如图 8.6 所示。汽车维修工作中，0.02mm 精度的游标卡尺使用最多。操作使用时应当注意以下事项：

(a)机械式游标卡尺　(b)数显式游标卡尺　(c)表盘式游标卡尺

图 8.6 游标卡尺

(1)根据待测工件尺寸选择合适规格的游标卡尺。保持游标卡尺和被测工件表面清洁，使用前要确认卡尺无损伤、尺身移动灵活。零点标正时，将量爪并拢，游标副尺和主尺的零刻度线应对齐。

(2)测量时应先拧松紧固螺钉，移动游标副尺不能用力过猛，两量爪与待测工件的接触不宜过紧，不能使被夹紧的工件在量爪内挪动，不要在磁性环境和工件运动时测量，避免发生事故和测量面的磨损，使用时要轻拿轻放，不得碰撞或跌落。

(3)应保持其测量面、齿条和其他传动部分的清洁、润滑，防止灰尘、铁屑等物损坏齿条。测量后应揩净并合闭量爪，涂上防锈油，然后放回盒中并置于干燥处。

(4)数显式游标卡尺：五位显示数同时闪动，约每秒一次，说明电池电压过低，应更换新电池(纽扣电池型号为 NL 牌 SR44)；显示器不能计数(数字锁死)，是电路偶然故障，取下电池等 30s 后重新装入；显示器无显示，可能是电池接触不良(调整并清洁电池夹)，也可能是电池电压低(应更换新电池)。

(5)非专业人员不可拆卸游标卡尺。

二、专用检测仪表

1. 气缸压力表

气缸压力表是用来检测气缸压缩压力的仪表(图 8.7)。它有一个长而灵活的胶管，管的尾部是连接头，灵活的胶管能够方便测量一些不容易到达的地方，连接头可以更换，以便安装到不同的火花塞孔上进行测量。

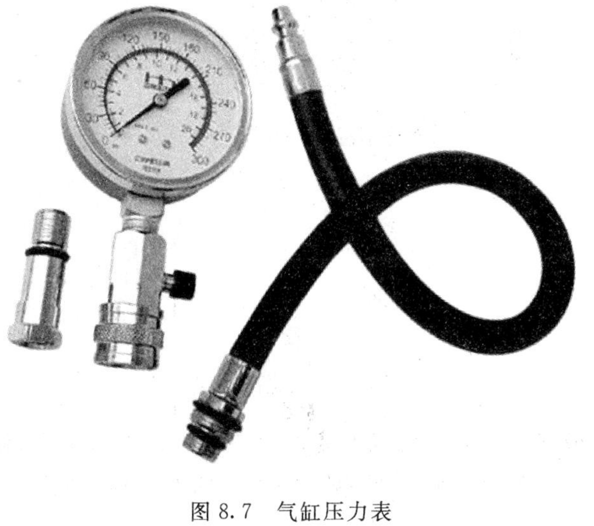

图 8.7　气缸压力表

2. 燃油压力表

燃油压力表是用来检查燃油泵的输出压力、燃油喷射系统的调节压力，以及喷油器的压力降的仪表(图 8.8)，对于诊断燃油喷射系统工作状况非常重要。检测燃油压力时，要防止因燃油溢出而引起的爆炸和着火。

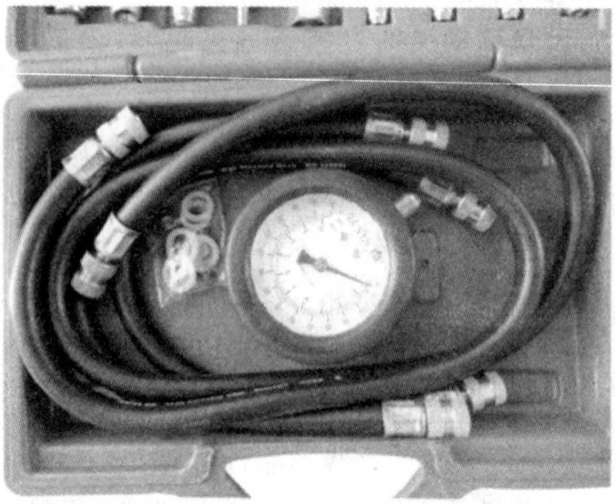

图 8.8　燃油压力表

3.轮胎气压表

轮胎气压表(图 8.9)是一种气压轮胎气压表，它由表头、活塞、表体、标尺、主弹簧等组成。操作使用中应注意以下事项：

图 8.9　轮胎气压表

(1)轮胎必须在散热后再进行充气作业，因车辆行驶时胎温上升，轮胎气压会随着变化。

(2)气门嘴和气门芯配合要平整，有凸出凹进的现象及其他缺陷，都不得进行充气和气压测量。

(3)充入轮胎的空气不能含有水分和油液，以防轮胎内橡胶变质损坏。

(4)轮胎充气应严格按照规定操作，超过额定充气压力会引起其强力降低，影响轮胎寿命甚至会发生危险。

(5)充气时要随时检查气压变化，以免因充气过多使轮胎爆破。

(6)轮胎充气前，应将气门嘴上的灰尘擦净，不要松动气门芯。充气完毕后，应检查气门嘴是否漏气，并将气门嘴帽配齐装紧，防止泥沙进入气门嘴内部。

4. 量缸表

量缸表又称为内径百分表，多用于孔径的测量，如图 8.10 所示。

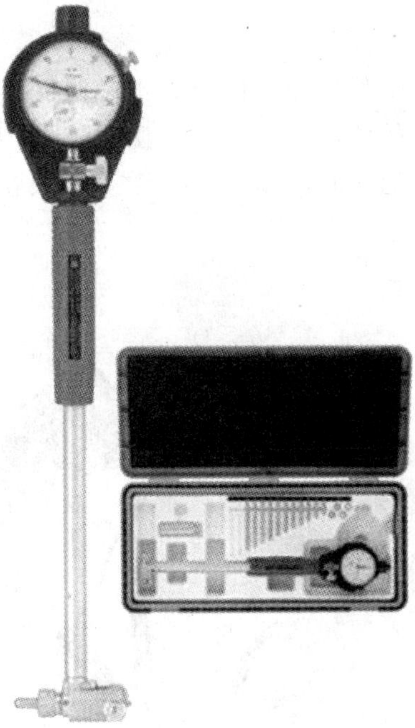

图 8.10　量缸表

在汽车维修作业中主要用来测量发动机气缸内径、圆度、圆柱度和磨损量等。量缸表由百分表及量杆组合而成。操作使用时应注意以下事项：

(1)应使量杆和被测孔径的轴线垂直，如图 8.11。

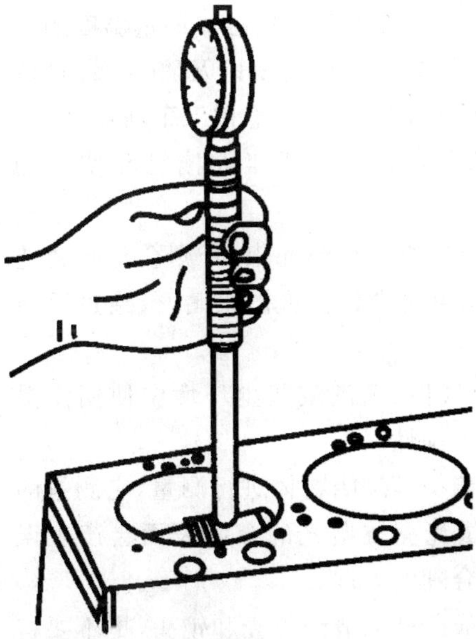

图 8.11　量杆和被测孔径的轴线垂直

(2)将量缸表从有缸肩的气缸内取出时，要沿倾斜方向取出，以防止量杆与缸肩发生碰撞，损坏活动量杆。

(3)量缸表使用时要轻拿轻放，用后必须擦拭干净，收齐附件后一并放入盒内保存。

5. 正时灯

正时灯主要用来检测与曲轴位置相关的点火正时的仪表(图 8.12)。正时灯上的两根接线必须正确地连接到蓄电池的两极。正时灯一般还有一个感应夹，测量前夹在某一气缸火花塞的高压线上。当发动机运转时，正时灯就会在每次火花塞点火时发射光束。

图 8.12　正时灯

6. 红外线测温仪

红外线测温仪是使用红外线技术的非接触式测量温度的仪表(图 8.13)。可用于测量物体的表面温度以及查找墙面、铸件、管道等物体的泄漏点。操作使用中应注意以下事项：

(1)不允许非工作人员，尤其是未成年人接触和使用测温仪。

(2)使用测温仪时，眼睛不要直视激光束，否则会对眼睛造成永久性损伤。不要将激光束对准任何人的眼睛，或通过反射面间接照射人的眼睛。

(3)切勿在有爆炸性的气体、蒸汽或灰尘环境中使用测温仪，这些因素会影响测量的准确性。

(4)测温仪不能透过玻璃类等透明物体进行测量，它测量的将是玻璃表面的温度。测量光亮或抛光的金属表面会产生误差，因此要对测量表面进行合理的处理。

(5)清洗时不要用溶剂或研磨剂清洁外壳和镜头，更不要将测温仪浸在水里。

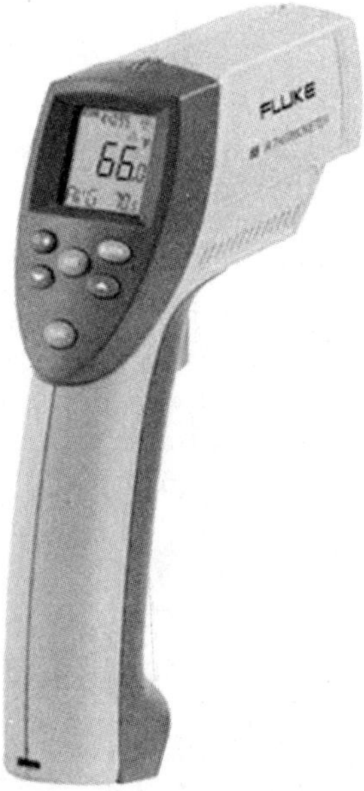

图 8.13　红外线测温仪

三、专用检测设备

1.汽车故障电脑诊断仪

汽车故障电脑诊断仪又称为汽车解码器，如图 8.14 所示。诊断仪不仅具有读码、清码功能，还具有解码功能，使用非常方便，是汽车电控系统检测维修中不可缺少的设备之一。

图 8.14　汽车故障电脑诊断仪

(1)汽车故障电脑诊断仪为精密电子设备，使用中切勿摔碰。

(2)进行故障诊断时，必须在通风良好的场所内进行。

(3)启动发动机前，应确定驻车制动杆拉紧，保持车轮固定，并将变速器操纵杆置于空挡(手动变速器)或者驻车挡(自动变速器)位置，以免启动发动机时车辆产生位移。

(4)当点火开关接通或者发动机运转时，不能连接或者断开诊断仪，以免造成测量不准确甚至造成仪器损坏。

(5)发动机运转时温度较高，应避免接触散热器和排气管等高温部件。

(6)需要在汽车行驶过程中对车辆技术参数进行检测诊断时，必须由 2 人以上完成，不允许一个人边驾驶车辆边进行仪器操作。

(7)随时保持诊断仪清洁，以保证检测准确性，防止仪器误判断。

(8)操作汽车故障电脑诊断仪时，应严格按照维修手册规定或其他安全措施进行。

2.发动机诊断仪

汽车发动机诊断仪(分析仪)是一种专业针对汽车发动机故障进行检测和诊断的专业仪器(图 8.15)，主要用来对发动机电子控制系统故障进行诊断和定位。除了能读取、清除故障码外，还可以读取发动机动态数据流、检测波形、检查传感器以及对电脑进行匹配、设定、编码等。操作使用中应当注意以下事项：

(1)操作人员必须经过专门培训。使用诊断仪时，要穿着合适的工作服，不允许过分宽松或散开衣带。

(2)诊断仪使用前，必须确认外部的输入电压与诊断仪的设置电压相匹配。如果诊断仪在户外使用，最好在外部输入电源上连接一个电流过载保险装置。

(3)在汽车点火开关打开前,一定要连接好诊断仪搭铁线和蓄电池负极接线。在点火开关关闭后,断开诊断仪搭铁线和蓄电池负极接线。

图 8.15　汽车发动机诊断仪

(4)诊断仪与汽车发动机或点火系统连接时,一定要关闭发动机。使用诊断仪上的万用表进行测量时,不允许超出规定的最高电压测量值。发动机各传感器的信号线相对较细,连接时不要生拉猛拽。

(5)在测试过程中,对汽车采取防滚动措施。

(6)禁止在运转的发动机区域内触摸、旋转或移动温度比较高的部件。在电动风扇附近操作时,应在发动机冷却后拔下风扇电动机的插头。

(7)只有打开打印机电源开关后,才能安装打印机的墨盒(图 8.16)。

(8)在关闭诊断仪的总电源前,首先要关闭 Windows 操作系统。

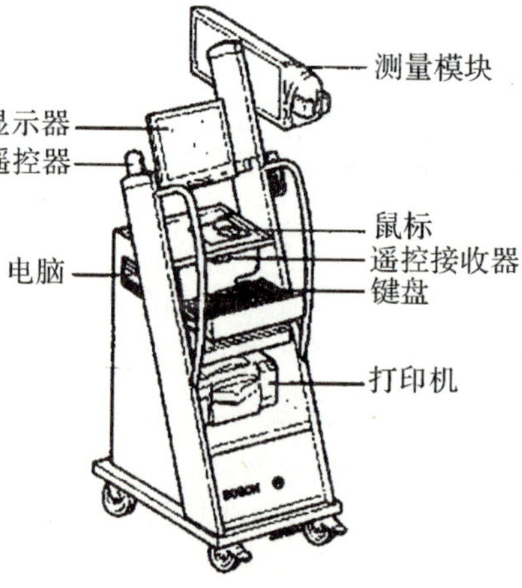

图 8.16　打印机的位置

3. 汽车前照灯检测仪

汽车前照灯检测仪是对汽车前照灯的发光强度和光束照射方向进行检测的仪器，如图 8.17所示。操作使用中应注意以下事项：

(1)前照灯检测仪只能用于前照灯的检测，不可作其他用途；前照灯检测仪每年必须接受计量部门检验；前照灯检测仪只能由专业人员操作使用。

(2)所有电气部分必须防潮防湿，前照灯检测仪应安装在有避雷设施的建筑物内，禁止阳光直射中箱。

(3)禁止在中箱上放置重物，定期用干净的绒布清洁玻璃。如果玻璃被刮花，应及时更换。勿将食物或液体洒落到检测仪上。禁止照射灯光直射入眼。

(4)为避免遭受电击，应将检测仪和外围设备电源电缆插入正确搭铁的电源插座中。

(5)切勿损毁、修改、拉拽、过度弯曲或扭曲电缆线，切勿把重物置于电缆线上，并且电缆位于不易绊脚的地方。

图 8.17　汽车前照灯检测仪

(6)切勿在手湿的情况下插拔检测仪的电缆线，在未拔出检测仪电缆线时不可打开检测仪任何部件的盖板。如果发现仪器中箱冒烟、有异常噪声，应立即关闭仪器电源，切勿私自打开中箱盖板。

4. 汽车侧滑试验台

汽车侧滑试验台是用来检测汽车车轮在直线行驶过程中车轮侧滑量大小及方向的设备，如图 8.18 所示。操作使用中应注意以下事项：

(1)不允许超过额定载荷的汽车驶入侧滑试验台。被测汽车车轮不得夹带任何石子、硬物、油污及杂物。

(2)汽车驶入侧滑试验台前，应打开滑板上的锁止装置，使滑板处于自由状态。当微微推动滑板时，显示装置应有侧滑量的指示，滑板的滑动应灵活无阻滞现象。

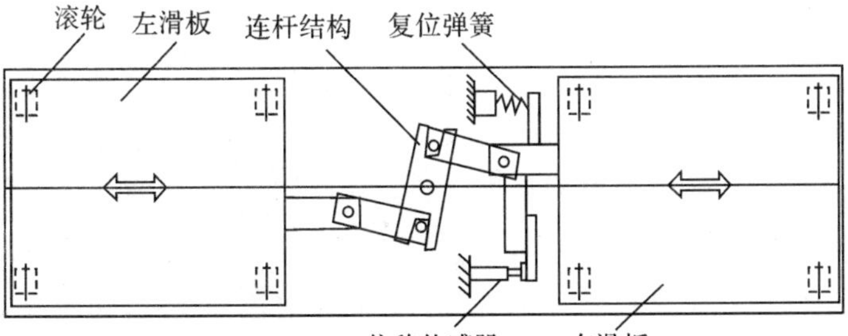

图 8.18　汽车侧滑试验台

(3)被测汽车轮胎气压应符合出厂的规定值。

(4)汽车以 3～5km/h 的速度直线平稳通过侧滑试验台，不允许在通过试验台时加速、制动和转向。

(5)不允许在试验台上停放任何车辆或其他杂物。

(6)不测试时,应及时将滑板锁销锁住。

(7)应保持试验台滑板下部的清洁、干燥,防止锈蚀或阻滞。

5.反力式滚筒制动性能试验台

反力式滚筒制动性能试验台是通过测定作用在测力滚筒上的车轮制动力的反力,检测车辆制动性能的检验装置,如图 8.19 所示。操作使用中应注意以下事项:

(1)汽车驶入检验台前应当清洁滚筒上的水、油污、杂物等,确保滚筒表面干燥。

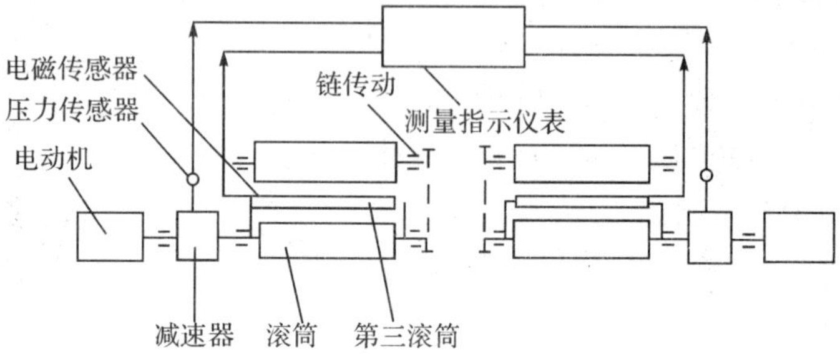

图 8.19 反力式滚筒制动性能试验台

(2)试验前,应检查设备的供气系统气压是否正常,检查电气系统的指示、显示、线路是否正常。

(3)试验前应检查车轮举升装置和轮距控制装置动作是否灵活,不允许举升时有阻滞或爬行现象。

(4)汽车进入试验台前,应仔细将轮胎上的水、油污、小石等杂物清理干净。轮胎的气压、花纹深度应符合规定。

(5)被测汽车的轴荷不应超过试验台的允许载荷。

(6)汽车驶入试验台前,车轮举升装置应当举升到位。

(7)汽车进入试验台时,沿引车线平稳驶入,尽可能使车轴滚筒保持平行。

(8)汽车行驶到位后,一定要在举升器与车轮完全脱离后,方可进行测试。

(9)汽车在试验台进行检测时,禁止升起举升器。

(10)汽车在检测时,所有人员不得站在汽车纵向行驶区域内。

(11)当被测车轴为前轴时,使用转向盘准确地保持汽车处于直驶状态。

(12)检测时,发动机怠速,变速操纵杆应置于空挡。

(13)只有当试验台的举升装置的托板举起后,方可允许汽车驶离试验台。

6.汽车车速表试验台

汽车车速表试验台是用来检测汽车车速表准确性的检验装置,如图 8.20 所示。操作使用时,除与反力式滚筒制动性能试验台的前 9 个注意事项相同外,还要注意以下事项:

(1)前驱动汽车检测时必须放置挡轮。

(2)测速时汽车前方及驱动轮两旁不准站立人员。

(3)在检验过程中不可紧急制动,前驱动汽车检测时不应转动转向盘。

(4)当汽车驱动轮完全停止转动后,才允许检验台举升器的托板升起,当托板完全升起后汽车才能驶离车速表检验台。

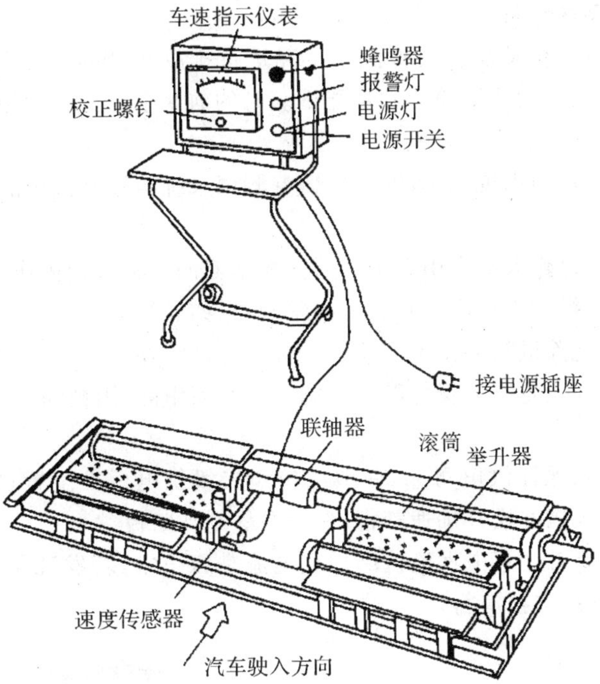

图 8.20　汽车车速表试验台

7.汽车底盘测功机

汽车底盘测功机是用于测量汽车驱动轮输出功率等汽车性能的试验装置，如图 8.21 所示。操作使用时，除与反力式滚筒制动性能试验台的前 9 个注意事项相同外，还要注意以下事项：

(1)测试前，在非驱动轮处放置止动器，后牵引钩与地锚用钢丝绳连接并张紧。

(2)举升器没有举起时，车辆不得强行通过，以免冲击载荷过大损坏设备。

(3)测功机开始检测后，严禁被测汽车在测功机上使用制动器，检验过程中加速不应过猛。

图 8.21　汽车底盘测功机

8.汽车环保底盘测功机

汽车环保底盘测功机是能够模拟汽车工况进行排放测试的底盘测功机,如图 8.22 所示。操作使用时,除与反力式滚筒制动性能试验台的前 9 个注意事项相同外,还要注意以下事项:

(1)开机前,必须按使用说明书的要求,做好测试系统与被测汽车的准备工作,然后按规定程序进行开机。

(2)进行测试时,操作人员和引车员必须按显示器的提示进行操作。

(3)测试过程中,操作人员应注意有无异常现象,如异味、异响、异常震动等。

(4)惯性模拟系统除进行多工况实验,加速、滑行试验外,不允许作为其他使用。在接合或脱离飞轮时,滚筒和飞轮都应保持静止状态。冬季使用前,用被测汽车将滚筒和传动系磨合 30min。

(5)工作车间必须保证供电可靠,一般应按照二级供电标准配置供电系统。突然停电时,引车员应立即挂空挡并松开加速踏板,但不要踩制动踏板。

(6)操作人员应经常注意电涡流机的加载电流是否正常,若发现不正常,应指导引车员即刻松开加速踏板并挂空挡滑行。

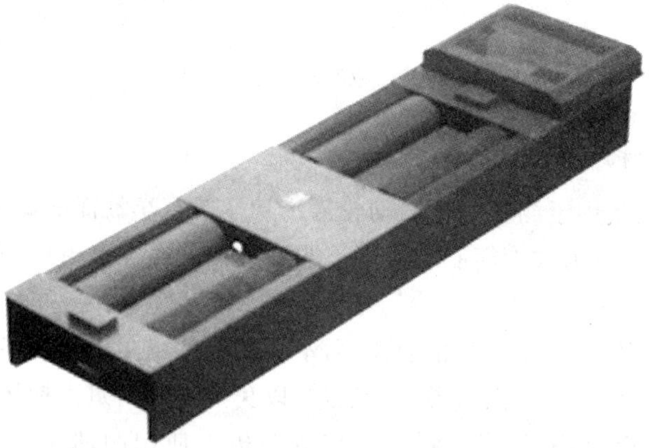

图 8.22　汽车环保底盘测功机

第二节　维修专用设备

一、轮胎轮辋拆装设备

轮胎轮辋拆装设备是用来将轮胎轮辋分离开来的设备,如图 8.23 所示。使用操作中应注意以下事项:

(1)不得在安全装置被拆卸或损坏的条件下使用拆装设备,操作人员必须经过培训且被授权使用设备。

(2)必须在没有易燃易爆等危险的环境下运行或拆装设备。

(3)车轮必须在排净气的状态下进行轮辋拆装作业。禁止在拆装设备上对轮胎进行充气。

(4)操作人员必须在戴上护目镜、手套等防护用品后，方可进行拆装作业。

图 8.23　轮胎轮辋拆装设备

(5)维修拆装设备时，必须断开气源、电源，并且对设备进行锁止。

二、轮胎螺母拆装机

轮胎螺母拆装机是用来拆除固定汽车轮胎螺母的专用设备(图 8.24)。操作使用中应注意以下事项：

(1)使用前，应检查冲击器的功能是否有效，电缆线是否有破损、老化等不绝缘的缺陷。

(2)严禁碾压电源电缆线，以及在有油污的地方作业。

(3)拆卸螺母时，先观察螺栓是否有锈蚀或打毛的情况，若有应采取润滑或修整的措施，不能盲目强行拆卸螺母。

(4)必须在套筒套入螺母且检查电动机旋转方向正确后，方可接通电源。接通电源后，套筒对螺母施加一定的压力，操作人员要防止螺母和套筒甩出。

(5)在安装螺母拧紧时，选用适当的螺母拧紧力矩和冲击器。

图 8.24　轮胎螺母拆装机

三、车轮动平衡机

车轮动平衡机是用来检测汽车车轮不平衡量的设备，如图 8.25 所示。操作使用中应注意以下事项：

图 8.25　车轮动平衡机

(1)车轮动平衡机必须牢固、可靠、有效地固定在平整坚实的地面上,且不得在阳光直射的地方。避免安置在空气压缩机或可能产生震动的物体旁,周围不得有其他电子设备或大功率电器。

(2)操作人员要穿戴安全装,如手套、眼镜、工作服等,不应戴领带、梳长发、穿宽松的衣服及凉鞋。车轮旋转时,操作人员应站在平衡机的侧面,非操作人员不得靠近。

(3)作业前,检查轮胎气压是否达到规定值,胎面应无水、油、泥沙、嵌块等杂物。作业前,还要检查平衡机工作是否正常、显示是否清晰齐全、安全防护罩是否安全有效、驱动电动机开关是否灵敏有效。只有在各项轮胎参数输入、安全防护罩完全到位的情况下才可以进行检测。

(4)严禁对超过平衡机设计标准的轮胎进行作业。对于较重的轮胎,必须用辅助装置将轮胎安装到工作台面上,不得人工强行搬放。安装好车轮后,应检查确认车轮的夹紧是否可靠,车轮安装后应及时合上安全防护罩。

(5)根据车轮轮辋的规格选择合适的定位块,对加减车轮不平衡量(铅块)进行复检时,一定要注意及时合上安全防护罩。

四、汽车四轮定位仪

汽车四轮定位仪是指测量汽车四轮定位参数的仪器,如图 8.26 所示。操作使用中应注意以下事项:

图 8.26　汽车四轮定位仪

(1)四轮定位仪属于精密仪器,要求有专人管理和使用。

(2)四轮定位仪的电脑是专业服务于该设备的,不允许装入其他软件或硬件,不允许随意删除或更改电脑中的各种应用程序,非设备维护人员勿乱动电脑。不要将电脑放置在靠近热源或阳光直射的地方,保持周围通风良好,避免其他物体堵塞主机、显示器等部件的散热孔。

(3)为保持电压稳定,应当使用稳压器及带有搭铁保护的电源插头和插座,保证人身安全及设备稳定。在未切断电源的情况下,不要对定位仪上的各连线进行拔、插操作。

(4)工作环境温度过高或过低,可能造成定位仪不能正常工作,应采取措施保证在规定的温度下工作。另外,工作场地还要防潮、防腐,否则电脑工作不良。可用无纺布轻拭或使用酒精擦拭。一旦将水或其他液体洒到电脑上,应立即切断电源。

(5)定位仪的显示器对磁体比较敏感,不要将电脑和磁盘放在其附近。

(6)反光盘使用事项:避免强光或太阳光干扰,否则不能正常工作;使用后应放置于通风干燥安全处;表面定期用软布清洁擦拭;切勿震动及撞击、滑落,否则容易造成传感元件的损坏;切勿私自拆开,改变原有结构件。

(7)汽车驶入、驶出定位仪时,要有专人指挥引导。

(8)夹具安装在轮辋上一定要牢固,而且要用橡皮圈做意外防护。

(9)旋转转向拉杆调整前束时,一定要松开防尘套,不允许防尘套一起旋转。注意两侧转向拉杆要同步调整,长度要保持一致。

(10)校正车轮外倾角时,切勿站在油压缸伸缩方向,以免发生意外。同时做好防护,避免挤压油压管及接头部分。

(11)只有在传感器全部拆除后,制动和转向锁定解除后,汽车方可驶离定位仪。

(12)做好防尘处理,保证设备清洁,以延长整机使用寿命。

五、汽车举升机

汽车举升机是指在汽车维修作业中能够将车辆进行举升,方便实施维修操作的设备,如图 8.27 所示。

图 8.27　汽车举升机

操作使用中应注意以下事项：

(1)举升机应固定在混凝土地面上，混凝土的厚度必须达到规定要求。不要把举升机安装在沥青柏油地面上。

(2)只有经过专门培训的人员才可以操作和使用举升机。操作时，手脚远离举升机的移动部件，不允许操作人员穿着肥大的衣服。操作结束后，将举升机降至最低并关闭电源。

(3)操作前，必须确认被举升汽车没有超过举升机的额定举升质量和尺寸。

(4)不得在举升机上进行以下作业：汽车的冲洗与清洁；平台上有人的举升；散装的、破碎的物品举升；用于电梯用途的使用；举升车架严重倾斜和轮胎严重变形的汽车。

(5)举升作业时，要找准举升机与汽车的接触位置，举升托垫一定要放到汽车厂家建议的位置，保证在不倾斜、倾翻、脱落的情况下举升到目标高度。

(6)无安全保护装置时，不得使用举升机；禁止操作人员或其他不相关人员靠近危险区域工作；只有当汽车已完全升到所需位置，并且平台已静止和安全保护装置已完全就绪(如保险完全锁定)，维修人员才允许到汽车下方作业；在下降过程中，操作人员必须站在安全区域内作业。

(7)在汽车下作业时，一定要确保举升机的安全锁处于咬合状态。安全锁是保护举升机下方人员作业的安全装置，应确保其完好性，保险组件上不能有任何异物，以免保险不能正常咬合。

(8)未经生产厂家允许，不得擅自更改举升机的部件。如果举升机长期不使用，应切断电源，放空液压油，用液压油润滑移动部件。

六、卧式液压千斤顶

卧式液压千斤顶指的是一种采用连杆机构设计的液压举升设备(图 8.28)。能够在汽车离地间隙较小的空间内实现将汽车迅速举升的功能。操作使用中应注意以下事项：

(1)使用前，应仔细阅读使用说明书。操作前，必须确认支撑面为水平硬质面，将汽车发动机熄火，并拉紧驻车制动器。

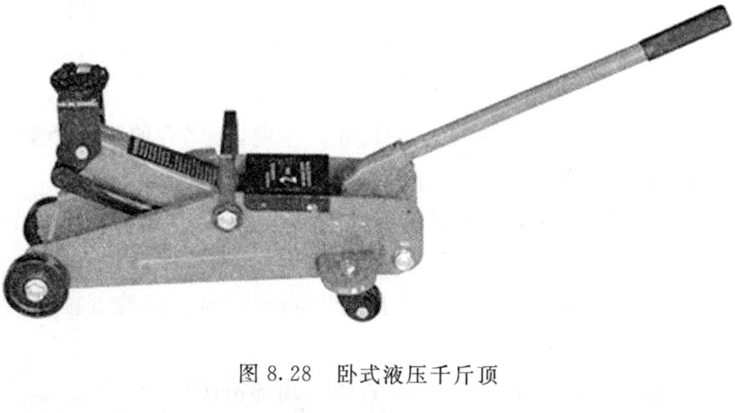

图 8.28　卧式液压千斤顶

(2)操作人员在操作时，必须佩戴符合国家相关安全规定的防护眼镜和工作手套。

(3)根据汽车质量，选择合适吨位的千斤顶。严禁超载使用千斤顶，否则会引起事故，而责任又不在保险范围内。

(4)每次使用前,都要检查千斤顶,如有零部件松动或者损坏,不能使用。千斤顶只能用于支撑,顶升完毕后应立即选用匹配的千斤顶支架支撑汽车。不能在只有千斤顶支撑的情况下,在车辆的上下方或周围作业。

(5)小心将千斤顶托盘对准汽车底盘的支撑点,然后再开始顶升操作。顶升过程中,不能转动手柄,否则会使回油阀被旋松而导致支撑托盘下降。严禁偏载,不能倾斜顶升汽车,否则容易造成危险。在操作过程中不能移动车辆。

(6)卸载下降时,必须逆时针方向缓慢转动手柄,使汽车缓慢下降。

(7)不能自行拆装或改装千斤顶。不能自行调节安全阀,否则会引起事故,而责任又不在保险范围之列。

七、通过式车身清洗设备

通过式车身清洗设备是指汽车在设备中穿过后能够完成车身外表面清洗作业的设备,如图 8.29 所示。

图 8.29　通过式车身清洗设备

操作使用中应注意以下事项:

(1)被清洗汽车,必须在清洗设备规定的尺寸范围内,不适合的汽车严禁驶入。使用中,必须保证清洗设备的搭铁装置完好无损,防止漏电时失去保护。

(2)操作人员必须穿防滑鞋。如接触有腐蚀性清洗剂时,须穿戴防护眼镜、防护手套和防护服。

(3)对于配有抛光大侧刷及抛光顶刷的清洗设备,须经常仔细检查抛光刷布是否有破洞及尖角,如有破洞和尖角等应及时清理。

(4)车身表面破损严重的汽车不能清洗,否则会损坏清洗设备。

(5)车身形状特殊、反光镜构造特殊(特别是往上翘)的汽车不能用自动控制洗车,必须由有经验的操作人员手动控制洗车。如被洗汽车表面发烫时,先用凉水冲洗车身,使其充分降温后再清洗。

(6)作业时，禁止用湿手操作控制面板，更不能对着控制面板喷水。

八、零件清洗设备

零件清洗设备是对拆卸下的汽车零部件进行表面除污作业的设备，如图 8.30 所示。

图 8.30　零件清洗设备

操作使用中应注意以下事项：

(1)清洗设备必须安装或放置在坚固的地面上，并且液体不能渗入地面。不允许在危险场所使用清洗设备，不能用来清洗油漆。

(2)操作人员需要佩戴防护目镜和手套。

(3)使用前，确保清洗设备处于正常工作状态，防止水喷射到电器元件上。

(4)必须使用清洗设备规定的清洗剂，清洗剂中不得掺入易燃易爆的液体。禁止将清洗后的废水倒入土壤或污水系统。

九、超声波清洗仪

超声波清洗仪是指用超声波震荡清洗零部件的设备，如图 8.31 所示。

操作使用中应注意以下事项：

(1)电源线应定期检查，以防漏电。

(2)清洗仪不可清洗可燃物和有爆炸性的物品，如镁、铝等。

(3)清洗仪必须装有主滤网，才可以使用。每次使用前，将压缩空气中的水排干净，保持压缩空气的纯净。

(4)清理灰尘、维修或更换零件前，务必将电源插头拔下。清洗仪必须由专业人员来维修。

(5)每次使用后，将清洗仪空转 3～5s，然后用吹尘枪将清洗仪内的余尘吹干净，充分保持内部无尘、无锈水。再在进气口内注入 2～3 滴润滑油，并让清洗仪再次空转 3～5s。

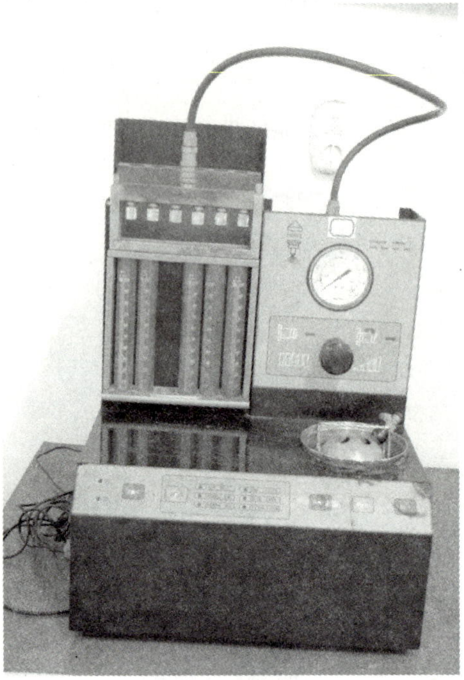

图 8.31　喷油器清洗仪

十、车身整形、校正及测量设备

车身整形、校正及测量设备是在维修作业中能够使车辆几何尺寸恢复到出厂设计数据的综合仪器设备，如图 8.32 所示。

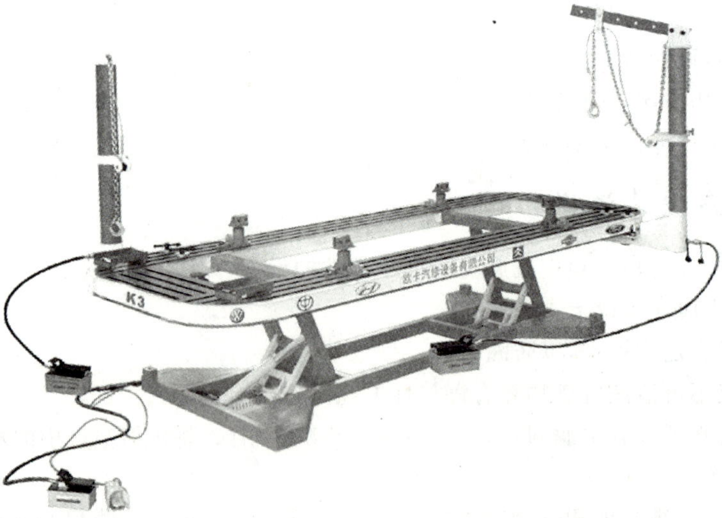

图 8.32　车身整形、校正及测量设备

操作使用中应注意以下事项：

(1)操作人员必须穿戴工作服、手套、护目镜及安全帽及安全鞋。

(2)操作前应注意以下事项：

①清理场地，平台周边不能堆放杂物，整理油、气管路。

②检查油、气管路各接头是否连接好、管路是否有破损，如有破损应及时更换。

③液压油泵使用3个月后必须更换新液压油，加注规定的液压油，换油时将油箱底部脏物清理干净。

④气源气压应在0.5～0.8MPa，每次使用前要排水，保证气体无尘、无水。必须在气路口加装油水分离器，油水分离器3个月更换滤芯。

(3)上下平台操作应注意以下事项：

①汽车上下平台时必须有操作人员指导，停靠在平台指定位置。汽车在平台上要使用驻车制动，车轮前后用三角木垫好。

②平台升降前，塔柱固定在平台一端，防止滑动。

③平台升降时，应平稳操作，附近严禁站人。

④平台活动支腿锁止销在平台升起后必须锁住。

(4)汽车固定操作应注意以下事项：

①主夹具固定前，应检查钳口，去除油污、杂物等。

②检查夹具各部位是否有裂纹、变形，如有，应及时更换。

③拧紧主夹具固定螺栓和钳口紧固螺栓。

(5)测量操作应注意以下事项：

①量具应轻拿轻放，切勿碰撞，以防量具变形和损坏。

②量具固定时，拧紧螺母的力量不要过大。

③读数时，眼睛与读数部位保持平行，减少读数误差。

④测量完毕，量具应马上放回原处。

(6)拉伸操作应注意以下事项：

①移动塔柱前，必须将拉塔臂锁定在垂直位置。检查塔柱滚动滑轮固定螺栓是否松动、断裂，及时拧紧或更换。移动塔柱时，要推不要拉。

②拉伸前，塔柱紧固螺栓要完全拧紧，正确地固定在矫正平台框架上。确保拉塔限位保护钢索安装正确并无损坏，锁止销钉完全按压进锁止孔中。

③钣金工具夹紧前，检查钳口，去除油污；紧固螺栓要完全拧紧。

④链条所有链节，应在一条直线上，不能扭曲，确保在顶杆上端将链条锁死。调整导向环方向和高度(不能超过红色警戒线)，拉伸时把导向环手轮松开，切勿拧紧。

⑤拉伸时，禁止敲打链条及钣金工具，将链条和钣金工具用安全绳与车身锁住，以免夹头、链条断裂飞出。当使用拉塔进行拉伸操作时，切记移开受损区域机械测量系统的测量探头，以防损坏测量系统。

⑥拉伸中，把注意力放在拉伸工件上，时刻注意工件变化，防止过拉伸、撕裂或撕开工件，导致夹头飞出伤人，操作人员不要站在拉塔后面。移动拉塔前，必须将拉塔臂锁定在垂直位置。为了获得最大的拉伸力且避免损坏拉塔，链条必须与液压油缸平行排列。

⑦拉伸中，注意拉力不要超过钣金工具的承载能力。当拉伸力比较大时，应在拉力方向相反一侧用塔柱将汽车固定。

⑧油泵操作人员与其他操作人员要配合默契，不要与链条受力方向在同一条直线上，严

禁无关人员操作油泵或未经培训人员操作设备。

⑨用锤子击打锁紧楔时，应戴上安全防护眼镜。如果平台没有降到安装拉塔的高度，不要松开锁紧楔。

(7)设备使用完毕后，清理场地和钣金工具、量具、夹具等物品，擦拭干净后整齐有序地放在工具车上。

十一、喷烤漆房

喷烤漆房是指在维修作业中能够完成加热空气介质，并在其中进行喷漆、烘烤作业的装置，如图8.33所示。

图8.33 喷烤漆房

操作使用中应注意以下事项：

(1)控制柜必须安装在干燥的地方，搭铁牢固、有效。喷烤漆房开机前，需要检查鼓风机是否正常工作、柴油油量或者燃气前端压力、进风滤网的清洁度。

(2)定期检查控制柜内的线路是否松动或是线路外露、破损，防止触电或是短路。必须定期对控制柜内的灰尘进行清理，防止灰尘影响电器元件的寿命和性能。严禁擅自更改线路和仪表参数。控制柜使用一定年限应进行更换，控制柜内部操作，必须由专业人员来完成。

(3)烤漆作业区不得存放易燃、易爆物品，严禁在喷烤漆房内使用明火。汽车进入喷烤漆房前必须清洗干净，不得在喷烤漆房内打磨车辆。

(4)喷漆结束后，不应立即烤漆，应使汽车静置15～20min(流平)，然后方可进行烤漆，以防止车身表面有流挂和橘皮的现象产生。每次喷漆作业完毕，必须对喷烤漆房进行清理，任何用来掩盖车身的物品都要清理到房外，不得使用低沸点的溶剂清洁房内墙体。

(5)烤喷漆房工作时，操作人员严禁滞留在作业区，但必须有人监控。在烤漆过程中，需要停机或在烤漆结束时，应先关掉燃烧点火开关，20min后再关掉鼓风机开关，否则热交换器将会损坏。工作完毕后，所有开关必须复位到停机位置。

十二、充电设备

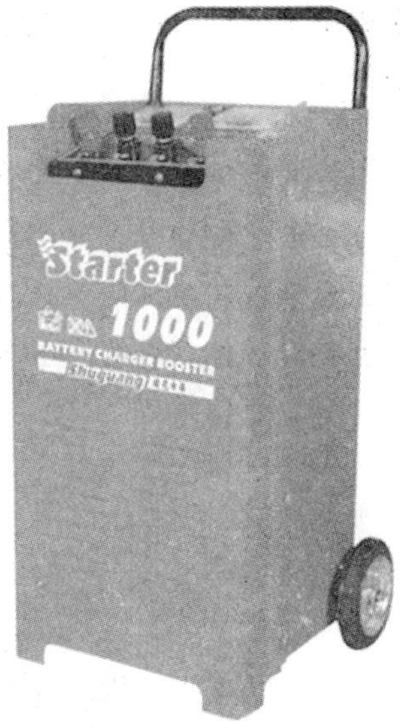

图 8.34　充电设备

充电设备是指在维修作业中完成对蓄电池进行充电的设备，如图 8.34 所示。

操作使用中应注意以下事项：

(1)充电前，应仔细检查被充蓄电池的初始电压，同时注意雨、雪或潮湿对蓄电池的侵蚀情况。

(2)在取下蓄电池的夹头前，应先关闭汽车点火开关。由于充电时会产生可燃气体，因此操作现场严禁明火。

(3)切勿对冻结的蓄电池进行充电，否则会形成气体，导致外壳破裂，并喷出蓄电池酸性电解液。

(4)将输出电缆线正极(＋)与蓄电池正极(＋)相连，负极(－)与蓄电池负极(－)相连。充电时，不要掉转电极夹头，不要使用已损坏的电线或夹头，避免充电设备受到震动与撞击。

(5)不能用充电连接方式启动发动机，这样容易烧坏熔断丝和电流表。

十三、电路检测设备

电路检测设备是指在维修作业中用来检测汽车电路故障的设备，如图 8.35 所示。

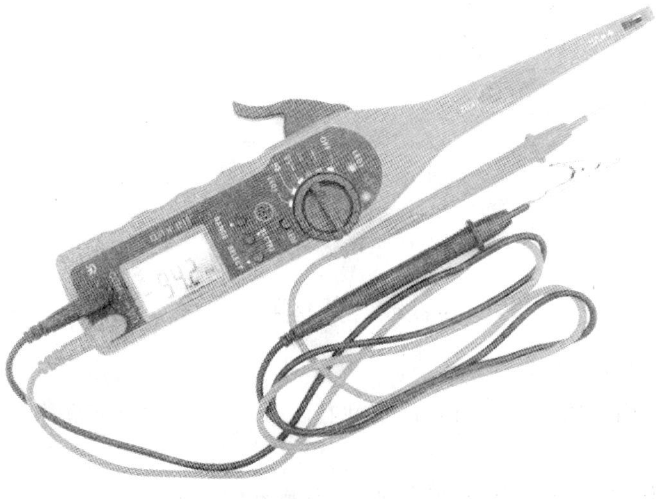

图 8.35　电路检测设备

操作使用中应注意以下事项：

(1)开始检测电路之前，操作人员先取下首饰和手表。

(2)处理蓄电池或在其周围工作时，必须始终佩戴合适的护目镜或面罩。头发、双手、衣服以及设备的电源线和电缆，要避开发动机运动部件。

(3)使用金属工具时要小心，防止产生火花或短路。在检测、充电或跨接起动时，操作人员切勿倚靠在蓄电池上。

(4)检查蓄电池是否有损坏、电解液液位高度或密度,如果电解液的高度或密度过低,则应予补充并给蓄电池充电。电解液具有很强的腐蚀性,如果进入到眼睛,应立即用自来水冲洗眼睛至少 15min 并迅速就医。如果电解液溅到皮肤或衣服上,立即用自来水混合小苏打清洗。

十四、发电机试验台

发电机试验台主要用于汽车发电机性能试验,也可用于专用发电机试验,如图 8.36 所示。其具有调节灵敏度高、可控性强等特点,显示仪表采用数字显示方式,可直接读取数据,可实现对各种型号的发电机进行动态检测。

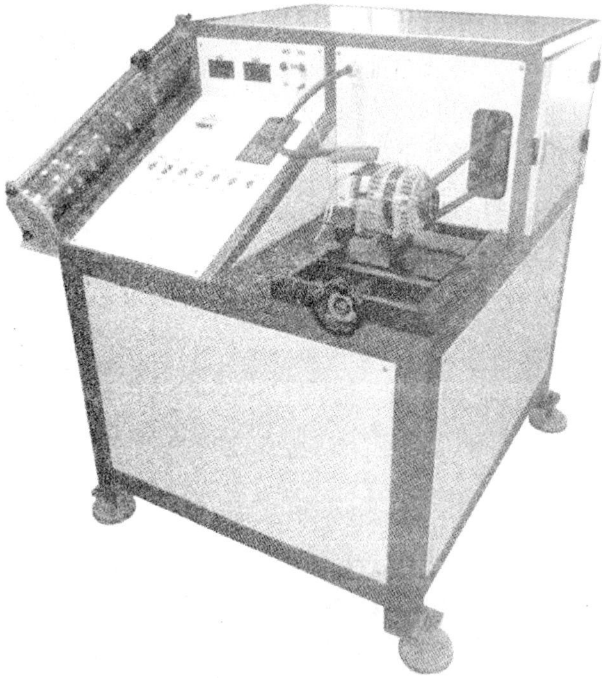

图 8.36 发电机试验台

操作使用中应注意以下事项:

(1)试验台的地面不得有水、液体,严禁站在水或液体的地面上操作。试验台上严禁放置装有液体的器皿。

(2)工作过程中,不得戴手套,长发需要盘起,操作时须专心。

(3)试验台通电前,检查线路连接及电源,各旋钮开关确定在应在的位置上。

(4)试验台通电后,首先观察是否正常工作,然后慢慢旋转调速旋钮使转速在 500r/min 以内,检查是否有异响及旋转是否均匀。

(5)试验台转速达到被测发电机磁转速后(自激发电机除外),一手调转速,一手调负载,使发电机达到要求的转速及电流、电压。

(6)试验完成后,选择转速后降负载或转速与负载同时下降。操作完成后严禁先降负载,以免飞车。操作完成后各操作旋钮开关等回位。

十五、阀类试验台

阀类试验台主要用于气压制动系统元器件的检测和试验，尤其对汽车制动总泵、分泵及其他气动元件密封性能的检测极为便利，如图 8.37 所示。

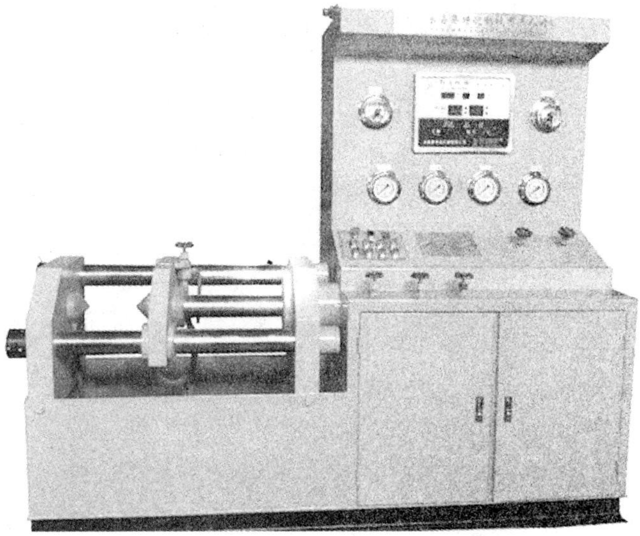

图 8.37　阀类试验台

采用数显压力仪表和微电脑计时仪，检测元器件的密封性和制动过程时间。操作使用中应注意以下事项：

(1)操作人员必须穿戴好工作服及必要的劳动保护装置。

(2)操作前，应先阅读上一班次的“设备操作记录”，无问题后打开试验台电源开关和气源阀门，检查气源气压是否正常。

(3)操作人员必须掌握被测试阀的使用性能，正确接通被测试阀的进、出气接口。

(4)测试过程中，各种阀必须轻拿轻放并分类摆放整齐，按照技术要求做好测试结果记录。

(5)试验台的电器部件发生故障时，必须立即由电工进行维修。

(6)测试完毕后，应关闭电源开关与气源阀门，擦拭并保持试验台清洁，同时做好设备操作记录。

十六、后分泵制动试验台

后分泵制动试验台主要适用于各种型号载货汽车、公交车辆后制动分泵(图 8.38)的拆装维修与测试。

操作使用中应注意以下事项：

(1)操作人员必须穿戴好工作服及必要的劳动保护装置。

(2)操作前，应先阅读上一班次的“设备操作记录”，无问题后打开试验台电源开关和气源阀门，检查气源气压是否正常。

(3)测试过程中，后制动分泵必须轻拿轻放并分类摆放整齐，按照技术要求做好测试结果记录。

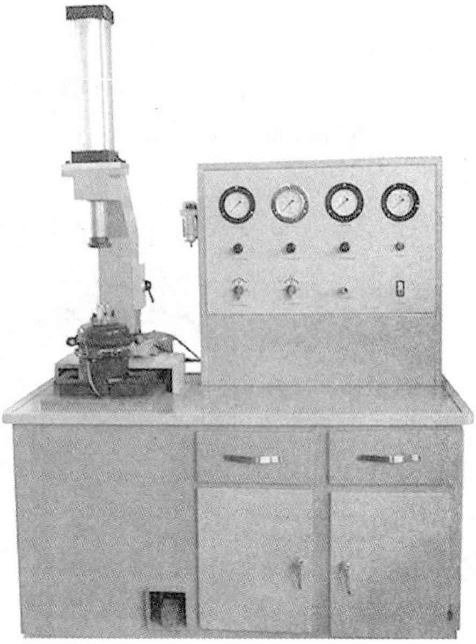

图 8.38　后分泵制动试验台

(4)两人以上使用试验台时,起动气缸压力操作前必须相互告知,避免发生危险。

(5)试验台的电器部件发生故障,必须立即由电工进行维修。

(6)测试完毕后,应关闭电源开关与气源阀门,擦拭并保持试验台清洁,同时做好设备操作记录。

十七、干燥过滤器试验台

干燥过滤器试验台是用来完成各种型号载货汽车、公交车辆空气干燥器的测试、校正作业的设备,如图 8.39 所示。

图 8.39　干燥过滤器试验台

能够对汽车空气干燥器的开启压力、加热电流等技术参数进行测试。操作使用中应注意以下事项：

(1)操作人员必须穿戴好工作服及必要的劳动保护装置。

(2)操作前，应先阅读上一班次的“设备操作记录”，无问题后打开设备电源开关和气源阀门，检查气源气压是否正常。

(3)测试过程中，干燥过滤器必须轻拿轻放并分类摆放整齐，按照技术要求做好测试结果记录。

(4)两人以上使用试验台时，起动气缸压力操作前必须相互告知，避免发生危险。

(5)试验台的电器部件发生故障，必须立即由电工进行维修。

(6)测试完毕后，应关闭电源开关与气源阀门，擦拭并保持试验台清洁，同时做好设备操作记录。

十八、起动机试验台

起动机试验台是检测大功率汽车起动机的专用电器设备，如图 8.40 所示。

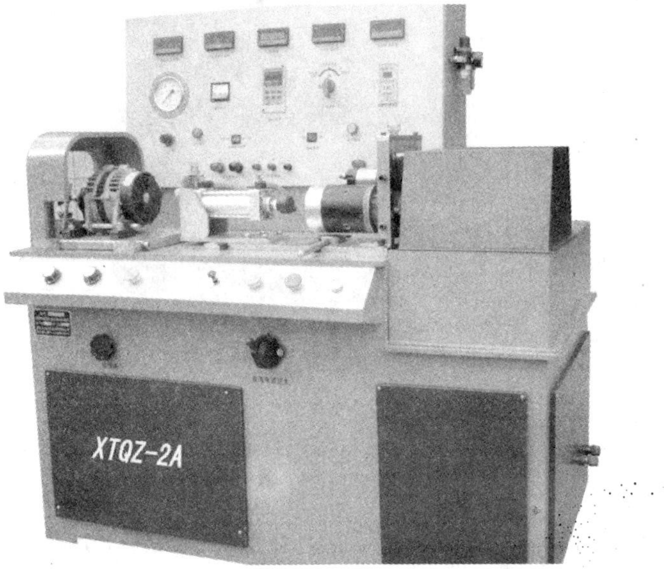

图 8.40　起动机试验台

仪表采用数字显示方式，可直接读取数据。操作使用中应注意以下事项：

(1)操作人员必须穿戴好工作服、防护眼镜及必要的劳动保护装置。

(2)操作前，应先阅读上一班次的“设备操作记录”，无问题后打开设备电源开关和气源阀门，检查气源气压、蓄电池电压是否正常。

(3)测试工作前，起动机必须装夹牢靠，检查无误后再接通起动机电源，按照技术要求做好测试结果记录，并将起动机分类摆放整齐。

(4)两人以上使用试验台时，测试运转前必须相互告知，避免发生危险。

(5)调整试验台连接部件时，必须先松开连接螺钉，调整好后再紧固螺钉，严禁用锤子直接击打调整。试验台上的拉压传感器、制动器及各种仪表均系精密部件，应注意保护。

(6)试验台的电器部件发生故障,必须立即由电工进行维修。

(7)测试完毕后,应关闭电源开关、蓄电池开关、气源阀门,擦拭并保持试验台清洁,同时做好设备操作记录。

(8)每班次对齿盘传动部位加注一次润滑油,其他活动部位每5个班次加注一次润滑油。

十九、传感器试验台

传感器试验台采用变频调速、数字显示,是检测传感器的专用电器设备,如图8.41所示。

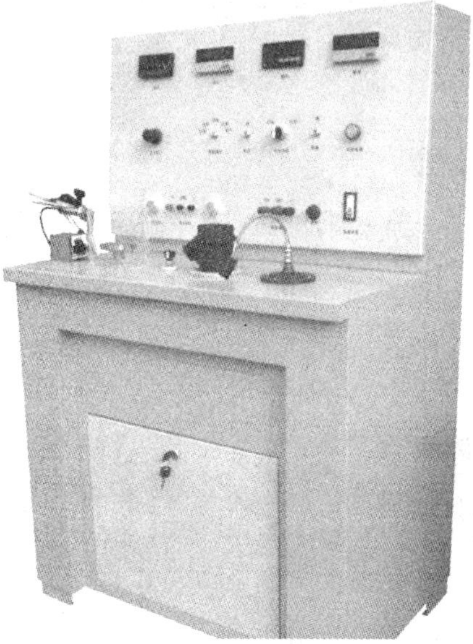

图8.41 传感器试验台

操作使用中注意以下事项:

(1)试验台就位后,接好搭铁线,接通气源,打开电源开关。试验台初次通电,应检查油泵的正反转运行情况。

(2)转速传感器测试。将转速传感器安装在左侧的夹具上,调整好间隙,连接好导线。将“转速开关”拨至“开”处,按下“变频调速 II”的“RUN”键,即可对转速传感器进行测试。

(3)温度传感器测试。将温度传感器安装在中间的夹具上,连接好导线。面板上的温度设定一般为110℃,然后将“温度开关”拨至“开”处,此时试验台内部温度加热装置及循环装置开始运行,即可对温度传感器进行检测。测试完毕后,先关闭“温度开关”。

(4)压力传感器检测。将压力传感器安装在右侧的夹具上,将导线连接好。将“压力开关”拨至“开”处,再按下“压力测试排气”开关排除空气,然后轻按“压力测试”按钮(不要按到底),即可对压力传感器进行压力检测。测试完毕后,先关闭“压力开关”,再关闭“压力测试”按钮,以免拆装时有残留压力。

二十、制动阀试验台

制动阀试验台适用于汽车制动阀的试验与检测,使用方便,具有自动夹紧等功能。能够对汽车制动器的制动角度、制动压力、过气时间、气腔气压等技术参数进行检测。

操作使用中应注意以下事项：

(1)操作人员必须穿戴好工作服及必要的劳动保护装置。

(2)操作前，应先阅读上一班次的“设备操作记录”，无问题后打开设备电源开关和气源阀门，检查设备气源气压是否正常。

(3)每一项测试开始前，必须将转换开关转到指定的挡位，按要求做好“复零”操作。

(4)测试过程中，制动阀必须轻拿轻放并分类摆放整齐，按照技术要求做好测试结果记录。

(5)调整试验台连接部件时，必须先松开连接螺钉，调整好后再紧固螺钉，严禁用锤子直接击打调整。试验台上的压力传感器、角度传感器及各种仪表系精密部件，应注意保护。

(6)试验台的电器部件发生故障，必须立即由电工进行维修。

(7)测试完毕后，应关闭电源开关与气源阀门，擦拭并保持试验台清洁，做好“设备操作记录”。摆杆轴活动部位，每 5 个班次加注一次润滑油。

二十一、冷媒回收加注设备

冷媒回收加注设备既可以依靠自身系统内部的压缩过滤装置把汽车空调管路内的冷媒回收到工作罐(冷媒罐)内，也可以按设定量向汽车空调系统加入相同类型的冷媒和冷冻油，如图 8.42 所示。冷媒回收加注设备还具有冷媒再生功能(分离空调系统内的冷冻油和水分，达到再利用的标准，使冷媒可循环使用)、空调检漏功能(检测空调管路是否存在泄漏)和抽真空功能(给空调系统管路抽真空)。

图 8.42　冷媒回收加注设备

操作使用中应注意以下事项：

(1)只有合格的操作人员方可操作此冷媒回收加注设备。操作人员一定要戴好安全眼镜和防护手套，以免皮肤、眼睛受到冷媒蒸汽和液体的伤害，还要避免接触腐蚀性液体或气体。同时确保工作场所完全通风。

(2)冷媒罐必须经过认证，并确保可靠工作压力为2.76MPa，切勿超过冷媒罐计量筒的工作压力。

(3)冷媒罐切勿充注过满，不得超过冷媒罐容积的80%，由于液体膨胀，冷媒罐充注过满可能导致爆炸。严禁将不同的冷媒注入同一容器。

(4)回收冷媒前，冷媒罐一定要达到真空标准(－0.1MPa)，以净化不可凝气体。每个冷媒罐在制造时都已充满氮气，所以在第一次使用前应把氮气放排尽。

(5)冷媒回收加注设备设有压力切断开关，如果系统内部压力超过设定值，系统将自动切断。

(6)每种冷媒必须使用各自的过滤器，并且要定期更换。

(7)回收大量液态冷媒时，使用推拉式回收。回收完成后，确定冷媒回收加注设备内未残留任何冷媒。

(8)冷媒回收加注设备放置不用时，必须完全排尽任何残留的冷媒并且用干燥氮气进行净化。关闭所有阀门，防止空气或空气中的水分影响回收结果，降低设备的使用寿命。

第三节　通用设备

一、电焊设备

电焊设备是指在维修作业中用来进行焊接作业的设备，如图8.43所示。操作使用中应注意以下事项：

图8.43　电焊设备

(1)焊机的电源输入必须有良好的绝缘,并必须加以保护,避免损伤电源。长时间不用的焊机,必须进行绝缘电阻测量,低于 2MPa 的焊机须热干燥或烘干后方能使用。

(2)工作场所附近,不可有煤油、汽油或其他易燃物品。在狭窄处或闭式容器内进行工作时,必须有通风设备。

(3)焊机的外壳在开始焊接前必须搭铁,工作完毕时不能随意拆去搭铁线,且要经常检查搭铁可靠性。检查确保焊钳、电缆和电源线的绝缘无破损,焊机的输入、输出接头要拧紧。

(4)检查电源开关的接触状态及有无过热痕迹等,若接触面有烧伤应修平。检查螺栓、螺钉类的紧固状态,若有松动应拧紧。

(5)用压缩空气彻底地清除绕组、可动铁心(线圈)移动导轨及进给丝杆上的积尘。

(6)未戴防护罩不允许进行电焊,不可目测弧光。铲除焊件的铁锈和清除焊渣时,必须戴手套和护目镜。

(7)工作完毕或临时离开时,必须切断电源。

二、气体保护焊设备

气体保护焊设备是一种熔化极气体保护焊机,如图 8.44 所示。可用于焊接低钢、低合金高强钢、不锈钢、钢、铁、铜、铝、镍等。

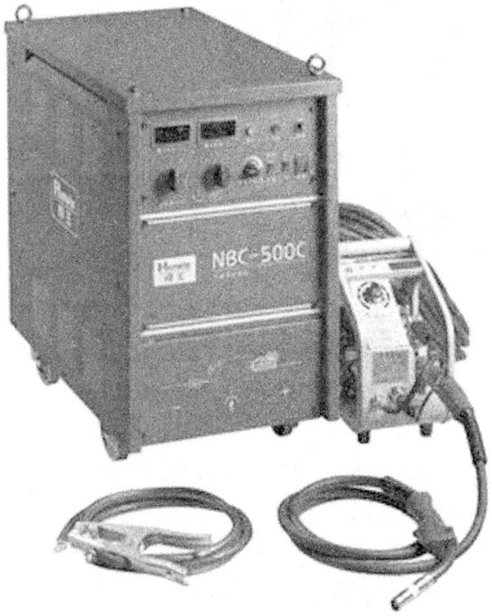

图 8.44 气体保护焊设备

操作使用中应注意以下事项:

(1)在搬动和储存焊机时,要用防静电的物品盖好,以免造成设备损伤。使用设备前,应检查气瓶的完好性,如有损坏,可能会产生爆炸。

(2)接好焊机搭铁线,防止产生静电。必须使用原厂的零件及配件。易燃、易爆品要远离焊接区。

(3)操作人员必须穿戴手套、较厚的长工衣和工裤及厚底绝缘鞋。飞溅的火花和弧光会对人造成伤害，操作时要戴面罩或带边的眼镜。在工作场地，因焊接会产生有毒气体，要注意通风，以免中毒，禁止在封闭的容器里焊接。不允许皮肤和湿衣服接触焊机。电磁场会影响操作人员心脏，如心脏安装有起搏器者，要远离设备。

(4)在安装焊丝和清理焊机内部时，不要被压丝轮压伤。在起动焊机送焊丝时不要把手放在焊枪口，以免被焊丝扎伤手。

(5)焊接时，搭铁线与工件直接相接。焊接过程中，不要用手去触摸发烫的工件。禁止在高处焊接。

(6)不要长时间连续工作，否则会造成机器部分零部件过热，损伤机器的使用寿命。

(7)焊接完毕后，检查焊接区域有无热飞溅物和热金属，防止发生火灾。

(8)使用后关掉设备电源，且不要让电缆绕在操作人员身上。

(9)在维护和修理焊机时，切勿带电作业。

三、磨气门机

磨气门机是由电动机带动砂轮旋转，打磨气门头的锥面，如图 8.45 所示。属于小型修理机床，因此可不用地脚螺栓固定，可放在一只专用台架上，使机器处于水平位置。

图 8.45 磨气门机

磨气门机一般可磨气门直径为 30～90mm，可夹气门杆直径为 7～16mm，可磨气门角度为 30°～60°。操作使用中应注意以下事项：

(1)砂轮修整：砂轮使用后及换新砂轮，都必须经过修整。修整时，将修整支架紧固在前侧左右的平面上，用金刚钻不同的安装位置修整砂轮的外缘及端面。

(2)角度调整：角度标牌上显示磨气门的角度值，角度调整好后，通过紧固螺母压紧车头。

(3)装夹工作：采用钢珠式夹紧，插入气门杆再旋紧支架螺钉，直至将气门夹紧。

(4)磨削气门锥面和端面：气门杆正确装夹后，即可起动机器。用砂轮锥面磨削气门的锥面，然后磨气门的端面，再用砂轮平面进行修磨。

四、立式气缸珩磨机

立式气缸珩磨机主要用于珩磨发动机的气缸孔、缸套孔及其他精密的孔，如图 8.46 所示。主轴旋转，进给采用无级变速，工作台可纵向移动，并可快速夹紧气缸体。

操作使用中应注意以下事项：

(1)汽缸体安装：将气缸体置于工作台面上，对于轻型汽缸体还应该用压板固定。

(2)定中心：将珩磨头装在主轴上，当机器处于水平位置时，珩磨杆及珩磨头垂直并对准气缸孔内(此时珩磨头砂条应与孔径吻合)。

(3)定行程：调整珩磨杆长度及上、下限位块的位置，使珩磨头上的砂条距离气缸体上平面1.5～2.5mm。

(4)选择转速：一般珩磨∅40～∅85mm气缸孔，主轴转速为240r/min；∅85～∅140mm气缸孔，主轴转速可选择128r/min。

图8.46　立式气缸珩磨机

五、气缸镗床

气缸镗床主要用于镗削整修汽车发动机气缸，如图8.47所示。

图8.47　气缸镗床

使用时，将镗床直接安放在被加工的发动机气缸体上部，固紧后即可进行镗孔加工。凡是镗削材料硬度在HB240以内，镗孔直径在∅65～∅165mm以内，镗孔长度在300～400mm以内，均可采用镗削。

操作使用中应注意以下事项：

(1)使用前，应掌握使用说明书中有关操作和调整等事项，以免造成事故。

(2)操作和维修气缸镗床的人员，应经过专门的培训，熟练掌握各项操作要求。

(3)气缸镗床是一种专供修理发动机的移动机床，在工作过程中搬运时应小心轻放，防止碰撞和摔坏。引入电源应有良好的搭铁和漏电保护装置。

六、空气压缩机

空气压缩机是压缩空气的气压发生装置(图 8.48),为汽车维修提供气源,它通常将电动机的机械能转换成气体压力能。

图 8.48　空气压缩机

(1)新压缩机调试,必须由专业人员操作。压缩机附近应配有适当的灭火器。

(2)引到压缩机的电源线上,必须安装空气开关、熔断丝等安全装置。为了确保电器设备的可靠性,应安装合适的搭铁线,必要时安装避雷装置。对于大型压缩机,安装要在设备周围留出一定的维修空间。

(3)第一次起动压缩机或电源线变动后的,必须检查压缩机组旋转方向是否正确。起动前,将压缩机短暂接通(约 1s),检查旋转方向。必须确保压缩机的旋转方向正确,否则短短几秒钟就有可能导致螺杆组损坏。

(4)压缩机排气压力不能高于铭牌上的规定,否则电动机会过载,导致电动机和压缩机停车。

(5)压缩空气和电都有危险性,检修或维护时应确保电源已切断,整个压缩机系统里压缩空气完全释放。断电检修时,应锁闭电源盒,并在电源处挂检修标志及禁止合闸标志,以防他人合闸送电。每年须检查安全阀、停机保护系统一次,确保其灵敏可靠。

9

第九章 汽车维修质量问题的处理

在汽车维修过程中，由于维修质量问题常常会出现纠纷，为了避免质量纠纷要依据国家的有关规定处理解决。

第一节 汽车维修质量问理的认定

由于近几年汽车保有量的迅猛增加，维修企业数量也越来越多，不少汽车维修企业技术和管理水平偏低，导致维修质量问题呈上升趋势。因此，作为维修企业的质检人员，应该了解和掌握维修质量问题的种类和责任认定知识，这对承、托修双方都非常有利。

一、汽车维修质量纠纷的特征

汽车维修质量纠纷是指在车辆维修出厂后质量保证期内或汽车维修合同约定期内，因车辆出现机件事故，承、托修双方对此事故是否由维修质量问题引起而出现的严重意见分歧。

汽车维修质量纠纷虽然是在维修经营过程中发生，包含着服务质量承诺履行的法律责任问题，可以用法律手段来仲裁解决，但要真正处理得当，更重要的是对车辆机件事故进行科学鉴定，使事故责任能得到合理划分。

汽车是一个复杂的机电一体的含高新技术的现代化道路运输设备，对于它的机件事故划分，是一个复杂的技术案例分析过程；同时，因事故与车辆曾经维修过有关，在事故分析的过程中还包含着对承、托修双方在车辆维修经营和技术管理过程中行为规范的核查。因此，对汽车维修质量纠纷不能按简单的法律程序来解决，必须通过技术的、行业管理的手段来使矛盾得以化解。

二、汽车维修质量纠纷调解的职能和要求

为使汽车维修质量纠纷在行业内得到及时化解，保障承、托修双方当事人的合法权益，

有效地维护汽车维修业的正常秩序，促进汽车维修质量的不断提高，树立行业良好的社会形象。交通部依据《中华人民共和国质量法》和《汽车维修质量管理办法》等行业管理规章，组织制定了《汽车维修质量纠纷调解办法》（以下简称《调解办法》），于 1998 年 6 月发布，自 1998 年 9 月 1 日起实施。

《调解办法》规定，行业内汽车维修质量纠纷调解由政府道路运政管理机构，即汽车维修行业主管部门负责，指出汽车维修质量纠纷调解应坚持自愿、公平的原则，明确纠纷调解申请和受理过程、对纠纷的技术分析与鉴定和质量事故责任认定等原则要求，并强调纠纷调解协议履行的法律责任等。《调解办法》的颁布，进一步明确了汽车维修质量纠纷调解是行业管理部门的重要职责，是进行汽车维修质量管理的不可忽视的一部分。

三、汽车维修质量问题的认定

对于汽车在维修过程中出现的维修质量问题要通过技术分析和鉴定予以认定。这种技术分析和鉴定必须由各级道路运政机构组织有关人员或委托有质量鉴定资格的汽车综合性能检测站进行。参与技术分析和鉴定工作的人员必须经道路运政机构审定并聘用。参加鉴定人员不得少于两人。

技术分析和鉴定人员应依据现场拆检记录、汽车维修原始记录和《汽车维修合同》、车辆使用情况以及其他有关证据，分析原因，做出结论。并填写《汽车现场拆检记录》表与《技术分析和鉴定意见书》，分别见表 9-1、表 9-2。

表 9-1 汽车现场拆检记录

<table>
<tr><td colspan="2">拆检目的</td><td colspan="4"></td></tr>
<tr><td colspan="2">参加人员（签名）</td><td colspan="2"></td><td>申请拆检人</td><td></td></tr>
<tr><td colspan="3">受理拆检单位</td><td colspan="3"></td></tr>
<tr><td>时间</td><td colspan="2"></td><td>地点</td><td colspan="2"></td></tr>
<tr><td colspan="6">拆检照片及其他证明材料</td></tr>
<tr><td colspan="6"></td></tr>
<tr><td>记录</td><td colspan="5">拆检部位、机械损坏情况、发现异常情况、拆检情况和结论记录</td></tr>
<tr><td colspan="6">受理拆检单位公章
负责人（签字）
年　月　日</td></tr>
</table>

表 9-2　技术分析与鉴定意见书

组织鉴定单位					
鉴定要求及目的					
鉴定意见	鉴定技术负责人 年　月　日				
鉴定人员名单	姓名	工作单位	从事职业	职称职务	签名

按照《调解办法》的规定，技术分析和鉴定是进行纠纷调解的基本依据，出具技术分析和鉴定的部门应对所做的结论负责。技术分析和鉴定的费用按国家有关规定执行。需要做专项实验分析鉴定的，其费用按当地物价部门规定的收费标准执行。属于承、托修方谁的责任认定问题应遵守下列规定要求：承修方不按技术标准、有关技术资料和维修操作工艺规程维修车辆或不按使用说明规定选用配件、油料所引起的质量问题由承修方负责；如承修方在进行总成大修、小修和二级维护作业时，未对所装（拆）配件进行鉴定或虽发现相关配件质量不符合技术要求但未与托修方签订责任协议，在质量保证期内因该零部件质量引起的质量事故由承修方负责；汽车维修合同中另有约定的按合同规定的责任确定；因托修方违反驾驶操作和车辆使用、维护规定而引起的质量责任，由托修方负责。

四、发挥行管作用，加强维修质量调解工作，有利于促进行业发展

随着市场经济的不断深入，汽车维修市场的进一步开放，面对维修市场的激烈竞争，汽车维修质量纠纷的调解处理将逐步成为行业的热门话题。这主要是因为：一方面随着车辆的逐步私有化，机关、企事业单位对公务用车、生产用车的维修成本严格管理或经济承包，出于利益关系，车辆送修方会对承修者的维修质量问题日益重视；另一方面，随着我国法制建设的发展，人们的法律意识、自我保护意识的不断增强，车主对送修方应享有的合法权益会越来越看重，一旦自身利益受到伤害时，定会充分利用法律武器来保护自己。因此，随着社会的进步，对汽车维修质量纠纷的调解应该列入行业管理部门重要的议事日程。

当然，要做到科学有据、公正合理地处理好汽车维修质量纠纷，并不是一件轻而易举的事情，经历过纠纷案例调解的人都有深刻体会。往往对一件小小的案例，比如对一台发动机经过总成大修后出现“拉缸”的事故，要组织现场拆检，要找当事人了解发动机大修的过程和出厂后走合期的使用状况，要查找相关技术标准，要对事故原因进行综合技术分析，有必要时还须对有关部件或燃、润料送检化验，进行材质分析，所得出的事故结论还要经得起承、托修双方站在各自角度的辩驳，最后才能得出更科学合理公正的能使双方都心服口服的事故责任鉴定和纠纷调解协议书。由此可以说，行业管理部门要承担起汽车维修质量纠纷调解

的重任是要付出一番心血和代价的，而且一旦处理不好会增加很多麻烦。

处理好汽车维修质量纠纷有着深远的现实意义，每处理好一件质量纠纷案例，无论最后的事故责任在何方，对承、托修双方都是一次很现实的质量意识教育和法制教育，同时也是对企业和车主进行现场技术指导、宣传行业法规，充分体现行业管理部门的权威性、指导性和服务功能的极好机会。通过质量纠纷调解工作的不断深入，对促进汽车维修质量的不断提高、推动行业技术进步、提高行业形象都有着积极的影响。一是能有效促进汽车维修企业增强质量意识，能让承、托双方从事故责任的技术分析、事故赔偿的经济损失中吸取教训，真正认识到质量是企业生命的深刻含义，并努力提高维修技术水平，严格汽车维修质量管理；二是对于车辆使用者，能通过质量纠纷调解，从质量纠纷得到公正处理后感觉到自身合法利益得到保护，同时通过亲历纠纷调解过程，进一步深入了解自己在车辆使用过程中应尽的责任，对维护车辆使用性能、杜绝使用责任事故的发生，将起到很好的促进作用；三是对提高行业管理部门自身素质也有很大的促进，因为每处理一起维修质量纠纷，对行业管理人员在管理知识和业务技术水平方面都将是一次严峻的考核。

面临行业发展新的形势，为有效促进行业健康发展，各级行业管理部门应该将维修质量纠纷调解工作列入重要议事日程，除明确质量调处的机构、工作要求，认真处理好每例案件之外，还应对纠纷处理过程中发现的，在检测维修技术、质量管理、人员素质、使用操作、配件质量等方面带有普遍性的问题，及时组织分析研究，不断充实、完善行业管理的具体措施，帮助和指导企业进一步提高技术水平、提高维修质量，促进行业沿着健康的道路稳步发展。

五、维修质量问题纠纷的解决程序

当发生车辆维修质量问题，一般采取纠纷调解的办法进行。纠纷调解的范围是在汽车维修质量保证期内或汽车维修合同约定期内当事人双方所发生的争执。在质量保证期内，托修方遇到汽车维修质量问题或者发生机件事故，应首先与承修方协商解决。不愿协商或协商不成，当事人各方可向当地道路运政机构申请调解。

在申请调解时应提供下列资料：

(1)申请调解方(当事单位或人)的名称，法定代表人的姓名、单位、地址、电话；

(2)当事人的名称、单位、地址、电话；

(3)纠纷的详细经过及申请调解的理由与要求的书面报告；

(4)汽车维修合同、车辆竣工出厂合格证、汽车维修费用结算凭证等其他必要的资料。

申请调解方(当事人)应如实填写《汽车维修质量纠纷调解申请书》，见表 9-3。道路运政机构应在接到申请书后的 5 个工作日内根据规定做出是否同意受理的答复意见。同意受理的，道路运政机构应将《汽车维修质量纠纷调解申请书》自接到申请书后 10 个工作日内转送另一当事方。另一方同意调解的，应在自送达之日起 5 个工作日内就申请书涉及的内容写出书面答辩材料，并做好参加调解的准备。另一当事方不同意调解的应及时表明态度，道路运政机构则按不予受理的程序处理。道路运政机构不受理调解的，应在自接到申请书后或另一当事人不愿调解的答复后的 5 个工作日内通知申请方。

参加调解纠纷的双方当事人均有举证责任，并对举证事实负责，纠纷双方当事人均有保护当事车辆原始状态的义务。拆检车辆有关部位时，当事双方必须同时在场，一致证实拆检情况。托修方或驾驶操作人员认为维修质量造成车辆异常，应保护好车辆原始状态并找承修方进行拆检。如承修方拒绝派人或事故现场不在本地的，托修方可向车辆停驶地道路运政机构提出拆检申请。车辆停驶地道路运政机构接到拆检申请后，应及时组织拆检，填好汽车现场拆检记录，并及时将车辆现场拆检记录与有关证据送达承修方所在地道路运政机构。

表 9-3　汽车维修质量纠纷调解申请书

<table>
<tr><td colspan="2">申请单位(人)</td><td colspan="4"></td></tr>
<tr><td>地址</td><td colspan="2"></td><td>电话</td><td colspan="2"></td></tr>
<tr><td colspan="2">另一方当事单位(人)</td><td colspan="4"></td></tr>
<tr><td>地址</td><td colspan="2"></td><td>电话</td><td colspan="2"></td></tr>
<tr><td>维修车型厂牌</td><td></td><td>送修人</td><td></td><td>接车人</td><td></td></tr>
<tr><td>进厂日期</td><td colspan="2">年　月　日</td><td>出厂日期</td><td colspan="2">年　月　日</td></tr>
<tr><td colspan="2">出厂行驶里程或时间</td><td colspan="4"></td></tr>
<tr><td colspan="2">维修类别及主要项目</td><td colspan="4"></td></tr>
<tr><td colspan="3">修理费用</td><td colspan="3">车辆出厂有关手续</td></tr>
<tr><td>工时费</td><td>材料费</td><td>其他费用</td><td>汽车维修
合同编号</td><td>竣工出厂
合格证编号</td><td>质保期限</td></tr>
<tr><td colspan="6">申请调解纠纷主要问题及有关证明材料</td></tr>
<tr><td colspan="6">申请单位(人)签字
年　月　日</td></tr>
</table>

如版面不够，请另附纸张。(后同)　　　　记录人：

注：1. 此表由投诉方填写。

2. 此表一式三份，其中一份由道路运政机构负责在 10 个工作日内送达另一方当事人。

在发生车辆维修质量纠纷时，进行纠纷的调解环节十分重要。一般的程序是由道路运政机构熟悉业务、实事求是、公正廉洁的专业技术人员担任调解员。并且在公开方式下进行调解。

各方应对调解过程中出示的证据进行质证。调解员根据有关技术标准和资料、技术分析和鉴定意见书及当事方的陈诉、质证、辩论，分析事故原因，确定双方应负责任，调解双方应承担的经济损失。经济损失应由责任人按过失比例承担。对不能修复或没有修复价值的零部件按车辆折旧率和市场价格计算价值。

经济损失主要指直接经济损失，包括：在质量事故中直接损失的机件和燃、润料及其他车用液体、气体、材料；还有返修工时费、材料费、材料管理费、辅助材料费、委外加工费、检测费。

在调解过程中，如遇到下列情形之一，道路运政机构应向当事人双方宣布终止调解。包括：当事人双方对技术分析和鉴定存在异议；受条件所限，不能出具技术分析和鉴定意见书；

案件已由仲裁机构或法院受理。

在向道路运政机构申请调解的质量纠纷，如当事人中途不愿调解的，应向道路运政机构递交撤销调解的书面申请，并通知对方当事人，调解随即终止。

经调解达成协议的，道路运政机构应填写《汽车维修质量纠纷调解协议书》，见表 9-4，调解协议书由双方当事人共同签字，并经道路运政机构盖印确认，调解协议书应交当事人各持一份，道路运政机构留存一份，调解即告结束。

表 9-4　汽车维修质量纠纷调解协议书

调查鉴定结果	鉴定人员(签名)： 年　月　日		
调解意见	双方经协商议定(内容包括：车辆返修时限，经济损失承担兑现时间、方式)并一致同意自本协议签字之日起____日内互相结清。承修方要积极创造条件使车辆早日运行。 调解单位：道路运政机构公章 负责人(签字) 年　月　日		
当事单位意见	负责人(签字) 年　月　日	另一方当事单位意见	负责人(签字) 年　月　日

注：此表一式三份，纠纷双方、道路运政机构各持一份。

汽车维修质量纠纷调解过程中拆检、技术分析和鉴定的费用，责任方按照责任比例承担。质量纠纷已经受理并在调解的过程中，一方提出不愿调解，应由其负担调解过程中已发生的全部费用。

当调解达成协议时，当事人各方应当自动履行。达成协议后当事人反悔的或逾期不履行协议的，视为调解不成。如经调解不能达成协议或调解达成协议后，一方不履行协议，有关当事方可依法申请仲裁机构或向人民法院提起民事诉讼。调解结束后，负责调解的人员应对处理纠纷过程中的有关资料进行整理，由道路运政机构归档。

第二节　汽车维修质量问题的处理方法

汽车维修质量问题是一个社会性问题，如何解决好在汽车维修过程中存在的质量问题，对于汽车维修行业的发展起着不可忽视的作用。在解决和预防汽车维修质量问题方面，有不少的维修企业根据国家的相关法律法规，结合本企业的实际情况创造了一些好的做法，既保护了企业的利益，又保护了汽车维修与使用消费者的合法权益。有些做法很值得借鉴。

一、坚持解决汽车维修质量服务投诉的三原则

在处理投诉的过程中，全国各地都成立了不少汽车维修质量问题投诉中心，在解决汽车维修质量问题的过程中，应本着以下三个原则办理。

1. 实事求是的原则

汽车车主本着实际存在的质量和服务问题进行投诉并提出相应的要求，仅仅对存在的问题进行埋怨不利于问题的解决。被投诉方在获悉投诉内容后，要尽快进行调查，了解事实真相，本着实事求是的原则及时化解矛盾，而不要敷衍塞责，把过错都推到车主身上。

2. 解决问题的原则

以解决问题的初衷来看待投诉，车主投诉的目的是为了尽快解决问题，而不是故意刁难汽车维修企业，所以车主在遇到汽车质量与服务方面的问题时应直接填写投诉表格。

作为厂家或是商家，在接到投诉之后，要尽职尽责地满足车主的合理要求，弥补工作中存在的过失或疏漏，避免矛盾激化。

3. 换位思考的原则

我国汽车市场发展过快，汽车生产企业普遍准备不足，特别是在服务网络建设方面还有一定的欠缺，需要不断地完善提高，这是车主应该理解的。

随着社会上汽车保有量的增加，出现质量及服务问题的概率也相应增加，对于厂家来说，可能出现问题的百分比很小，但对于具体的车主而言就是100%。所以在接到车主的投诉后，企业应认真对待，尽快解决，以免给车主带来更大的麻烦。

由于相关法律法规也在完善的过程中，所以在解决问题时还需要多从消费者的角度出发，尽可能地协商解决车主的合理要求。

二、解决汽车维修质量问题要坚持四化一回措施

1. 受理投诉专业化

受理汽车维修质量问题投诉既涉及多方面的专业技术问题，也涉及多项政策法规，是一项政策性、技术性很强的工作。所谓专业化，是指要组织一个强大的专家队伍。

如在受理及处理投诉回复时遇到相关法律技术问题，可以及时向汽车专家、法律专家、统计专家请教。

2. 解决投诉网络化

在接到车主投诉后，应及时与车主核实，并以电子邮件的方式传达给企业，由企业的相关部门与车主联系，给予解决。同时，要求企业将解决结果通过电子邮件的方式告知负责投诉的部门。负责投诉的部门在接到企业的回复后，会再次与车主联系，核实处理情况。对于企业不科学的回复，负责投诉的部门可以在请教专家之后，将专家意见反馈给企业，并要求企业重新考虑处理意见。

3. 分析投诉数据化

科学的管理要用数据加以佐证。要对投诉单进行分析编码。在数据统计的基础上，量化说明投诉中存在的问题。通过对投诉数据的分析可以找出存在的技术问题、投诉情况和

维修情况，可分析受理投诉部门的工作进程和解决情况。

4. 使用提示科学化

在解决投诉的过程中，也发现有些投诉是因为车主对汽车知识了解不多而引起的。比如有些车主提出实际油耗大于标定油耗的问题。为此应该邀请专家就新车油耗高是不是就有质量问题加以说明，并告知车主车辆实际油耗同制造厂提供的数据不符的原因。这样，既澄清投诉中存在的误区，又向车主普及了相关汽车知识。

5. 要求企业解决投诉定期回复的措施

投诉负责部门将收到的投诉以电子邮件的方式发给企业相关部门，企业收到给予回复。

在规定的工作日内，企业应就处理结果给予有关部门准确回复。如规定工作日内投诉案仍在处理中，亦应给予回复，说明处理进展情况。

投诉解决定期回复可以说明企业对车主投诉的重视程度，也可随时就投诉处理问题与投诉负责部门进行沟通。

三、汽车维修质量管理应适应新时期的需要

随着质量纠纷调解工作的不断深入，对促进汽车维修质量的不断提高、推动行业技术进步、提高行业形象都有着积极的影响。一是能有效促进汽车维修企业增强质量意识，使其从事故责任技术分析和事故赔偿经济损失中吸取教训，真正认识到质量是企业生命的深刻含义，并努力提高维修技术水平，严格汽车维修质量管理；二是对于车主，通过质量纠纷调解，从质量纠纷得到公正调处后感觉到自身合法利益得到保护，同时通过亲历纠纷调解过程，也能进一步深入了解自己在车辆使用过程中应尽的责任，对维护车辆使用性能，杜绝使用责任事故的发生，将起到很好的促进作用；三是对提高行业管理部门自身素质也有很大的促进，因为每处理一起维修质量纠纷，对行业管理人员在管理知识和业务技术水平上都将是一次严峻的考核。

面临行业发展新的形势，为了有效促进行业的健康发展，各级行业管理部门应该将维修质量纠纷调解工作列入重要议事日程，除明确质量调处的机构、工作要求，认真处理好每例案件之外，还应对纠纷处理过程中发现的，在检测维修技术、质量管理、人员素质、使用操作、配件质量等具有普遍性的问题，及时组织分析研究，不断充实、完善行业管理的具体措施，帮助和指导企业进一步提高技术水平，提高维修质量。

当然，要做到科学有据、公正合理地处理好汽车维修质量纠纷，并不是一件轻而易举的事情，经历过纠纷案例调解的人都有深刻体会。一件小小的案例，需要组织现场拆检，找当事人了解发动机大修的过程和出厂后走合期的使用状况，要查找相关技术标准，要对事故原因进行综合技术分析，必要时还须对有关部件或燃、润料送检化验，进行材质分析，所得出的事故结论还要经得起承、托修双方站在各自角度的辩驳，最后才能得出更科学合理、公正的能使双方都心服口服的事故责任鉴定和纠纷调解协议书。

四、强化企业质量管理，减少质量纠纷

汽车行业的快速发展以及新科技、新技术的广泛使用，使得汽车维修企业的人员素质，企业管理人员的业务水平远远跟不上行业发展的需要。对此，在加强对企业人员培训的同

时，应进一步发挥行业管理部门的技术质量方面的指导作用，积极引导他们树立新观念，强化为用户服务的质量意识、管理意识和服务意识，落实企业质量管理制度，保证优质服务，提高市场竞争力。

随着企业ISO质量认证工作的不断深入，行业管理部门可通过展开多项相应的服务内容，引导企业进入规范质量管理、参与市场竞争的正确轨道，这也是新时期行业主管部门予管理于服务之中的一个真正体现。

根据对新时期汽车维修技术发展的特点，车辆维修质量控制的内涵将发生变化，其质量监督管理的控制方式也应有所变化，可以从以下几个方面有所改进：

1. 质量检验标准做相应修改

根据汽车不同的技术装置及性能，应制定相应的汽车维修竣工技术检验标准和质量保证期，便于指导生产和实施质量监督管理。

2. 质量管理重点应有所调整

新形势下，随着汽车技术和市场经济的发展，汽车更新速度加快，大拆大卸式的大修作业已越来越少，大量维修工作将是车辆定期维护和小修(故障排除)。因此，应将维修质量管理的重点及时转移到对汽车维护和日常修理的质量控制方面，并针对其管理需要修改完善现有维护工艺、检验标准的质量保证期等各项技术管理标准。

3. 维修质量管理方式应更加适应市场经济发展的需要

一是应强调维修质量现场管理，由行业主管部门派员到企业进行维修质量现场管理的质量抽查，这样不仅能方便企业缩短送修车的修理时间，更主要的是，通过现场管理能真正发现问题，使质量管理落到实处。

二是随着国家对环保和安全等方面的强化管理，应制定行业在这些方面相应的管理措施，落实到企业生产技术管理过程当中。

三是为了适应行业技术进步的需要，可将质量管理与技术培训紧密结合起来，对在维修质量管理监督中发现的行业普遍存在的问题，可以不定期地举办专题技术培训班，组织那些质量管理意识薄弱、技术水平低的企业派员参加学习，促进行业整体水平不断提高。只有这样，才能真正能够保证维修质量，减少维修质量纠纷。

五、案例处理分析

1. 发动机漏水质量纠纷的调解

(1)纠纷概况。

一辆东风柴油汽车，因发动机窜机油的现象越来越严重，驾驶员于某便将车送到路边马某的汽车修理点去修理。经拆解检查，确定窜机油故障属于气缸套与活塞副磨损过甚所引起。更换了气缸套、活塞与活塞环等，发动机窜机油的问题得到解决。

该车出厂后，刚使用了几天，便发现发动机油底壳内油面增高，驾驶员找到原承修者马某。马某检查后，发现第3缸气缸套漏水。马某说："这不属于我们修理的责任，是你的发动机原来有问题。"驾驶员于某则说："进厂时，我的发动机并不漏水，是经你修理后才漏水的，你要负责赔偿，而且要赔偿我1个多月的误工损失。"经过双方争执，问题未得解决。于是"官司"打到了河津市运管所维修办。

(2)调查与分析。

维修办的同志在听取了双方的陈述后，让修理厂配合对发动机进行拆解检查。当拆下第3缸气缸套后，发现该气缸套座孔有裂纹。为分析判断此裂纹产生的原因，维修办的同志仔细调查了该厂对此车发动机的修理过程。

这个修理厂条件很差，设备简陋，拆装气缸套所使用的机具不合规格，也未加工合适的拆装模具，而是直接用铁棒垫上，用榔头敲击，纯属手工操作，这可能就是此发动机更换新缸套后漏水的原因。因为，发动机经过长期使用，气缸套与座孔间必然有水锈产生，造成气缸套拆卸比较困难。当无规范的拆卸机具(如液压设备)，而用铁棒垫上敲击气缸套欲将其拆卸下来时，由于用力不均或过大，可能造成缸体上气缸套座孔的破裂。虽然当时不漏水，但埋下了故障隐患。另一方面，也可能是气缸套座孔原来就潜在有裂纹，但尚未达到引发故障的程度；随着气缸套拆装时的强烈震动，隐患便会显露出来。因此，在更换了新的气缸套后，漏水的故障便出现了。

(3)分析意见与纠纷处理。

究竟气缸套座孔的裂纹是原来就有的，还是修理后产生？这结论不好下，因为裂纹断口不易观察分析又无合适的仪器来判断，这给纠纷处理增加了难度。但有一点可以肯定：无论是旧伤还是新伤，都与修理有关。因为此车发动机进厂修理前不漏水，是修理厂更换气缸套后出现漏水的，而且出厂后使用的时间又不长。

在维修办对纠纷调查、分析并明确意见的基础上，经三方协商，达成此质量纠纷处理意见如下：修理厂马某承担两次修理的全部费用，并承担购买新缸体费用的50%；缸体费用的另一半由驾驶员于某承担；驾驶员的误工损失不予赔偿。

(4)应吸取的教训。

通过这起维修质量纠纷的处理，有以下教训可吸取：

①在拆卸发动机气缸套时，若用专用机具拉不出气缸套，或者垫上模具也实在敲不下来时，不能强行敲打，而应先将发动机从车上吊下进行分解，然后再在压力机上将气缸套压出，以免“节外生枝”。

②当车辆有了大毛病，要“动大手术”时，千万不要去设备简陋的“路边店”修车，应该去正规的修理厂，这样既可保证质量，保证车辆使用寿命，又可减少日后的麻烦。

2.如何才能避免汽车维修纠纷

有了车，就意味着迟早要与汽车维修厂打交道，花最少的钱、迅速地排除故障是每个去修车的车主的希望。但是，并不一定每个车主都那么顺利，在车主与维修厂打交道的过程中，双方往往会闹出些矛盾，有时还会闹上法庭。诚然，这些矛盾来源大部分是来自维修厂，如收费不合理、弄虚作假等引起车主的不满，但有时也不排除是因为车主自己的无知或者蛮横造成的。如何使本来很麻烦的修车之事变得更顺心一些，尽量避免不必要的纠纷，即使出现纠纷，怎么最大限度地维护自己的利益是摆在有车一族面前的一个难题。

(1)车主应熟读《汽车使用手册》。

一般汽车出厂时，生产厂家都会随车提供的一本《汽车使用手册》(以下简称《手册》)。该《手册》是汽车生产厂为保证汽车能正常、可靠地行驶，充分发挥和保持良好的技术性能，延长汽车使用寿命而提供给用户的使用须知，是汽车使用技术的主要依据。

也许很多人开了许多年车，根本就没有看过一眼车辆的使用维护说明书。其实，这个常被人忽略的汽车随带的小小说明书，却与车主的权利、责任息息相关，一本小小的《手册》，已经告诉车主怎么使用汽车、什么时候应该做保养、什么情况下才有享受厂家提供的保障权益。车主只要熟读这本手册，不但可以清楚了解汽车的各种性能，充分发挥车辆的作用，同时还能够避免很多不必要的误操作，减少汽车故障，延长汽车的使用寿命。最主要的是，熟读《手册》后，当车出现故障时，你可以比较清楚车出现故障的原因，这种故障是否在厂家保修的范围之内。做到知彼知己，在跟维修厂打交道的过程中才不会处于被动，信息更加对等，从而也就可以避免很多不必要的争议。

(2)车主要与维修人员充分沟通。

当车出现故障需要进行维修预约或者进入维修厂进行维修时，最好能与维修厂的业务人员或者技术人员充分地沟通，尽可能地现场解决一些疑问。比如预约时，问清楚大概需要的维修时间，在将汽车送到维修点之前，列出维修的项目和需要让技工检查的症状，这样可以避免不必要的混乱。

如果车主是正常的保养维护，查阅用户手册以明确需要维护的项目，如果汽车有明显的质量问题，要查看一下是否在保修范围。当车主在将车辆交付给维修厂时，一定要将需要维修车辆的故障描述清楚，同时听清楚接车检验人员对故障的分析和所确定的维修内容。

分析接车检验人员对车主描述的故障的解释是否正确，所确定的维修内容是否合理。如果需要，可亲自陪同接车人员试车，以便使接车人员确认车辆的故障。在车辆交付实施维修的初期检查阶段，车主最好亲自在场，如果维修厂试图增加额外的维修项目，一定要搞清楚增加的原因。

在跟维修厂打交道时，尽量以一种对等的身份跟他们交往，车主愿意把车交给有礼貌、热情、负责的维修人员去修，维修厂同样喜欢和对他们有礼貌、尊重他们的人打交道，并且对文明礼貌的车主的车更加爱惜维护，更加认真对待。不要以顾客就是上帝的身份对待维修厂人员，也不要把对车的故障的恼怒撒在维修厂人员身上，心态上平和一点，这才是解决问题之道，同时也减少产生争议的因素。

(3)签订并保留好必要的单据。

为保障车主及修理厂双方当事人的合法权益，在正式修理之前，双方必须签订维修合同，合同中对有关汽车维修的预计费用、维修项目、质量保证期、交车日期、违约责任、解决合同纠纷的方式等条款都做详细的阐述。车主在修车前，应主动"提醒"修理厂签订汽车维修合同，以避免在出现问题后，找不到法律依据，而造成经济上的损失。

在修完车后交车时，车主一定要仔细进行检查，以确认报修的故障是否真正排除，同时，要仔细检查车辆的各个部分，是否在维修过程中由于维修厂的原因造成新的故障，并确认维修厂是否对车辆额外做了改动，经检验达到维修标准时，才能接车。接车时要做好结算，索要并保存好必要的单据，只要车主们把功夫做细，就能最大限度地排除造成争议的诱因。

3.修车用什么材料车主自己说了算

消费者高先生买了一台轿车，在某保险公司投保。一次交通事故时，车损鉴定该车维修费 26000 元。高先生找到一家汽车修理厂准备修车。保险公司认为材料太贵，让修理厂用便宜的材料进行维修。在修完车后，高先生发现有些车件和正规车件不一样，并且在使用时也有问题，便来到消协投诉。后经调解，保险公司给高先生报销了材料费 23000 元。

消协点评：我国《消费者权益保护法》第九条规定，消费者享有自主选择商品或服务的权利。消费者有权自主选择提供商品或服务的经营者，自主选择商品品种或服务方式，自主决定购买或不购买任何一种商品、接受或不接受任何一项服务。消费者在自主选择商品或服务时，有权进行比较、鉴别和挑选。

4.规范化服务是降低维修质量纠纷的有效方法

以北京市为例，为加强汽车维修行业精神文明建设，根据交通部和北京市委、市政府创建文明行业的有关要求，特制定《北京市汽车维修行业规范化服务标准（试行）》和考核评分方法。

汽车维修企业要贯彻执行行业规范化服务标准，树立“以人为本，客户至上；以质量求生存，以服务求发展；诚实守信经营，优质文明服务”的经营理念。通过开展规范化服务达标活动，提升汽车维修行业服务质量，实现创建规范化服务行业的目标。

参考文献

[1]王凯明.汽车维修常用工量具使用[M].北京:人民交通出版社,2010.

[2]陈长春.汽车维修质量检验[M].2版.北京:机械工业出版社,2015.

[3]汪国梁.汽车维修质量检测与评定[M].重庆:重庆大学出版社,2011.

[4]仇雅莉,钱锦武.汽车发动机构造与维修[M].北京:机械工业出版社,2008.

[5]韩同群.汽车发动机原理[M].2版.北京:北京大学出版社,2012.

[6]曾鑫,熊力.汽车行驶·转向·制动系统检修[M].2版.北京:人民邮电出版社,2014.